AF881527

HELMUT LECHELER

Der Europäische Gerichtshof und die allgemeinen Rechtsgrundsätze

Schriften zum Öffentlichen Recht

Band 177

Der Europäische Gerichtshof und die allgemeinen Rechtsgrundsätze

Von

Dr. iur. Helmut Lecheler

DUNCKER & HUMBLOT / BERLIN

Alle Rechte vorbehalten
© 1971 Duncker & Humblot, Berlin 41
Gedruckt 1971 bei Alb. Sayffaerth, Berlin 61
Printed in Germany

ISBN 3 428 02607 1

Vorwort

Auf der Erlanger Staatsrechtslehrertagung 1959 charakterisierte Ernst Forsthoff die Europäischen Gemeinschaften als „administrative Gebilde“, die charakteristisch seien für den Beitrag des 20. Jahrhunderts zur Europäischen Einigung: „Auch das 19. Jahrhundert hat große Einigungsbewegungen hervorgebracht, insbesondere auf dem Boden des deutschen Verfassungsrechts ... Zu dieser Zeit war das Mittel der Einigung selbstverständlich die gemeinsame Verfassung. Heute einigt man sich durch die Schaffung gemeinsamer Administrationen. In dieser Tatsache drückt sich ... eine für die moderne industrielle Welt charakteristische Verschiebung der Gewichte aus, in denen wir unsere Hauptmaterien, das Verfassungsrecht und das Verwaltungsrecht einander zugeordnet finden“ (VVdStRL H. 18, S. 177).

Die bisher vorhandenen Gemeinsamkeiten bestätigen diese Sicht. Doch — darf man von der Übereinstimmung der „Technokraten“ wirklich die Einigung der europäischen Nationen erwarten? Finden die administrativen Leistungen der Experten eine demokratische Basis im Bewußtsein der europäischen Völker?

Für den anderen, den alten Weg stehe hier Karl Roemer, Generalanwalt beim EGH. Für ihn sind die Europäischen Verträge „nichts anderes als die teilweise Verwirklichung eines großen Gesamtprogrammes, das getragen wird von der beherrschenden Idee einer weitergehenden Integration der europäischen Staaten“ (EGH, amtl. Slg. Bd. VI, S. 873).

Wenn heute die Einigung durch das technische Detail erreicht werden soll — wie anders könnte sich dieser Prozeß vollziehen als in beständigem Aufsteigen vom Besonderen zum Allgemeinen. In der Entwicklung allgemeiner Rechtsgrundsätze müßte sich der Fortschritt am deutlichsten erweisen.

Die Beschäftigung mit diesen Grundsätzen bestätigt aber eher vorgefaßte Zweifel. Immer wieder wird deutlich: Letztlich entscheidend bleibt die politische Entscheidung. Die Arbeit am Detail kann die Einigung fördern, sie aber nicht allein bewirken.

Wenn es der vorliegenden Arbeit gelungen sein sollte, hinter den Einzelheiten europäischer Rechtsprechung die generelle Bedeutung solcher Judikatur für die Europäische Einigung sichtbar zu machen, so habe ich das meinem verehrten Lehrer, Herrn Professor Dr. Walter Leisner, zu danken.

Herrn Ministerialrat a. D. Dr. Johannes Broermann danke ich für die Aufnahme der Arbeit in die „Schriften zum Öffentlichen Recht".

Erlangen, im Oktober 1971

Helmut Lecheler

Inhaltsverzeichnis

Abkürzungsverzeichnis

AJIL	=	American Journal of International Law
AöR	=	Archiv des öffentlichen Rechts
Arch. VR	=	Archiv des Völkerrechts
AWD	=	Außenwirtschaftsdienst (Beilage zum „Betriebsberater“)
BayVBl	=	Bayerische Verwaltungsblätter
BGH	=	Bundesgerichtshof
CahDE	=	Cahiers de Droit Européen
Cc	=	Code civil
DÖV	=	Die öffentliche Verwaltung
BVBl	=	Deutsches Verwaltungsblatt
EA	=	Europa-Archiv
EAG(—V)	=	Europäische Atomgemeinschaft (Vertrag zur Begründung der ...)
EGH	=	Gerichtshof der Europäischen Gemeinschaften
EGKS(—V)	=	Europäische Gemeinschaft für Kohle und Stahl (Vertrag zur Gründung der ...)
EuR	=	Europarecht
EVG	=	Europäische Verteidigungsgemeinschaft
EVwVerfG	=	Musterentwurf eines Verwaltungsverfahrensgesetzes
EWG(—V)	=	Europäische Wirtschaftsgemeinschaft (Vertrag zur Gründung der ...)
FN	=	Fußnote
GH EGKS	=	Gerichtshof der Europäischen Gemeinschaft für Kohle und Stahl
IG	=	Internationaler Gerichtshof
JuS	=	Juristische Schulung
JZ	=	Juristenzeitung
KSE	=	Kölner Schriften zum Europarecht
LS	=	Leitsatz
MV	=	Montanvertrag
NJW	=	Neue Juristische Wochenschrift
RecAc	=	Academie de Droit International, Recueil des Cours
RN	=	Randnummer
StIG	=	Ständiger Internationaler Gerichtshof
ÜA	=	Abkommen über die Übergangsbestimmungen
VA	=	Verwaltungsakt
VerfO GH	=	Verfahrensordnung des Gerichtshofs
VerwA	=	Verwaltungsarchiv

VO	=	Verordnung
VVdStRL	=	Veröffentlichungen der Vereinigung der Deutschen Staatsrechtslehrer
WPM	=	Wertpapiermitteilungen
ZaöRVR	=	Zeitschrift für ausländisches öffenliches Recht und Völkerrecht

Einleitung

Die wechselhaften Geschicke der europäischen Einigung haben uns gelehrt, Erfolgsnachrichten und Hiobsbotschaften gleichermaßen mit Skepsis aufzunehmen. Wir sind es gewohnt, zu fürchten, zu hoffen, zu zweifeln, angesichts des — leider allzu bekannten — Bildes politischer Hektik, politischer Eigengesetzlichkeit, d. i. letztlich: Gesetzlosigkeit.

Europäische Einigung ist — daran ist nicht zu zweifeln — primär politische Einigung. Es muß politisch ausgeräumt werden, was sich an Ressentiments, Egoismen und Interessengegensätzen im Laufe der Zeit angesammelt hat. Aber: eine dauerhafte Einigung setzt zunehmende „Verrechtlichung" der Beziehungen zwischen den Mitgliedstaaten voraus. Sie basiert auf dem Vertrauen in die Initiativ-Zündung von Verträgen. Wozu sonst wären sie geschlossen und mit so viel Enthusiasmus von den Völkern begrüßt worden? Auch Verträge bleiben zwar abhängig von dem sie instituierenden politischen Willen. Sie entfalten darüber hinaus aber auch ein Eigenleben. Sie gewinnen so mehr und mehr an Gestalt in der Welt des Normativen.

Die Interpretation der durch völkerrechtliche Verträge geschaffenen Rechtsordnung bewegt sich so immer in dem Grenzraum zwischen Recht und Politik. Das Recht kann — jedenfalls nach gegenwärtigem Stand — die Politik nicht bändigen. Es kann aber Realitäten schaffen, mit denen sich auch die Politik auseinanderzusetzen hat. Das Recht kann so den Spielraum und die Unbefangenheit politischer Entscheidung eingrenzen.

Der Gerichtsbarkeit kommt dabei eine wichtige Rolle zu: Ihr obliegt es, die neu geschaffene Rechtsordnung zu wahren und damit auch, zu interpretieren. Am Stand der Rechtsprechung ist ablesbar, inwieweit das Papier der Europäischen Verträge mit Leben erfüllt wurde.

Die vorliegende Betrachtung der Rechtsprechung ist dabei auf zwei Problemkreise konzentriert: Zum ersten ist zu bedenken, inwieweit die Europäische Gerichtsbarkeit der internationalen zuzuordnen ist und damit auch an deren Schwächen teilhat; zum anderen soll dann anhand der Verwendung allgemeiner Rechtsgrundsätze in der Rechtsprechung dargestellt werden, wie weit der Europäische Gerichtshof in seinem Bemühen gekommen ist, aus drei getrennten Gemeinschaftsverträgen eine europäische Rechtsordnung zu bilden.

ERSTER TEIL

Die Stellung und Bedeutung der europäischen Gerichtsbarkeit

A. Der EGH im System der internationalen Gerichtsbarkeit*

„A long road has been travelled in the effort to enthrone law as the guide for the conduct of states in their relations one with another. A new mileport is now erected along the road" — emphatische Worte; aber auch sie deuten nur unvollkommen die Erwartungen an, die die Konferenz von San Franzisko in die Gründung des Internationalen Gerichtshofs (IG) setzte[1].

Zwei wahnwitzige Kriege waren soeben überstanden; in unfaßbarer und nie gedachter Weise war Machtpolitik verwirklicht worden; das nationalstaatliche Denken hatte in eine Sackgasse geführt. Einen Ausweg bot nur ein entschlossener Neubeginn mit der Suche nach besser geeigneten Mechanismen zur Entscheidung zwischenstaatlicher Interessen, ein neuer Versuch, wenn schon nicht des peaceful change, so doch wenigstens des peaceful settlement. Die Ächtung des Krieges als Mittel der Politik bildete das Leitmotiv dieser Bestrebungen[2]. Die Frage danach, wie weit wir in Westeuropa auf diesem Wege wirklich gekommen sind, wie weit es den Menschen — und hier durch sie den Staaten — gelungen ist, utopische Friedenssehnsucht mit realem Egoismus zu versöhnen, bildet den eigentlichen Gegenstand dieser Überlegungen.

Der Gerichtshof der Europäischen Gemeinschaften ist nicht isoliert zu betrachten. Mit den Gemeinschaften selbst hat er Teil an einer regionalen Friedensordnung, die auf der Verknüpfung und rechtlichen

* *Carl Schmitt* — Der Begriff des Politischen, S. 39 — weist an sich zu Recht auf den elementaren Gegensatz von „international" und „zwischenstaatlich" hin und verweist den Völkerbund (League of Nations, Société des Nations) in den Bereich des Zwischenstaatlichen. Der allgemeine Sprachgebrauch in Deutschland blieb aber anders. Dem wird hier gefolgt.

[1] Zitat nach *L. Gross*, Some observations on the International Court of Justice, AJIL 1962, S. 33, vgl. näher zur Gründungsgeschichte *S. Rosenne*, The law and practice of the International Court, Bd. I, S. 32 ff., 63 ff.

[2] Vgl. den „Vertrag über die Ächtung des Krieges" vom 27. 8. 1928 („Kellogg-Pakt").

Ordnung nationaler Wirtschaftsinteressen beruht. Ohne hier schon eine Aussage über die Rechtsnatur des Gerichsthofs vorwegnehmen zu wollen[3], ist er dennoch in den größeren Zusammenhang der internationalen Gerichtsbarkeit zu stellen, die hier allerdings nur so weit eine nähere Betrachtung erfahren soll, als die Erkenntnis ihrer grundsätzlichen Eigenart und ihrer praktischen Wirkungskraft wertvolle Hinweise zur sachgerechten Einordnung des Europäischen Gerichtshofs geben kann.

I. Internationale Gerichtsbarkeit im Rahmen des Kriegsverhütungsrechts

Art. 33 Abs. I der UN-Charta legt streitenden Mitgliedstaaten die Verpflichtung auf[4], sich um eine Beilegung schwerwiegender Streitigkeiten durch „Verhandlung, Untersuchung, Vermittlung, Vergleich, Schiedsspruch, gerichtliche Entscheidung ... oder durch andere friedliche Mittel eigener Wahl" zu bemühen. Bereits Art. 12 der Völkerbund-Satzung (VBS) i. d. F. v. 1921 nahm das gerichtliche Verfahren in die Mittel zur Schlichtung akuter Konflikte auf.

Ganz bewußt beschränken sich derartige „Friedensordnungen" nicht auf die internationale Gerichtsbarkeit. Der Katalog gibt den Parteien die verschiedenartigsten Schlichtungsmittel an die Hand, unter denen je nach Streitfall und Gutdünken freie Auswahl besteht. Von bloßen négotiations über das Erbieten seiner bons offices bis hin zu médiation oder schließlich conciliation bleibt die Entscheidungsgewalt bei den beteiligten nationalen Regierungen. Hier ist der weite Herrschaftsbereich einer politischen Beilegung des Streits. Das Recht nimmt in diesem Prozeß keine beherrschende Stellung ein[5]. Auch Vermittlungs- und Vergleichskommissionen bleiben auf ein Vorschlagsrecht beschränkt. Immerhin wird jedoch die politische Gestaltungsfreiheit auf der Stufenleiter von bloßen négotiations hin zur conciliation mehr und mehr eingeschränkt.

Die internationale Praxis wird sich immer zunächst solcher politischen Mittel bedienen, bevor sie einen Schiedsspruch oder eine gerichtliche Entscheidung herbeiführt. Bei diesen letzten beiden Mitteln des Schlichtungsarsenals begeben sich die Parteien der Entscheidungsgewalt und

---

[3] Siehe dazu unten, S. 26 ff.

[4] Ob Art. 2 Abs. III und Art. 33 UN-Charta auch auf Nichtmitgliedstaaten angewendet werden kann, ist streitig (vgl. hierzu *G. Dahm*, Völkerrecht, Bd. II, § 76 II 5 mit Nachw.).

[5] *L. Gross*, Some observations on the International Court of Justice, AJIL 1962, S. 33 ff. (41).

beugen sich der von vornherein als bindend akzeptierten Entscheidung. Hier ist dann die Entpolitisierung — soweit überhaupt möglich — vollzogen.

II. Abgrenzung des internationalen gerichtlichen Verfahrens von der Schiedsgerichtsbarkeit

Die Internationale Schiedsgerichtsbarkeit geht in ihren Wurzeln bis ins Altertum zurück[6]. Ihr Begriff hat sich im Laufe der Zeit aber fortentwickelt[7].

Die klassische Definition findet sich in Art. 33 des Haager „Abkommens zur friedlichen Erledigung internationaler Streitigkeiten" von 1899 (i. d. F. v. 1907). Danach dient die Schiedsgerichtsbarkeit der „Erledigung von Streitigkeiten zwischen Staaten durch Richter ihrer Wahl aufgrund der Achtung vor dem Rechte"[8]. In der freien Wahl des Schiedsrichters durch die Parteien liegt die charakteristische Besonderheit dieses Verfahrens[9]. Dieses Prinzip der free determination gilt auch für den Umfang der Kompetenz, das anzuwendende Recht („Achtung vor dem Recht" sagt über die anwendbaren Sachnormen noch nichts aus) sowie das einzuhaltende Verfahren[10].

Internationale Gerichte sind demgegenüber wesentlich jüngeren Ursprungs. Der Beginn der internationalen Gerichtsbarkeit liegt am Anfang des 20. Jahrhunderts. Bemühungen um die Schaffung eines echten internationalen Gerichtshofs scheiterten noch auf der Haager Konferenz 1907. Im gleichen Jahr wurde in Washington in einem Zusatzprotokoll zum Friedensvertrag zwischen Costa Rica, Guatemala, Honduras, Nicaragua und San Salvador ein zentral-amerikanischer Gerichtshof (für die Streitigkeiten zwischen den mittelamerikanischen Staaten) gegründet, dessen praktische Bedeutung aber bis zu seiner Auflösung 1918 gering blieb.

Auf dem Kontinent brach erst der 1. Weltkrieg die Widerstände gegen ein solches internationales Gericht: Art. 14 VBS sah die Errichtung eines Ständigen Internationalen Gerichtshofs vor.

---

[6] *H. Lammasch*, Die Lehre von der Schiedsgerichtsbarkeit in ihrem ganzen Umfange, S. 24 f.

[7] *H. Morgenthau*, Die internationale Rechtspflege, ihr Wesen und ihre Grenzen, gibt S. 6—16 einen Überblick über 5 verschiedene Bedeutungen des Begriffs der Schiedsgerichtsbarkeit in der Literatur.

[8] *H. Wehberg*, Der Internationale Gerichtshof, S. 6.

[9] *S. Rosenne*, The law and practice of the International Court Bd. I, S. 7; *H. Morgenthau*, a.a.O., S. 7, u. allg. M.

[10] *S. Rosenne*, The law ..., S. 7 f.

So konnte Morgenthau[11] noch 1929 schreiben, die internationale Gerichtsbarkeit sei ein in „seinen ersten Anfängen stehender Rechtsbegriff", über dessen konkreten Inhalt nicht viel ausgesagt werden könne. Morgenthau versucht eine „Auffüllung" des Begriffs vom innerstaatlichen Bereich her, allerdings mit dem ausdrücklichen Hinweis darauf, daß bei diesem Unterfangen alle diejenigen Elemente der nationalen Gerichtsbarkeit beiseite bleiben müßten, die dem Wesen des Völkerrechts widersprächen. Eben darin liegt aber die Schwierigkeit begründet. In der Abgrenzung zur Schiedsgerichtsbarkeit ist für die internationale Gerichtsbarkeit jedenfalls das Vorhandensein einer ständigen Behörde mit fester Organisation und auf Dauer ernannten Richtern wesensnotwendig[12]. Zahl, Ernennungsmodus und die Personen der zur Entscheidung berufenen Richter müssen von vornherein feststehen. Das Prozeßverfahren ist normativ festgelegt. Erst diese institutionelle Verfestigung ermöglicht dem Gericht seine notwendige Unabhängigkeit von subjektiven und willkürlichen Einflüssen. Die „durch feste Normen verbürgte Dauer, verwirklicht in dem institutionellen Charakter des sachlichen und persönlichen Apparates" ist das den Begriff der Gerichtsbarkeit beherrschende Prinzip[13].

Die internationale Gerichtsbarkeit steht somit auf einer „höheren Rechtsstufe"[14] als die Schiedsgerichtsbarkeit. Die Unterwerfung unter die Jurisdiktion ständiger Gerichte verlangt dafür in der Regel von den Staaten ein größeres und in seiner Tragweite weniger überschaubares Opfer an „Souveränität" als die Anerkennung der Schiedsgerichtsbarkeit. Hierin liegt denn auch der Grund für die beachtlichen Widerstände gegen die Einrichtung und das Funktionieren internationaler Gerichte.

Der Übergang von der Schiedsgerichtsbarkeit zur ordentlichen internationalen Gerichtsbarkeit ist aber freilich fließend. Neben ad-hoc-Schiedsgerichten finden sich institutionalisierte Schiedsgerichte, die — wie im Falle des Haager Ständigen Schiedshofs — durchaus auch eine geregelte Verfahrensordnung haben können[15], welche dann subsidiär (bei Fehlen einer entgegenstehenden Vereinbarung) anwendbar ist. Auf der anderen Seite billigt u. a. der übereinstimmend als echtes

---

[11] a.a.O., S. 17.

[12] *F. Berber*, a.a.O., S. 54; *H. Morgenthau*, a.a.O., S. 21—23; *G. Dahm*, a.a.O., § 95 I.

[13] *H. Morgenthau*, a.a.O., S. 23.

[14] *G. Dahm*, a.a.O., § 95 I.

[15] Im Haager „Abkommen zur friedlichen Erledigung internat. Streitigkeiten" ist eine derartige Verfahrensordnung enthalten. Der Ständige Schiedshof ist aber kein ständiges Gericht im oben dargelegten Sinn. Er unterhält vielmehr ein ständiges Büro sowie eine bestimmte Anzahl „möglicher" Richter, aus denen im nächsten Fall die Mitglieder des Spruchkörpers ausgewählt werden.

Gericht betrachtete Internationale Gerichtshof in Art. 31 Abs. III seines Statuts Parteien, deren Nationalität im Richterkollegium nicht vertreten ist, das Recht zu, einen Richter ihres Vertrauens zu bezeichnen (ad-hoc-Richter).

Derartige systemfremde Elemente sind nicht zu leugnen; trotzdem wäre es aber verfehlt, daraus die Folgerung abzuleiten, zwischen Schiedsgerichtsbarkeit und echter ständiger Gerichtsbarkeit bestehe „kein grundsätzlicher Unterschied"[16].

Der Ständige Internationale Gerichtshof (StIG) sowie sein Nachfolger, der Internationale Gerichtshof (IG), beide im Haag, bilden nun zwar nicht die einzigen[17], aber doch die bedeutendsten Organe der internationalen Gerichtsbarkeit[18]. Eine Betrachtung der Rolle ihrer Rechtsprechung in der internationalen Streiterledigung ist auch für die Beurteilung der europäischen Gerichtsbarkeit von Bedeutung.

III. Umfang und Bedeutung der Rechtsprechung des StIG und des IG

Beim StIG gingen von 1922—1939 38 Klagen und 28 Anträge auf Erstattung von Rechtsgutachten ein[19]. Davon erstattete der StIG in dieser Zeit 27 Gutachten und erließ 25 Urteile[20].

Der IG entschied von 1946—1964 über 28 von 37 eingereichten Klagen und erstellte 13 Gutachten. In dieser Zeit fällt zunächst insbesondere die nachlassende Gutachter-Tätigkeit des Gerichts ins Auge.

Inzwischen hat aber — von der Öffentlichkeit so gut wie unbemerkt — der IG im Juli 1970 auch die letzte anhängige Klage entschieden. Augenblicklich ist überhaupt nur noch ein einziger Antrag auf Erstattung eines Gutachtens beim IG anhängig.

Diese Entwicklung bestätigt drastisch die Urteile der Literatur, nach denen im ganzen gesehen eine abnehmende Beschäftigung des Gerichtshofs zu konstatieren ist[21]. Rosenne versucht, sich mit dem — an sich

[16] So aber *H. Wehberg*, a.a.O., S. 7.

[17] Vgl. etwa die Hinweise auf andere internationale Gerichte bei *G. Dahm*, a.a.O., § 95 V.

[18] Zur Literatur vgl. die Übersicht bei *F. Berber*, Lehrbuch des Völkerrechts Bd. III, vor § 11; *H. Dahm*, a.a.O., vor §§ 91, 95.

[19] Das vorgelegte Zahlenmaterial ist — soweit nichts anderes angegeben wird — aus *S. Rosenne*, The law ..., S. 10—12, entnommen. Auf S. 10 unterläuft Rosenne dabei allerdings ein Rechenfehler bei der Zusammenstellung der Zahl der Urteile.

[20] *F. Berber*, a.a.O., § 9 II, zählt nur 22 Urteile.

[21] *F. Berber*, a.a.O., § 11 VIII; *S. Rosenne*, The law ..., S. 2, 14, mit weiteren Nachw.; *M. Zafrulla-Khan* (Präsident des IG), The Contribution of the

richtigen — Hinweis zu helfen, die Bedeutung eines internationalen Gerichts könne nicht an der Zahl der anhängigen bzw. entschiedenen Rechtssachen gemessen werden. Aus der geringeren Beschäftigung könne keineswegs der Schluß gezogen werden, der Beitrag des IG zur Aufrechterhaltung des Friedens sei geringer als der seines Vorgängers — der das Verhängnis im übrigen auch nicht zu verhindern vermochte. Das Gericht brauche diese Entwicklung auch nicht zu bedauern, da die größere Ruhe sowie das Streben nach Sicherheit, das in der verminderten Prozeßtätigkeit zum Ausdruck komme, „the lack of general intellectual calmness" erzeuge[22]. Dem Gerichtshof lägen zwar weniger, dafür aber auch bedeutendere Anträge vor. Im Augenblick des praktisch völligen Stillstands der Tätigkeit des IG läßt sich so nicht mehr argumentieren. Die intellectual calmness wird zur Grabesruhe.

Dieser Rückgang kommt auch keineswegs völlig überraschend. Es gab — neben der Entwicklung der Statistik — durchaus Anzeichen für die kritische Situation der internationalen Gerichtsbarkeit:

- Bereits 1954 mußte der UN-Generalsekretär die Mitgliedstaaten auffordern, größeren Gebrauch von den Möglichkeiten der Auseinandersetzung vor dem IG zu machen[23].
- Die Zahl der Erklärungen, die Gerichtsbarkeit des IG für bestimmte Rechtsstreitigkeiten als obligatorisch anzuerkennen (Art. 36 Abs. 2 des IG-Statuts) verringerte sich gegenüber der Zeit des Völkerbundes[24] (der im StIG-Statut eine entsprechende Möglichkeit vorsah).
- Die wachsende Zahl von Vorbehalten, die gewohnheitsrechtlich weit über die beiden in Art. 36 Abs. 3 IG-Statut ausdrücklich zugelassenen Möglichkeiten hinausgehen[25].

Eine genauere zeitliche Aufschlüsselung der Tätigkeit des StIG scheint eine Abhängigkeit der internationalen Streitschlichtungstätigkeit von der Existenz eines Mindestbestandes an Frieden, Sicherheit und Entspannung aufzuzeigen[26]. Über zwei Drittel der Rechtssachen wurden in der Zeit von 1922—1932, der Blütezeit des Völkerbundes, erledigt. Allein von 1924—1928 wurden 24 neue Anträge eingereicht. In dieser Zeit war die deutsch-französische Annäherung am engsten. Im Jahr der Weltwirtschaftskrise hingegen wurde der StIG nicht ein einziges Mal angegangen. Die Folgerung scheint demnach begründet zu

principal judicial organ of the UN to the achievement of the objectives of the organisation, in UN-Monthly-Chronicle 1970, H. 7, S. 139 ff. (142).

[22] *S. Rosenne*, The law ..., S. 15.

[23] *L. Gross*, AJIL 1962, S. 33 ff. (60).

[24] *F. Berber*, a.a.O., § 11 V (S. 71); zu Art. 36 Abs. 2 grundsätzlich vgl. unten S. 23 ff.

[25] *F. Berber*, a.a.O., § 11 V (S. 72 ff.); *M. Zafrulla-Khan*, a.a.O., S. 143 f.

[26] *S. Rosenne*, The law ..., S. 12.

sein, daß ein Anwachsen internationaler Spannungen der Ausweitung der internationalen Gerichtsbarkeit hinderlich ist[27].

Diese Analyse erklärt aber nicht den gegenwärtigen fast völligen Stillstand des IG. Hierfür kann jedoch eine Betrachtung der Prozeß*materien* wichtige Hinweise liefern: Art. 33 Abs. 1 UN-Charta will mit seinem Schlichtungsinstrumentarium — also auch dem Gerichtshof — Streitigkeiten erfassen, „deren Fortdauer geeignet ist, die Wahrung des Weltfriedens und der internationalen Sicherheit zu gefährden". Hinter dieser Regelung steht der weise Grundsatz: minima non curat praetor[28]. Die Praxis hat diese — sicherlich schwer zu konkretisierende — Unterscheidung nicht beachtet[29], so daß sich bei einer Durchsicht der Entscheidungen — ja bereits bei einer Zusammenstellung der Prozeßparteien — der Verdacht nicht von der Hand weisen läßt, de facto herrsche das Prinzip: maxima non curat praetor[30]. Berber erklärt so den Tätigkeitsrückgang mit einer „kritischen Beurteilung des Wertes gerichtlicher Tätigkeit in den internationalen Beziehungen"[31]. „Das elastische Verfahren vor einer politischen Instanz ist nun einmal für die schnelle Überwindung gefährlicher Spannungen besser geeignet als das formalisierte und langwierige Verfahren vor einem Gericht, das nur geltendes Recht anwenden kann[32]."

Einen Vorzugsplatz im Evolutionsprozeß von der internationalen Anarchie hin zu einer geordneten Völkerrechtsordnung vermochte der IG demnach in seiner bisherigen Existenz nicht einzunehmen[33]. Er ist keineswegs zu einem unübersehbaren „milepost" geworden. Aber damit ist er noch nicht überflüssig. Der IG bleibt vielmehr eine unabdingbare Einrichtung der Völkergemeinschaft, „potentiellement très importante", aber im Augenblick „un symbole bien plus que l'un des éléments essentiels"[34] du devellopment vers le droit international[35].

Mag auch seine Rechtsprechung selbst nur Symbolcharakter und keine übermäßige faktische Bedeutung besitzen — sie hat jedenfalls

[27] *L. Gross*, AJIL 1962, S. 33 ff. (60).

[28] *F. Berber*, a.a.O., 9 10 (S. 59).

[29] *F. Berber*, a.a.O., S. 60.

[30] *S. Rosenne*, The International Court of Justice, S. 1 ff., stellt das noch als Frage. Der Hinweis auf den Korfu-Fall genügt ihm zur Entkräftung dieses Vorwurfs.

[31] a.a.O., § 11 VIII (S. 80).

[32] *G. Dahm*, a.a.O., § 70 III 2.

[33] *W. Friedmann*, De l'effiacacité des institutions internationales, S. 51.

[34] *W. Friedmann*, a.a.O.

[35] Am 18. November 1970 beschloß das Legal Committee der UN, die Staaten aufzufordern, ihre Vorstellungen über die Rolle des IG bis spätestens 1. 7. 1971 vorzulegen, nachdem zunächst ein ad-hoc-Komitee der Vollversammlung erstrebt war, das Wege zur Vergrößerung der Effizienz des IG hätte aufzeigen sollen (vgl. UN-Monthly-Chronicle, 1970, H. 12, S. 101 f.).

eine umfangreiche Literatur zur näheren Erforschung der im Haag entwickelten Grundsätze ausgelöst[36] und auch auf diesem Weg einen erheblichen Beitrag zum internationalen Bewußtwerdungsprozeß des Rechts geleistet.

Und mögen auch die den Urteilen des IG zugrunde liegenden Sachverhalte nur unbedeutende Streitigkeiten betreffen — die in diesen Entscheidungen behandelten Rechtsprobleme sind von ungleich größerer Bedeutung[37].

Diese Feststellung erscheint um so wichtiger, als dem Gerichtshof der Europäischen Gemeinschaften (EGH) neuerdings expressis verbis der gleiche Vorwurf gemacht wird, nur mit inferioren Randproblemen befaßt zu werden[38]. Trotzdem soll sie nicht darüber hinwegtäuschen, daß zwei bedrückend gut fundierte Einsichten nicht zu leugnen sind:

— Ein Anwachsen internationaler Spannungen ist dem Wirksamwerden internationaler Gerichtsbarkeit abträglich.

— Die Tendenz, politisch „brisante" Rechtsstreitigkeiten den internationalen Gerichten vorzuenthalten.

Diese Erkenntnisse sind bisher lediglich aufgrund einer an der Oberfläche verbleibenden Analyse von Statistiken wahrscheinlich gemacht. Da sie für die Beurteilung der Judikatur des Gerichtshofs der Europäischen Gemeinschaften (EGH) gleichfalls von entscheidender Bedeutung sein können, sind vertiefende Überlegungen über die grundsätzlichen Schwächen herkömmlicher internationaler Gerichtsbarkeit notwendig, die über die eigentlichen Ursachen der festgestellten Gesetzmäßigkeiten Aufschluß geben können.

IV. Grundsätzliche Mängel jeder internationalen Gerichtsbarkeit

1. Das Fehlen eines automatischen „Obligatoriums"

Die internationale Gerichtsbarkeit kennt bis heute kein automatisches Obligatorium[39]; selbst für die Gründer eines internationalen Gerichts besteht keinerlei *Zwang*, sich auf einen Rechtsstreit vor dem

---

[36] Es sei hier vor allem auf die Arbeiten von *B. Cheng*, General principles of Law as applied by International Courts and Tribunals; *H. Lauterpacht*, The development of International law by the International Court und *G. Schwarzenberger*, Völkerrecht in seiner Anwendung durch internationale Gerichte und Schiedsgerichte, verwiesen.

[37] *O. Kimminich*, Völkerrecht im Atomzeitalter, S. 64.

[38] *R. Hellmann*, Nationale Souveränität und Vertragstreue, EA 1970, S. 678 (683).

[39] *F. Berber*, a.a.O., § 9 II (S. 55), § 10 (S. 61), § 11 I (S. 64); *G. Dahm*, a.a.O.,

Gericht einzulassen[40]. Sein Tätigwerden wird vielmehr von den streitenden Parteien ad hoc bestimmt.

Quelle und Legitimation internationaler Gerichtshoheit ist nämlich die freiwillige Unterwerfung der betreffenden Staaten[41]. Die internationale Rechtsordnung des allgemeinen Völkerrechts, das noch immer in der Souveränität freier und gleicher Staaten seinen Mittelpunkt hat[42], erweist sich so als ein „noch älterer, archaischer Typus der Rechtsbildung“[43]. In reiferen Rechtskulturen geht nämlich die Verpflichtung auf staatliche Gerichtsbarkeit auf das Bestehen einer übergeordneten Hoheitsgewalt zurück.

Es ist nicht möglich, eine Einlassungspflicht der Staaten aus Art. 2 Abs. 3 und dem „Grundgedanken“ der UN-Charta abzuleiten, die eine friedliche Streiterledigung zwingend fordere[44]. Diese Auslegung, so gerne man ihr zustimmen möchte, widerspricht der ausdrücklichen Regelung der Charta, ihrer Entstehungsgeschichte, dem Willen der Staaten und ihrer Praxis.

Auch aus Art. 36 Abs. 3 UN-Charta ist ein solches Obligatorium nicht ableitbar[45]. Die Vorschrift ändert nichts an dem prinzipiell unverbindlichen Charakter derartiger Empfehlungen.

Mit dem überkommenen Grundsatz des absoluten Vorranges des im herkömmlichen Sinne souveränen Staates[46] ist es nach wie vor nicht vereinbar, einen so wesentlichen Teil der Hoheitsgewalt wie die Justizhoheit auf ein internationales Gremium zu übertragen[47].

Bei den Debatten in San Franzisko um die Errichtung des IG war die Völkergemeinschaft nahe daran gewesen, ihren eigenen Schatten zu

---

§ 97 (S. 486); *H. Wehberg*, a.a.O., S. 16, 24; *F. Wittmann*, Das Problem des Obligatoriums in der internationalen Gerichtsbarkeit unter besonderer Berücksichtigung von Art. 36 II des Statuts des IG, S. 104; *W. Friedmann*, a.a.O., S. 49.

[40] *F. Wittmann*, a.a.O., S. 59—64, geht von einem weiteren Begriff des Obligatoriums aus. Für ihn sind hierfür 4 Wesenselemente erforderlich: a) die Bindung der Parteien an die Entscheidung des Gerichts, b) die Verpflichtung zur gerichtlichen oder schiedsgerichtlichen Beilegung *vor* Entstehung des Streits, c) die Möglichkeit der einseitigen Auslösung des gerichtlichen Verfahrens, d) die Kompetenz-Kompetenz des Gerichts.

[41] *F. Wittmann*, a.a.O., S. 594; *G. Dahm*, a.a.O., § 97.

[42] Vgl. etwa *W. Schaumann*, Die Gleichheit der Staaten — Ein Beitrag zu den Grundprinzipien des Völkerrechts, Wien, 1957.

[43] *G. Dahm*, a.a.O., § 97 (S. 485).

[44] *F. Wittmann* weist a.a.O., S. 105 f., diese Auffassung von A. Alvarez mit Recht zurück; vgl. auch *K. Vogel*, Recht und Staat, H. 292/3, S. 29, FN 89.

[45] Diese Frage wurde im Korfu-Fall aufgeworfen und verneint, vgl. *F. Wittmann*, a.a.O., S. 106—108; *F. Berber*, a.a.O., § 10 (S. 61).

[46] Vgl. etwa *W. Wittmann*, a.a.O., S. 48.

[47] *F. Wittmann*, a.a.O., S. 104 ff. — Auf die besondere Problematik beim Gerichtshof der Europäischen Gemeinschaften ist unten noch im einzelnen einzugehen.

überspringen. Die Erfahrung des zweiten Weltkrieges hatte die Widerstände gegen eine so weitgehende Entscheidungsbeschränkung nationaler Instanzen nahezu überwunden, so daß die Mehrheit der Staaten für eine Einrichtung des IG als *obligatorische* Instanz in Rechtssachen eintrat. An den Bedenken der USA und der UdSSR scheiterte das Unterfangen[48], und es verblieb mit einigen Detailänderungen bei der Regelung des Völkerbundes.

Die wesentliche Neuerung, nämlich die organisatorische Verknüpfung des IG mit den Vereinten Nationen, deren „Hauptsprechungs-*organ*" der IG gemäß Art. 7 und 92 UN-Charta ist — im Gegensatz zur organisatorischen Eigenständigkeit des StIG —, erscheint wenig sinnvoll: Die Mitglieder dieser Organisation unterliegen keinem Zwang, den Gerichtshof anzugehen; der Gerichtshof selbst aber ist als Organ dieser Gemeinschaft ihrem politischen Schicksal auf Gedeih und Verderb ausgeliefert. Eine solche Verknüpfung wäre auch bei gegenwärtig stabileren *politischen* Gebilden, als es die Vereinten Nationen sind, zu bedauern[49].

Die Abhängigkeit internationaler Gerichtsbarkeit vom Willen der Staaten hat dabei auch entscheidenden Einfluß auf Funktion und Grenzen ihrer Rechtsprechung sowie auf die ihr zugrunde zu legenden Auslegungskriterien.

In Anknüpfung an Art. 36 Abs. 2 der VBS gibt Art. 36 Abs. 2 des IG-Statuts zwar die Möglichkeit zur Abgabe von Erklärungen, „daß sie von Rechts wegen und ohne besonderes Abkommen gegenüber jedem anderen, die gleiche Verpflichtung übernehmenden Staat die Gerichtsbarkeit des Gerichtshofs für alle Rechtsstreitigkeiten als obligatorisch anerkennen, die zum Gegenstand haben":... Diese „Fakultativ"- oder „Optionsklausel"[50] verleiht derartigen einseitigen Erklärungen die gleiche Wirkung wie wechselseitigen Verträgen, in denen entsprechende Streitigkeiten von vornherein (insofern obligatorisch) der Zuständigkeit des Gerichts unterworfen werden.

Dieser Weg, eine gewisse Verbindlichkeit herzustellen, darf aber nicht überbewertet werden[51].

Es wäre voreilig, zu glauben, man könne unbesorgt sein, sind doch alle Mitglieder des Sicherheitsrates, mit Ausnahme der Sowjetunion,

---

[48] *G. Dahm*, a.a.O., § 99 I.

[49] Die Verknüpfung lehnen ausdrücklich ab: *H. Wehberg*, a.a.O., S. 25 f., *S. Rosenne*, Law and ..., S. 95.

[50] *F. Wittmann* weist (a.a.O., S. 114) darauf hin, der Begriff „Fakultativklausel" sei unrichtig, und schlägt dafür die Bezeichnung „Unterwerfungsklausel" vor. Diese Bezeichnung konnte sich aber nicht durchsetzen.

[51] Von den 126 Mitgliedern sind 44 Staaten durch derartige Unterwerfungserklärungen gebunden.

an derartige Erklärungen gebunden[52]. Die Möglichkeit, diese Erklärungen unter Vorbehalt abgeben zu können (Art. 36 Abs. 3 IG-Statut), entwertet die Fakultativklausel fast völlig[53]. Der Wortlaut des Abs. 3 läßt zwar nur den Vorbehalt der gegenseitigen Verpflichtung mehrerer oder bestimmter Staaten sowie die Einschränkung der Verpflichtung auf einen bestimmten Zeitraum zu. Diese Einschränkung ist aber gewohnheitsrechtlich längst gefallen[54].

Beispielhaft ist der amerikanische Vorbehalt (amendment Connally), der u. a. auch alle Streitigkeiten über Gegenstände umfaßt, „die wesentlich zur inneren Zuständigkeit der USA, wie von den USA bestimmt", gehören, wobei der IG die materiellen Voraussetzungen der „inneren Zuständigkeit" nicht nachprüfen darf. Diese von den Amerikanern immer beibehaltene Formel wurde mehrfach nachgeahmt[55]. Der Vorbehalt der domestic jurisdiction ermöglicht es den Staaten, „den Eindruck der Annahme des Obligatoriums, also der internationalen Fortschrittlichkeit" zu erwecken, behält ihnen aber „gleichwohl ihre volle Freiheit bei, sich im konkreten Fall der Gerichtsbarkeit des IG zu unterwerfen oder zu entziehen"[56].

Konsensualprinzip und der in verhängnisvoller Weise leicht zu mißbrauchende Grundsatz der Nichteinmischung (Art. 2 Abs. 7 UN-Charta) gehen hier eine unheilige Allianz zur Aufrechterhaltung nationaler Willkür ein.

2. Beschränkung der gerichtlichen Zuständigkeit auf Rechtsstreitigkeiten

Art. 36 Abs. 2 Statut — IG sieht diese Unterwerfungserklärungen für bestimmte *Rechts*streitigkeiten vor. Die Unterscheidung zwischen „politischen" und „Rechtsstreitigkeiten" taucht auch in zahlreichen Vorbehaltserklärungen auf[57]. Sie gehört zu den verschiedentlich unternom-

---

[52] So aber praktisch *H. Wehberg*, a.a.O., S. 24 f.

[53] *F. Berber*, a.a.O., § 11 V (S. 72 f.). (Er stellt u. a. die amerikanischen und britischen Vorbehalte dar.)
L. Oppenheim - H. Lauterpacht, International Law — A. Treatise, Bd. II, § 17; *F. Wittmann*. a.a.O., S. 313 ff.; *S. Rosenne*, The International Court of Justice, S. 310 ff.; *W. Friedmann*, a.a.O., S. 49.

[54] *S. Rosenne*, The International Court of Justice, S. 311: Die Frage der Zulässigkeit muß vom IG im Einzelfall beurteilt werden. Unzulässig sind solche Vorbehalte nur, soweit sie dem gesamten Statut zuwiderlaufen.

[55] *F. Berber*, a.a.O., § 11 V (S. 73); Aufzählung der entsprechenden Staaten bei *S. Rosenne*, The International Court of Justice, S. 312, FN 5.

[56] *F. Berber*, a.a.O., § 11 V (S. 73).

[57] *G. Dahm*, a.a.O., § 98 II 3; *H. Wehberg*, a.a.O., S. 16.
Im nationalen Bereich vgl. dazu die Probleme, die die Verfassungsgerichtsbarkeit aufwirft. Auch dort sind rechtlicher und politischer Bereich nicht immer sauber auseinanderzuhalten.

menen Versuchen, justiziable von nicht justiziablen Streitigkeiten zu scheiden. Wie all diese Versuche, so ist auch diese Abgrenzung nicht durchführbar.

Es wurde mit Recht immer wieder darauf hingewiesen, daß Rechtsstreitigkeiten eminent politische Bedeutung haben können (etwa die rechtliche Zugehörigkeit der deutschen Ostgebiete!) und daß politische Streitigkeiten — soweit Völkerrecht überhaupt anwendbar ist — durchaus einer rechtlichen Entscheidung zugänglich sind.

Morgenthau versucht, objektive und subjektive Elemente zu kombinieren[58], und nimmt dann das Vorliegen einer Rechtsstreitigkeit an, wenn „die Begründung der Parteibehauptungen eine Meinungsverschiedenheit über einen Punkt erkennen läßt, über den nur aufgrund von Rechtsgrundsätzen entschieden werden kann".

Aber auch er räumt unmittelbar anschließend ein, daß auch auf diese Weise der Begriff der Rechtsstreitigkeit begrifflich nicht eindeutig festgelegt werden kann[59].

Angesichts solcher Schwierigkeiten klärte die Praxis auf dem Wege der Enumeration, was sie jeweils unter einer „Rechtsstreitigkeit" verstanden haben wollte (so auch Art. 36 Abs. 2 des IG-Statuts, der im wesentlichen aus Art. 13 Abs. 2 VBS und Art. 36 StIG-Statut übernommen wurde)[60]. Da jedoch grundsätzlich durch Vertrag dem Gerichtshof auch andere als die in Art 36 Abs. 2 bezeichneten Streitigkeiten — also auch „politische" — unterbreitet werden können, bleibt die Frage, ob der IG seinerseits verpflichtet ist, sich mit derartigen Streitigkeiten zu befassen[61], bestimmt doch Art. 38 Abs. 1 IG-Statut, der Gerichtshof habe die ihm unterbreitenden Streitigkeiten nach „Völkerrecht" zu entscheiden, während der Begriff der „politischen" Streitigkeit gerade auch Fälle erfassen kann, auf die Völkerrecht nicht anwendbar ist.

Sowohl die Gerichtshoheit des IG als auch der Umfang seiner Zuständigkeit sind demnach aus dem alles beherrschenden Konsensualprinzip abzuleiten.

---

[58] a.a.O., S. 53.

[59] S. 54.
Auch der Versuch Schindlers (in der Festgabe für Fleiner, 1937, S. 11 f.), die „politischen" Streitigkeiten zu systematisieren, überzeugt nicht.

[60] Während es früher möglich war, die Zuständigkeit des StIG für alle oder einzelne der i. d. Folge aufgezählten Streitigkeiten zu akzeptieren, ist das nach Art. 36 Abs. 2 Statut-IG nur für alle dort bezeichneten Streitigkeiten möglich.

[61] Zweifelnd für den StIG: *H. Wehberg*, a.a.O., S. 16.

3. Zusammenfassung

Das eigentliche Problem, auf das sich Schwierigkeiten und Mißerfolge internationaler Gerichtsbarkeit und — mehr noch — das Scheitern der Errichtung einer internationalen Rechtsordnung zurückführen lassen, liegt in der Konzeption der gleichberechtigten Gemeinschaft souveräner Staaten, letztlich im heute noch geltenden Souveränitätsbegriff selbst[62], wenn man auch nicht so weit gehen kann, wie es Carl Schmitt in seiner Schrift über den „Begriff des Politischen“ tut: Für ihn würde Universalität des Völkerbundes radikale Entpolitisierung und damit auch Staatenlosigkeit bedingen[63]. Nach Carl Schmitt hebt die Genfer Société die „Möglichkeiten von Kriegen nicht auf, sowenig sie die Staaten aufhebt. Sie führt neue Möglichkeiten von Kriegen ein, erlaubt Kriege, fördert Koalitionskriege und beseitigt eine Reihe von Hemmungen des Krieges dadurch, daß sie gewisse Kriege legitimiert und sanktioniert“[64, 65] — für eine Friedensordnung ein vernichtendes Urteil, dem aber auch die Regelung der UN-Charta in gewissem Maße unterliegt.

V. Einordnung des EGH

Da in der universalen Völkergemeinschaft ein Fortschritt zu einer rechtlichen und friedlichen Ordnung — die über ein atomares Patt angstvollen Wettrüstens hinausgeht — nicht absehbar ist, unternahm ein Teil der europäischen Nationen einen der zahlreichen Versuche, auf regionaler Basis größere Fortschritte zu erzielen — besonders bemerkenswert deshalb, weil neben der europäischen Kultur auch der Bruderhaß europäischer Völker tiefreichende historische Wurzeln hat, sowie wegen der wiedererstarkten Wirtschaftskraft des „alten Europa“. Die europäische Verflechtung der wichtigsten Grundstoffindustrien (im EGKSV) und der Versuch fünf Jahre später, eine möglichst große Gemeinsamkeit in Zielen und Mitteln der nationalen Volkswirtschaften herbeizuführen (EWGV, EAGV), sollte einen Rückfall in europäische Bruderzwistigkeiten für die Zukunft ausschließen und den Ausgleich konträrer Interessen in rechtlich geordnete Bahnen lenken. Dem Ge-

---

[62] s. dazu unten, S. 155 f.

[63] S. 38.

[64] *C. Schmitt*, a.a.O., S. 39.

[65] Innerstaatliche Verfechter der Demokratisierung um jeden Preis, deren Hauptstoßrichtung sich gegen jede Art von autoritär-strukturierter Hoheitsgewalt zu richten scheint, sollten sich sehr eingehend mit den Problemen beschäftigen, die das — de jure — autoritätslose Völkerrecht eben aufgrund dieser Herrschaftslosigkeit zu überwinden hat, bevor sie die nationale Ordnung — in dem Glauben, sie zu reformieren — lediglich auf das gleiche, niedrigere Niveau herabführen.

richtshof der Europäischen Gemeinschaften (EGH) mußte bei diesem Werk eine entscheidende Stellung eingeräumt werden[66]. Die Art. 31 EGKSV, 164 EWGV und 136 EAGV auferlegen dem Gerichtshof die Wahrung des Rechts bei der Auslegung und Anwendung der Verträge. Es bedarf dabei einer Rechtfertigung, von „dem" Gerichtshof zu sprechen, da zunächst jeder der drei Verträge einen eigenen Gerichtshof als Organ vorsieht. Bei der Unterzeichnung der römischen Verträge wurde nämlich — was zumindest erwägenswert war — die Zuständigkeit des bereits bestehenden Gerichtshofs des EGKS nicht auf die beiden anderen Verträge ausgedehnt. Er wurde vielmehr erst aufgrund des „Abkommens über die gemeinsamen Organe für die europäischen Gemeinschaften" vom 25. 3. 1957[67] (Art. 3 und 4) durch den gemeinschaftlichen Gerichtshof ersetzt[68], seine Satzung entsprechend modifiziert (Art. 4 Abs. 2 lit. b des Abkommens). Voneinander teilweise abweichende Verfahrensvorschriften und unterschiedliche Kompetenzen, je nach Angehörigkeit des Streitstoffs zu einem der drei Verträge, ändern dabei nichts am Charakter des EGH als einem einheitlichen Gerichtshof. Derartige Unterschiede sind im übrigen auch Gerichten im nationalen Bereich nicht fremd.

1. Versuche zur umfassenden Erfassung der rechtlichen Eigenart des EGH

Die Besonderheit des EGH ist — wie die der Gemeinschaften selbst — äußerst umstritten. Seine Abgrenzung von herkömmlichen internationalen sowie von innerstaatlichen Gerichten wird unter den verschiedensten Aspekten unternommen, um so seine Eigenart in den Griff zu bekommen.

---

[66] Aus der bereits ungemein umfangreichen Literatur über den EGH s. *allg. Darstellungen* z. B.: *G. Bebr,* Judicial Control of the European Communities 1962; *D. G. Valentine,* The Court of Justice of the European Communities, 1965; *E. Wall,* The Court of Justice of the European Communities, 1966; *J.-P. Colin,* Le gouvernement des juges dans les Communautés Européennes, 1966; *A. W. Green,* Political Integration by Jurisprudence, 1969; *G. Schwarzenberger,* Contributions of the Court of Justice to European Integration, 1964; *W. Strauss,* Der Gerichtshof der Europäischen Gemeinschaften und seine Rechtsprechung, 1964; *W. Feld,* The Court of the European Communities; New dimension in international adjudication, 1964, jeweils mit eingehenden weiteren Literaturhinweisen.

[67] BGBL II S. 1156, geändert durch Vertrag eines gemeinsamen Rates und einer gemeinsamen Kommission der Europäischen Gemeinschaften v. S. 4, 1965 (BGBL II S. 1454).

[68] Vgl. dazu *P. Pinay,* „La Cour de Justice des Commun. Européennes" in Rev. du Marché Commun 1959, S. 138 ff. (139) — In der vorliegenden Arbeit wird bei der Darstellung der Rechtsprechung einheitlich von „dem EGH" gesprochen, obgleich an sich die ersten Urteile als solche des GHEGKS hätten bezeichnet werden müssen. Da ein Bruch in der Kontinuität der Rechtsprechung jedoch nicht feststellbar war, schien die Vereinfachung der Terminologie gerechtfertigt.

a) Die häufigsten Versuche dieser Art gehen vom Zuständigkeitskatalog des EGH aus. Soweit sie sich dabei von dem klassischen Einteilungsschema rechtsprechender Tätigkeit in Straf-, Zivil-, Verwaltungs-, Disziplinargerichtsbarkeit etc. leiten lassen[69], ist das Ergebnis für die aufgeworfene Fragestellung unergiebig. Es läßt sich zwar ein Überblick über den Tätigkeitsbereich des EGH gewinnen und seine Kompetenz theoretisch besser erfassen; für die Charakterisierung als nationales oder internationales Gericht ist wenig gewonnen. Insbesondere erscheint der häufige Hinweis[70] unbegründet, verwaltungsgerichtsähnliche Zuständigkeiten vertrügen sich nicht mit der klassischen Vorstellung internationaler Gerichtsbarkeit. Die Vertreter dieser Ansicht sehen — entsprechend ihrer Zuständigkeitsaufteilung — den EGH gleichermaßen als internationales, wie auch als Straf-, Zivil-, Verwaltungs-, ... gericht an, je nachdem, in welchem Zuständigkeitsbereich der Gerichtshof tätig wird[71]. Dieses Ergebnis ist unbefriedigend und würde in der Praxis zu erheblichen Schwierigkeiten führen.

Fruchtbarer ist hier schon der Ansatz von Green[72], der — ausgehend von einer Aufgliederung des föderativen Systems in fünf Beziehungsebenen nach J. L. Mashaw — darlegt, die Ausdehnung der Kompetenz des EGH über bloße state-to-state relationships hinaus auf die Beziehungen zwischen den einzelnen Staatsgewalten, die Beziehungen unter den Regionen und zwischen Zentral- bzw. Regionalregierung und einzelnen lege die Vermutung nahe, es handle sich um ein Bundes- oder supranationales, nicht aber um ein internationales Gericht[73]. Green muß hierfür von der Voraussetzung der föderativen Struktur der Gemeinschaften ausgehen.

b) Diese Prüfung stellen in der Tat eine Reihe von Autoren an den Beginn ihrer Überlegungen zur Eigenart des EGH[74]. Der Ausgangspunkt ist konsequent. Die Lösung muß aber bereits an der Vorfrage scheitern oder doch durch eine ganze Reihe von zweifelhaften Vorentscheidungen belastet werden; denn noch immer besteht keineswegs Klarheit über die rechtliche Bewertung der Struktur dieser neu geschaffenen Ordnung. Nach wie vor stehen sich mehrere Ansichten unversöhnlich gegenüber[75].

---

[69] Vgl. etwa *P. Pinay*, Rev. du Marché Commun 1959, S. 140 ff.

[70] So für die speziellen Verwaltungsgerichte internationaler Organisationen: *J. Rideau*, Juridictions internationales et contrôle du respect des traités constitutifs des organisations internationales, S. 73.

[71] Nachweise bei *J. Rideau*, a.a.O., S. 75, FN 33.

[72] Political Integration by Jurisprudence, S. 53 ff.

[73] a.a.O., S. 54 f.

[74] Vgl. *D. Heise*, Internationale Rechtspflege und nationale Staatsgewalt, S. 7 f., mit weiteren Nachweisen.

[75] Vgl. unten S. 145.

c) Schon im Ausgangspunkt zu eng und formalistisch erscheinen diejenigen Ansichten, die den internationalen Charakter des EGH mit dem Hinweis auf seine Zusammensetzung bestreiten und so seinen supranationalen Charakter beweisen wollen[76]: Aus der Sieben-Zahl der Richter (Art. 32 Abs. 1 EGKSV, 165 Abs. 1 EWGV) — bei sechs Mitgliedstaaten! — ergebe sich, daß diese weder ihre Staaten noch ihre heimatlichen Rechtsordnungen repräsentierten; sie hätten vielmehr ihre Stimme unparteiisch abzugeben.

Ferner gebe es beim EGH keine ad-hoc-Richter. Dieser letzte Hinweis verkennt, daß der ad-hoc-Richter auch in der herkömmlichen internationalen Gerichtsbarkeit (im Gegensatz zur Schiedsgerichtsbarkeit) einen Fremdkörper darstellt.

Im Bewußtsein des Richters selbst mag durchaus ein Unterschied zur internationalen Gerichtsbarkeit bestehen. In der Tat wird er sich dort in erster Linie als Vertreter seines Landes fühlen[77]. Dies allein berechtigt jedoch keinesfalls dazu, den internationalen Charakter des EGH zu leugnen.

d) Interessant ist der Versuch von Chevallier[78], die Besonderheit des EGH von daher zu bewältigen, wo sich ein verändertes Bewußtsein des Richters am ehesten niederschlägt — von der Auslegungsmethode her. Er kommt zu dem Ergebnis, der EGH habe bei seiner Rechtsauslegung wie ein klassisches internationales Gericht begonnen, später aber sich immer mehr der Attitüde eines nationalen Gerichts angenähert, indem er mehr und mehr aus dem Vertrag „als Ganzem" argumentierte und Kompetenznormen von den in den Verträgen avisierten Zielen her (bis zum allgemeinsten, nämlich „to safeguard the market") interpretierte.

Dennoch: auf diesem Wege ist zwar die Haltung des Gerichts, nicht aber dessen wirklicher Charakter ablesbar. Dieses Ergebnis zählt aber nicht viel angesichts der Stimmen, die dem EGH Wunschdenken vorwerfen[79]. Vom Wunschdenken zum Kompetenzmißbrauch wäre es nur ein kurzes Stück Weg.

e) Alle diese Versuche führen nicht zum Ziel. Es ist in der Tat unmöglich, die Natur des EGH ohne die der Gemeinschaften selbst zu erfassen, deren Organ er ist. Deshalb muß hier zunächst darauf verzichtet werden, den genauen Standort des EGH auf dem langen Weg vom internationalen zum nationalen (Bundes-)Gericht zu bestimmen.

---

[76] Nachweise bei *J. Rideau*, a.a.O., S. 74, FN 30.

[77] *O. Riese*, Über den Rechtsschutz innerhalb der europäischen Gemeinschaften, EuR 1966, S. 24 ff. (S. 26).

[78] *R.-M. Chevallier*, Methods and Reasoning of the European Court in its interpretation of Community Law, Common Market Law Ref. 1964/5, S. 21 ff.

[79] *E. Steindorff*, 1964, S. 56; *R. Hellmann*, EA 1970, S. 681; *H. H. Rupp*, NJW 1970, S. 356; u. a. m.

Trotzdem sind die Besonderheiten gegenüber der internationalen Gerichtsbarkeit festzuhalten, auch wenn dadurch keine abschließende Gesamtcharakterisierung des EGH erfolgen kann. Zu einer solchen wäre eine eingehende Prüfung der Kommunikationsbeziehungen mit den anderen Gemeinschaftsorganen erforderlich, während sich diese Untersuchung bewußt auf die Darstellung allein der Rechtsprechung beschränken will.

2. Die Abgrenzung des EGH von herkömmlichen, internationalen Gerichten

a) Die Rechtsprechung des EGH ist im Gegensatz zur bisherigen internationalen Praxis *obligatorisch*[80]. Soweit die Verträge dem Gerichtshof Zuständigkeiten einräumen, ist der EGH das einzige Streitentscheidungsorgan[81]. Er kann ohne besondere Unterwerfungserklärung des Gegners angegangen werden. Diese Erklärung liegt bereits in der Unterzeichnung der Gründungsverträge selbst[82]. Hier konnte also in kleinem Rahmen verwirklicht werden, was bei der Gründung des IG scheiterte.

b) Von entscheidender Bedeutung für das gemeinschaftliche Gerichtswesen ist die Tatsache, daß es möglich war, ein ausdrückliches *Verbot der Selbsthilfe* zu verankern[83]. In Art. 219 EWGV, 193 EAGV, 87 EGKSV haben sich die Mitgliedstaaten ausdrücklich verpflichtet, Streitigkeiten über die Auslegung oder Anwendung dieses Vertrages *nur* nach den hierin vorgesehenen Schlichtungsmechanismen beizulegen.

c) Kein herkömmliches internationales Gericht besitzt ähnlich umfassende *Zuständigkeiten*[84]: In diesem Punkte fügen sich die Besonderheiten der europäischen Judikative eng mit den Charakteristika der gesamten neuen europäischen Rechtsordnung zusammen: Umfassendere

[80] Allg. Meinung; eine Ausnahme von der herkömmlichen Praxis bildet lediglich der Zentralamerikanische Gerichtshof (1907—1918), der aber wegen seiner geringen praktischen Bedeutung unberücksichtigt bleiben kann.

[81] Art. 89 Abs. 1 EGKSV, mit 19 EWGV, jeweils mit den Zuständigkeitsbestimmungen. Art. 170 Abs. 2 EWGV, nach dem ein Mitgliedstaat zunächst die Kommission angehen muß, bevor er einen Partnerstaat wegen Vertragsverletzung verklagt, macht keine Ausnahme: Die Befassung der Kommission ist lediglich ein Vorschaltverfahren ohne Entscheidungsfunktion.

[82] Für eine Reihe von besonderen Kompetenzen bestehen unabhängig von dieser generellen Regelung gesonderte Klauseln: Art. 181 EWGV, 153 EAGV und 42 EGKSV, die sich aber — trotz unbestreitbarer Ähnlichkeit — von völkerrechtlichen Fakultativklauseln unterscheiden (vgl. *E. H. Wall*, a.a.O., S. 154: compromis, keine clause compromissoire).

[83] Vgl. für die internationale Gerichtsbarkeit: *F. Berber*, a.a.O., § 9 I (S. 52).

[84] Eine eingehende Darstellung der Zuständigkeit findet sich in den oben — S. 27, FN 66 — angegebenen allg. Darstellungen des Europäischen Gerichtshofes. Auf sie kann daher hier verzichtet werden.

Zuständigkeiten setzen auch detailliertere vertragliche oder sekundäre rechtliche Regelungen voraus, als sie bisher gebräuchlich waren, also eine weitaus vollständiger durchnormierte Gemeinschaftsordnung, als sie die klassische Völkerrechtsordnung darstellt[85]. Je vollkommener freilich eine solche zwischenstaatliche Gemeinschaftsordnung wird, desto mehr bieten sich Vergleiche zum perfekt „verrechtlichten" nationalen Bereich an, ohne daß damit der internationale Charakter dieses Gerichts „verloren" gehen muß, wie die oben[86] angeführten Autoren meinen.

In einer nach immer engeren Zusammenschlüssen strebenden Zeit wird man sich damit abfinden müssen, daß internationalen Gerichten ganz neue und ungewöhnliche Befugnisse zufallen, die bislang lediglich im innerstaatlichen Bereich geläufig sind, soll all dies Bestreben nicht unverbindliches Gerede bleiben. Man wird erkennen müssen, daß Streben nach Einheit Auswirkungen auf den Begriff der Souveränität haben muß, in dem die Justizhoheit einen wichtigen Platz einnimmt.

Es ist also verfehlt, als völkerrechtliche Zuständigkeit lediglich den Ausschnitt aus den Kompetenzen des EGH zu betrachten, der unmittelbar Rechtsstreitigkeiten unter den Mitglied*staaten* über die Anwendung der Verträge zum Gegenstand hat (Art. 89 Abs. 1 EGKSV), während bereits für die Klagen der Mitgliedstaaten gegen Partnerstaaten wegen Vertragsverletzungen (Art. 170 EWGV, 142 EAGV) eine Art Verfassungsgericht, für die Kontrollbefugnisse gegenüber Executivorganen (Art. 33, 38 EGKSV, 173 EWGV, 146, 148 EAGV) eine Art Verwaltungsgericht, für Schadensersatzforderungen (Art. 40 EGKSV, 178 EWGV) eine Art Zivilgericht usw. konstruiert wird[87]. Damit ist nichts gewonnen. Die Ausbildung regionaler Integrationen hat vielmehr zwangsläufig Rückwirkungen auf das Völkerrecht selbst[88].

---

[85] Zum Wandel des modernen Völkerrechts schlechthin vgl. z. B. *V. Friedmann*, The Use of General Principles in the Development of international Law, AJIL 1963, S. 279 ff. (281); *ders.*, The changing dimensions of International Law, Columbia Law Rev. 1962, S. 1147 ff.; *R. Schlesinger*, Research on the General Principles of Law recognized by civilized Nations, AJIL 1957, S. 734 ff. (insbes. mit weiteren Nachweisen FN 11); *Parry*, a.a.O., S. 90.

Zur neuen Europäischen Rechtsordnung allgemein: *H. Mosler*, Begriff und Gegenstand des Europarechts, ZaöRVR Bd. 28 (1966), S. 481 ff.; *E. Wohlfahrt*, Anfänge einer europäischen Rechtsordnung und im Verhältnis zum deutschen Recht, JurJB Bd. 3 (1962/3), S. 241 ff.; *F. Münch*, Föderalismus, Völkerrecht und Gemeinschaftsrecht, DÖV 1962, S. 649 ff.; *H. J. Schlochauer*, Zur Rechtsnatur des Gemeinschaftsrechts, in: Rechtsfragen der internationalen Organisation, Festschrift für *H. Webherg*, 1956; *ders.* in ArchVR Bd. 4, S. 383 ff. und Bd. 11, S. 1 ff.

[86] S. 28, FN 69 und 71, mit weiteren Nachweisen.

[87] So auch die übliche Darstellungsweise der oben (S. 27, FN 66 angeführten Autoren.

[88] So dazu neuestens: *P. Pescatore*, L'apport du droit communautaire au droit international public, Cah. Dr. Europ. 1970, S. 501 ff., mit zahlreichen Hinweisen.

Selbst wo die Kompetenznormen — als Pendant zur unmittelbaren Wirksamkeit verschiedener Gemeinschaftsrechtsnormen — einzelnen unmittelbaren Zugang zum EGH gewähren, kann das nicht dazu führen, den internationalen Charakter des Gerichts zu leugnen. Wenn auch im Völkerrecht nach wie vor der allgemeine Grundsatz herrscht, nur Staaten selbst im Verfahren bei internationalen Gerichten Parteifähigkeit zuzuerkennen, so zeigen aber doch nicht wenige Durchbrechungen[89], daß es internationalen Gerichten nicht von ihrem Wesen her unmöglich ist, auch einzelnen ein eigenes Klagerecht zuzuerkennen.

Der EGH bleibt so — mit den Gemeinschaftsverträgen — dem internationalen Bereich zugeordnet. Die aufgezeigten Unterschiede zum allgemeinen Völkerrecht[90] bringen aber einen gewissen Fortschritt. Allerdings ist mit diesen institutionellen Neuerungen noch nicht gewährleistet, daß die Gerichtsbarkeit der Gemeinschaften damit den grundsätzlichen Schwächen internationaler Rechtsprechung tatsächlich entwachsen ist.

3. Die Schwäche der Europäischen Gerichtsbarkeit

a) Die gefährlichste Schwäche des Gemeinschaftsgerichts liegt in seiner Abhängigkeit vom Schicksal der Gemeinschaften selbst. Nur solange die Gründungsverträge vom politischen Willen der Mitgliedstaaten getragen sind, kann der Tätigkeit des EGH faktische Integrationswirkung zukommen. Was immer — im 3. Teil — über den Beitrag des EGH zur Ausbildung der Gemeinschaftsordnung gesagt werden mag: alles gründet auf der Voraussetzung des politischen Willens zur Integration[91].

Dabei ist es müßig, sich Gedanken darüber zu machen, unter welchen Bedingungen und Voraussetzungen die Verträge wieder aufzuheben

---

[89] *D. Heise*, a.a.O., führt — S. 95 — eine ganze Reihe von internationalen Schiedsgerichten an, die von Privatpersonen angerufen werden konnten.

[90] Die Darstellung verbleibt bewußt bei institutionell faßbaren Unterschieden und läßt somit hier die vom EGH angewandte *Auslegungs*methode unberücksichtigt (dazu vgl. *R. Monaco*, in: 10 Jahre Rechtsprechung, S. 177 ff.; *R. Chevallier*, Common Market Law Rev. 1964, S. 21 ff.).

F. Wittmann, a.a..O, S. 541, stellt bei der Unterscheidung des EGH vom System internationaler Gerichtsbarkeit noch auf die in den EGH-Statuten zugelassenen Institute der *Nebenintervention* sowie der *Drittwiderspruchsklage* ab.

[91] So schon *U. Scheuner*, in: Die Rechtsetzungsbefugnis internationaler Gemeinschaften, Festschrift für A. Verdross, S. 237; *W. v. Simson*, Der politische Wille als Gegenstand der Europäischen Gemeinschaftsverträge, in: Festschrift für O. Riese, S. 83 ff. (87), bei der Darstellung seines Begriffes von Supranationalität, die dem gemeinsamen Willen der Staaten nicht „entgegentreten" kann, sondern „erst auf der Grundlage dieses Willens" operiert; *J. Kaiser*, EuR 1966, S. 4 ff. (23 f.).

wären: Die bislang schwerste Krise der Gemeinschaften (1965/66)[92] zeigte erneut, daß Verträge nicht nur mit ihrer formellen Aufhebung der Wirkung beraubt werden können; der Boykott ihrer Institutionen stellt ein mindestens gleichermaßen wirksames Kampfmittel dar. Damit bleibt am Ende der EGH — wie alle internationalen Gerichte — vom Willen der „ihm unterworfenen" Staaten abhängig. Otto Riese, früher selbst Richter an dem Luxemburger Gericht und entschlossener Vertreter der Auffassung vom supranationalen Charakter der Gemeinschaften, ist sich der Gefahr bewußt: „Sollte sich diese Krise zu einer wahren Götterdämmerung auswachsen und eine endgültige Abkehr von der Grundkonzeption der Verträge von Paris und Rom nach sich ziehen, so wird sich das vermutlich auch ganz wesentlich auf die Stellung des Gerichtshofs und auf die künftige Auslegung der Gemeinschaftsverträge auswirken[93]".

Indes: Die Krise der Gemeinschaften ist vorerst beigelegt. Die Organe arbeiten nach wie vor „normal"[94]. Aber manche Illusion ist unwiderbringlich verloren. Die Lektüre der „Vereinbarungen der sechs Mitgliedstaaten der EWG" vom 29. 1. 1966[95], die die Krise beendeten, rechtfertigt ihre Charakterisierung als „Desintegrationspapier"[96].

In klarem Widerspruch zu dem — noch immer gleichlautenden — Art. 148 Abs. 1 EWGV[97] stellt Ziffer II der Vereinbarung fest, die französische Delegation halte an ihrer Auffassung fest, wonach bei Beschlüssen, die „sehr wichtige Interessen eines oder mehrerer Partner" berühren, „die Erörterung fortgesetzt werden muß, bis ein einstimmiges Einvernehmen erzielt worden ist". In Ziffer III wird offen bekannt, daß weiterhin „unterschiedliche Meinungen" darüber bestehen, was zu tun ist, wenn die Verständigungsbemühungen nicht zum Ziele führen[98].

Deutlicher kann nicht dargetan werden, daß der politische Wille der Staaten noch immer der entscheidende Faktor geblieben ist.

---

[92] Zu Geschichte und Ursachen der Krise: *J. Kaiser*, Das Europarecht in der Krise, EuR 1966, S. 4 ff.

[93] *O. Riese*, über den Rechtsschutz innerhalb der Europäischen Gemeinschaften, EuR 1966, S. 24 ff. (25).

[94] *J. Kaiser*, EuR 1966, S. 4 ff. (13 ff.), weist auf das Phänomen hin, daß während der Existenzkrise der Gemeinschaften die Routinearbeit der Organe weiterging.

[95] Abgedruckt im EuR 1966, S. 73 f.

[96] *J. Kaiser*, EuR 1966, S. 4 ff. (24).

[97] Art. 148 Abs. 1 EWGV: „Soweit in diesem Vertrag nichts anderes bestimmt ist, beschließt der Rat mit der Mehrheit seiner Mitglieder".

[98] Auch andere Mitgliedstaaten wissen das Ergebnis dieses „Kompromisses" zu „schätzen" (*R. Hellmann*, Nationale Souveränität und EWG-Vertragstreue, EA 1970, S. 678 ff. (683).

b) Die Herrschaft des Politischen über das Recht zeigt sich auch in der Gemeinschaftsrechtsordnung selbst: Zwar hat der EGH nicht — wie andere internationale Gerichte — unter Arbeitsmangel zu leiden. Aber auch wenn man nicht sagen will, die ihm unterbreiteten Sachverhalte seien überwiegend unbedeutender Art, so zeigt doch eine Analyse der Rechtsprechung, daß jedenfalls die als lebenswichtig betrachteten Interessen der Mitgliedstaaten — für die allein die Luxemburger Kompromiß-Vereinbarung gilt — bisher in einem Rechtsstreit nicht tangiert wurden[99]. Während der ganzen Zeit des Bestehens der EWG haben die Mitgliedstaaten in keinem einzigen Fall von der in Art. 170 EWGV gebotenen Möglichkeit Gebrauch gemacht, gegen einen Partnerstaat ein Gerichtsverfahren wegen Vertragsverletzungen einzuleiten[100]. Es ist sehr zweifelhaft, ob man sich dazu beglückwünschen soll[101].

Besser begründet erscheint schon die Auffassung Hellmanns[102], die Mitgliedstaaten zögen es vor, sich von der Kommission die Kastanien aus dem Feuer holen zu lassen. So hat die Kommission das Risiko des Einschreitens zu tragen. Ihre Bereitschaft, Vertragsverletzungsverfahren einzuleiten, war dabei — statistisch nachweisbar — um so geringer, je schlechter das politische Klima war[103]. Wenige Rechtsstreitigkeiten bedeuten somit auch im Gemeinschaftsbereich nicht ein vorbildliches Funktionieren, sondern eher einen Rückgang des Gemeinschaftsbewußtseins[104].

Während also die entscheidenden Verfahren des Rechtsschutzsystems nur behutsam benutzt und politisch brisante Interessengegensätze trotz der ausdrücklichen Vorschrift des Art. 219 EWGV vorzugsweise im elastischen „vorrechtlichen" Raum geregelt werden, stehen die technischen Spezialfragen der Marktordnungen und Durchführungsbestimmungen bei weitem im Vordergrund. Die „neue Rechtsordnung" ist damit nicht ganz frei von der Gefahr, eine Ordnung der Technokraten zu werden, hinter deren Spezialregelungen und -problemen der europäische Enthusiasmus, der das Werk in die Wege geleitet hat, vollends erstickt wird.

Dem Gerichtshof — und mit ihm der neuen Disziplin „Europarecht" überhaupt — ist somit ein schwieriger Kurs vorgezeichnet — hindurch zwischen der Scylla eines zu wagemutigen und damit politisch gefährdeten Voranschreitens über die Realität hinaus und der Charybdis des

---

[99] *R. Hellmann*, EA 1970, S. 678 ff. (683).

[100] *R. Hellmann*, a.a.O., S. 678.

[101] So aber ausdrücklich *P. Pescatore*, Cah. Dr. Europ. 1970, S. 501 ff. (519).

[102] a.a.O., S. 678.

[103] *R. Hellmann*, a.a.O., S. 679.

[104] Vgl. beim IG, oben S. 19 f.

Verkümmerns im unpolitischen Gestrüpp technokratisch-präziser Marktordnungsmechanik[105].

4. Die Funktion des EGH

Art. 31 EGKSV, 164 EWGV und 136 EAGV auferlegen dem EGH die Wahrung des Rechts (den „respect du droit" zu sichern).

a) Zentrale Funktion des Gerichtshofs ist es demnach — wie bei jedem anderen internationalen Gericht — zu klären, *was* das anzuwendende Recht ist. Die Aufgabe ist im zwischenstaatlichen Raum — anders als im nationalen Recht — nicht unproblematisch. Im unvollkommenen und lückenhaften Völkerrecht sieht Gross[106] die Hauptaufgabe internationaler Gerichte darin, internationales Recht von „pseudo-internationalem" Recht zu scheiden. Dabei kommt der genauen Umschreibung des Standards internationalen Gewohnheitsrechts eine Schlüsselfunktion zu[107].

Auch das Gemeinschaftsrecht braucht eine Instanz, die — zumindest für die Gemeinschaftsorgane — verbindlich darüber befindet, was das anzuwendende Recht ist, denn die Fragen der Vereinbarkeit des Gemeinschaftsrechts mit den nationalen Rechtsordnungen, der Abgrenzung zwischen beiden Rechtsräumen sowie der Lückenfüllung im Gemeinschaftsrecht werfen schwerwiegende Probleme auf.

Diese Aufgabe obliegt dem EGH. Ihm kommen dabei umfangreichere Befugnisse zur Überprüfung von Rechtssetzungsakten der Gemeinschaftsorgane zu, als dies in den Mitgliedstaaten der Fall ist[108]. Auch in Deutschland — das die weitestgehende Gesetzgebungskontrolle durch ein Verfassungsgericht ermöglicht — bleibt die politische Entscheidung des Gesetzgebers als injustiziabler Akt dem Eingriff durch das BVerfG entzogen, soweit nicht gravierende Ermessensüberschreitungen feststellbar sind. Diese Einschränkungen kennt das Gemeinschaftsrecht nicht.

Das hauptsächlichste Mittel bei der Feststellung dessen, was das zu wahrende Recht sein soll, ist die Auslegung.

Im Völkerrecht ist anerkannt, daß die Interpretation nicht dazu führen darf, lückenhafte Verträge zu revidieren. Das internationale Gericht hat die Verträge zu interpretieren, nicht zu revidieren[109]. Dabei hat es

[105] Deren grundsätzliche *Eignung* (aber auch *nur* das), eminent politische Probleme aufzuwerten, keineswegs übersehen wird.
[106] AJIL 1962, S. 33 ff. (51).
[107] *L. Gross*, a.a.O., S. 50.
[108] *J. Martens*, Die rechtsstaatliche Struktur der Europäischen Wirtschaftsgemeinschaft, EuR 1970, S. 209 ff. (226).
[109] *G. Schwarzenberger*, a.a.O., S. 488 ff.; *L. Gross*, AJIL 1962, S. 33 ff. (52).

die Auslegungsmethode zu wählen, unter deren Zugrundelegung die Souveränität der Vertragspartner am geringsten beeinträchtigt wird[110]. Daran ändert auch das principle of effectiveness of the law[111] nichts. Auch auf diesem Wege darf sich das Gericht nicht über den Willen der Staaten hinwegsetzen. Das Prinzip der Effektivität wird zurückgeführt auf den Grundsatz ut res magis valeat quam pereat[112] und enthält so keine fertige Auslegungsregel sondern ist vielmehr als ein „canon of good faith" anzusehen[113].

Demgegenüber bemüht sich der EGH um eine „der Entwicklung der Gemeinschaften förderliche Auslegung der Verträge"[114]. Ein völlig neuer Auslegungsgeist ist damit feststellbar[115]. Das Anliegen, to safeguard the market, steht im Mittelpunkt. Anstatt sich darauf zu beschränken, mechanisch den Willen der Vertragsparteien zu zementieren, scheint der EGH den gemeinsamen Markt inzwischen als ein Faktum anzusehen, von dem direkt notwendige Konsequenzen abzuleiten sind[116]. Der EGH versteht sich also mehr auf die umfassenden Ziele der Gemeinschaft als auf das unvollkommene Instrumentarium zu ihrer Erreichung festgelegt.

b) Von diesen Auslegungsgrundsätzen her ist es naheliegend, daß der Gerichtshof auch in der Frage der richterlichen *Rechtsfortbildung* — auf die im Teil 3 genauer einzugehen sein wird — eine vom herkömmlichen Völkerrecht abweichende Stellung beansprucht. Während im Völkerrecht den internationalen Gerichten die Funktion der Rechtsfortbildung ausdrücklich abgesprochen[117] oder doch nur mittelbar eingeräumt wird[118], beansprucht der EGH im Falle des Schweigens der Verträge angesichts des Verbots eines „non liquet" die Befugnis, das anwendbare Recht aus den Gesetzgebungen, der Lehre, der Rechts-

---

[110] *R. Bernhardt*, Die Auslegung völkerrechtlicher Verträge, S. 143 ff. mit zahlreichen Nachweisen.

[111] Vgl. *H. Lauterpacht*, The development of International Law by the International Court, S. 231 ff.; *H. Kelsen - R. Trucker*, Principles of International Law, 2. Aufl., S. 420 ff.

[112] *H. Lauterpacht*, a.a..O, S. 228; *L. Gross*, AJIL 1962, S. 33 ff. (51 f.).

[113] *H. Lauterpacht*, a.a.O., S. 230.

[114] *O. Riese*, EuR 1966, S. 24 ff. (26) unter Hinweis auf EGH Bd. IX, S. 1 ff. und Bd. X, S. 252 ff.

[115] *R. M. Chevallier*, Common Market Law Rev. 1964/5, S. 21 ff. (33) unter Hinweis auf EGH Bd. VIII, S. 200 ff. und S. 826 ff.; vgl. dazu auch *J. P. Colin*, a.a.O., S. 119 ff. und *A. W. Green*, a.a.O., S. 416 ff.

[116] *R. M. Chevallier*, a.a.O., S. 34.

[117] *L. Gross*, AJIL 1962, S. 33 ff. (58): Der IG hat nicht die Funktion of creating rules where non exist. This is a prerogative of the states.

[118] Etwa über die Vorbereitung späterer Kodifikationen: So baute die International Law Commission etliche Artikel ihres Entwurfes zur Kodifikation des Seerechts auf die Urteile des IG im Korfu-Kanal-Fall, im Fischerei-Fall und im Nottebohm-Fall auf. (*L. Gross*, a.a.O., S. 50).

sprechung, den allgemeinen Prinzipien des Gemeinschaftsrechts oder der Mitgliedstaaten zu schöpfen[119].

Diese Befugnis des EGH, die im übrigen auch dem nationalen Richter keineswegs einhellig zugebilligt wird[120], ist nicht unbestritten. So lehnt etwa Nicolaysen[121] die Theorie der implied powers, wonach stillschweigende Zuständigkeiten kraft Sachzusammenhanges überall „dort bestehen, wo die vollständige und wirksame Anwendung einer ausdrücklich eingeräumten Kompetenz es erfordert"[122], als Auslegungsgrundsatz für den EGH ab[123].

Erst neuerdings hat aber GA Lagrange[124] in seinen Schlußanträgen zum Portelangeurteil ausdrücklich dargelegt, die Konkretisierung des Begriffes der „vorläufigen Gültigkeit" ordnungsgemäß angemeldeter Altkartelle stelle eine „rechtsschöpferische" Aufgabe des EGH im Kartellrecht dar[125]. Diese besondere Berechtigung des EGH zur Rechtsfortbildung wird hier aus der Unvollständigkeit und der schnellen Entwicklung des Gemeinschaftsrechts als einem *Wirtschafts*-Gemeinschaftsrecht abgeleitet[126].

Letztlich hängt die Entscheidung auch dieser Frage davon ab, welche Auffassung zu dem Problem vertreten wird, inwieweit die Gemeinschaftsverträge schon im Hinblick auf die vereinbarten Ziele einen — etwa gar unwiderruflichen — Souveränitätsverzicht geleistet haben. Der Gerichtshof selbst jedenfalls nimmt die Befugnis zur Rechtsfortbildung eindeutig für sich in Anspruch. Er geriert sich — wie Chevallier sagt — eher als ein nationales, denn ein internationales Gericht.

c) In einem gewissen Gegensatz zu der Rolle als Organ zur Fortbildung des Gemeinschaftsrechts steht das strikte Selbstverständnis des

---

[119] *F. Dumon*, La formation de la règle de droit dans les Communautés Européennes, Rev. Int. de Droit comparé Bd. XII (1960), S. 75 ff. (83).

[120] Vgl. *P. Ulmer*, Europäisches Kartellrecht auf neuen Wegen? AWD 1970, S. 193 ff. (S. 198, FN 47) und unten S. 196.

[121] *G. Nicolaysen*, Zur Theorie von den implied powers in den Europäischen Gemeinschaften, EuR 1966, S. 129 ff.

[122] *G. Nicolayson*, a.a.O., S. 132.

[123] In den Urteilen in Bd. II, S. 297 und Bd. VI, S. 681 habe der EGH aber selbst den Eindruck erweckt, diese Theorie seiner Rechtsprechung zugrundezulegen. Die Auslegungsregel, „wonach die Vorschriften eines Vertrages oder eines Gesetzes zugleich diejenigen Vorschriften beinhalten, bei deren Fehlen sie sinnlos wären oder nicht in vernünftiger und zweckmäßiger Weise zur Anwendung gelangen könnten" habe mit den „implied powers" nichts zu tun (*Nicolaysen*, a.a.O., S. 137).

[124] EGH Bd. XV, S. 318 ff. (325).

[125] Ausgehend von diesem Urteil meldet *P. Ulmer*, a.a.O., S. 198, Bedenken gegen eine Rechtsfortbildung contra legem durch den EGH an. Grundsätzlich billigt aber auch er dem EGH die Befugnis zur Rechtsfortbildung zu.

[126] *P. Mathijsen*, Le Droit de la Communauté Européenne du Charbon et de l'Acier — Une étude des sources, S. 105; *E. Steindorff*, Die Nichtigkeitsklage im Recht der EGKS, S. 115.

EGH als *Streitentscheidungs*-Organ. Gegenüber weitgehenden Bezugnahmen der Kläger auf seine Rechtsprechung beharrt der EGH immer wieder ausdrücklich darauf, daß seine Rechtsprechung lediglich auf den entschiedenen Einzelfall ausgerichtet sei[127].

Das Fehlen einer dem Artikel 59 IG-Statut[128] entsprechenden Vorschrift im Gemeinschaftsrecht kompensierte der EGH durch seine entschiedene Abkehr vom case-law-system zugunsten der kontinentaleuropäischen Vorstellungen von der Wirkung gerichtlicher Entscheidungen. Der Gerichtshof blieb zwar praktisch in der Regel bei seiner früheren Rechtsprechung. Für eine dahingehende Rechtspflicht fehlt aber jeder Anhaltspunkt.

Getreu seiner Funktion als Organ der Streitentscheidung stellt der EGH Rechtsüberlegungen nur an, wenn und soweit sie für die Entscheidung erforderlich sind. So lehnte er es z. B. in den verbundenen Rechtssachen 4—13/59[129] ab, ein allgemeines Bereicherungsrecht der Gemeinschaften zu entwickeln, obgleich der Streitfall dies ermöglicht hätte und GA Roemer auch dahingehende Vorstellungen entwickelt hatte[130]. Der EGH verneinte vielmehr mit wenigen Worten das Vorliegen einer Bereicherung[131].

Unter den verschiedenen Klagegründen der Anfechtungsklage prüft der EGH stets den am leichtesten erweislichen Vorwurf zuerst. Führt bereits er zur Entscheidung des Falles, bleiben die übrigen unerörtert.

Dem entspricht auch der Stil der Entscheidungsgründe[132]. In ihrer oft lakonischen Kürze ähnelt er dem des französischen Conseil d'Etat[133], ohne freilich dessen brillante Prägnanz zu erreichen[134].

---

[127] Das ergibt sich auch aus der unten näher ausgeführten Rechtsprechung zur „neuen Tatsache", auf die sich die Parteien berufen können. Ein Urteil in anderer Sache zählt nicht dazu.

[128] „La décision de la Cour n'est obligatoire que pour les parties en litige et dans les cas qui a été décidé."

[129] Bd. VI, S. 249 ff.

[130] Bd. VI, S. 318.

[131] a.a.O., S. 292 ff.

[132] Dazu allgemein: *N. Catalano*, Lo stilo delle sentenze della Corte di Giustizia delle Communitá Europea, Foro It. 1969 V S. 142 ff.

[133] Vgl. dazu *P. Becker*, Der Einfluß des französischen Verwaltungsrechts auf den Rechtsschutz in den Europa-Gemeinschaften, S. 48 mit Nachw. Damit im Widerspruch steht die sehr breite Darstellung des Parteivorbringens, auf das dann in den Entscheidungsgründen selbst nicht mehr zurückgegriffen wird. (vgl. etwa Bd. VI — 1, S. 249 ff.: 60 Seiten Parteivorbringen und lediglich 6 Seiten Gründe).
Zum Urteilsstil des frz. Conseil d'Etat vgl. *P. Becker*, a.a.O., S. 48 mit Nachweisen; ferner: *A. Laubadére*, Traité de droit administratif, S. 950; *W. Leisner*, Verw. A Bd. 54 (1963) S. 19, FN 65.

[134] Vgl. insbesondere auch *F. Clever*, Ermessensmißbrauch und détournement de pouvoir nach dem Recht der Europäischen Gemeinschaften, S. 111 ff.

Eine geringere „Selbstbescheidung" in der Begründung wäre der rechtlichen Ausformung der Gemeinschaft in der Tat förderlich. Ohne die eingehenden Schlußanträge der Generalanwälte sind manche Urteile nur schwer verständlich.

B. Gegenstand der weiteren Untersuchung

I. Allgemeines

Die bisherigen Überlegungen berechtigen zu der Frage, welchen Sinn es überhaupt hat, sich mit der Rechtsprechung des EGH eingehend zu befassen, bleibt das Gericht doch — wie die Verträge — vom politischen Willen der Vertragspartner abhängig, so daß seine bisherige Existenz eigentlich nur die Feststellung belegt, „daß der die Gemeinschaften prädominierende politische Wille der Mitgliedstaaten nicht einklagbar ist"[1].

Diese Erkenntnis leugnen zu wollen, wäre utopisch. Die politische Einigung, den Willen dazu, kann die Rechtsprechung — und damit auch ihre forschende Betrachtung — nicht leisten. Das „gouvernement des juges"[2] ist mit einem großen Fragezeichen zu versehen. Dies ist auch keineswegs zu bedauern: Gerade die organisatorische Struktur der Gemeinschaften widerspricht der nationalstaatlichen Ausprägung des Rechtsstaatprinzips in den einzelnen Mitgliedstaaten in vielerlei Hinsicht. Die meisten Probleme liegen dabei in der Abgrenzung der beiden anderen Gemeinschaftsgewalten[3]. Die Ausbildung einer Richterherrschaft würde aber nicht dazu beitragen, diese Schwierigkeiten zu verringern, zumal auch bereits die persönliche Unabhängigkeit der Gemeinschaftsrichter keineswegs gewährleistet ist[4]. Es soll also nicht der Versuch unternommen werden, eine „political Integration by

---

[1] *J. H. Kaiser*, Das Europarecht in der Krise der Gemeinschaften, EuR 1966, S. 4 ff. (19).

[2] *Joël Rideau*, a.a.O.

[3] *Zur Rechtsstaatlichkeit: J. Martens*, Die rechtsstaatl. Struktur der Europ. Wirtschaftsgemeinschaft, EuR 1970, S. 209 ff.; *E. W. Fuß*, Die Europ. Gemeinschaften und Rechtsstaatsgedanken; *ders.*, Zur Rechtsstaatlichkeit der Europ. Gemeinschaften, DÖV, 1964, S. 577 ff.

Zum Problem der Gewaltenteilung in den Gemeinschaften: *G. Bebr*, The balance of power; *ders.*, The balance of power in the European Communities, Annuaire Européen 1958, S. 53 ff.; *G. v. Hippel*, La séparation des pouvoirs dans les Communautés Européennes, Nancy 1965; *H. Petzold*, Die Gewaltenteilung in den Europäischen Gemeinschaften; *H. J. Seeler*, Politische Integration und Gewaltenteilung, EA 1960, S. 13 ff.; *ders.*, Die Einigung Europas und das Problem der Gewaltenteilung 1957.

[4] Vgl. *C. L. Hammes*, EuR 1968, S. 1 ff. (4).

Jurisprudence"[5] aufzuzeigen. Angestrebt wird vielmehr eine Bestandsaufnahme: Die Verträge habe eine regionale Rechtsordnung errichtet und die Wahrung des (dieses?) Rechts dem Gerichtshof aufgetragen. Was hat der Gerichtshof unter diesem Auftrag verstanden? Wie hat er ihn zu erfüllen versucht? Ausgehend vom politischen status quo soll aus der Blickrichtung des EGH Stand, Umfang und Ausformung dieser neuen Rechtsordnung nachgezeichnet werden.

Die Stellung und organisatorische Ausgestaltung des Gerichtshofs selbst und seiner Verfahrensvorschriften haben bereits eine eingehende Behandlung in der Literatur erfahren[6]. Es scheint daher vordringlicher sich seiner Rechtsprechung zuzuwenden. Zu einzelnen Problembereichen liegen inzwischen eine Reihe eingehender Untersuchungen vor[7]. Gesamtdarstellungen, die den Beitrag der Rechtsprechung zur Ausbildung der Gemeinschaftsrechtsordnung zum Gegenstand haben, finden sich nur vereinzelt[8]. Sie sind unter den verschiedensten Gesichtspunkten möglich: So kann eine Analyse der Rechtsprechung die richterliche Konkretisierung der vertraglichen Wirtschaftsordnung in den einzelnen Sektoren der Wirtschafts- und Sozialpolitik darstellen und damit der Praxis wie der Theorie im Gemeinschaftsrahmen wesentliche Anregungen geben und schließlich die notwendige Rechtsanglei-

---

[5] *A. W. Green*, a.a.O.; *W. A. Axline*, European Community Law and Organisational Development, 1968; für Axline ist die politische Integration mit der rechtlichen praktisch schon gegeben.

[6] Neben den oben — S. 27, FN 66 — angeführten allg. Darstellungen des EGH vgl. v. a.: *Zu den Klagearten: H. Czasche*, Die Untätigkeitsklage vor dem EuGH, 1969; *C. Tomuschat*, Die gerichtliche Vorabentscheidung nach den Verträgen über die europ. Gemeinschaften, 1964; *F.-J. Degenhardt*, Die Auslegung und Berichtigung von Urteilen des Gerichtshofs der Europ. Gemeinschaften 1969 (das formelle Auslegungsverfahren der Art. 37 Satzung GH-EGKS, 40 Satzung GH-EWG, 41 Satzung GH-EAG, nicht materielle Auslegungsgrundsätze betreffend). *R. Bandilla*, Das Klagerecht der Mitgliedstaaten der Europ. Gemeinschaften gegen Durchgriffsakte, 1965; *P. Soldatos*, Recours en carence CahDE 1969, S. 313 ff. *G. Vandersanden*, Le recours en tierce opposition devant la Cour de Justice des Communautés Européennes, CahDE 1969, S. 666 ff.

Zur Abgrenzung von nationalen Gerichten: H. Basse, Das Verhältnis zwischen der Gerichtsbarkeit des EGH und der deutschen Zivilgerichtsbarkeit, 1967; *F. Dumon* und *F. Rigau*, La Cour de Justice des Communautés Européennes et les juridictions des Etats-membres, Annales de droit et de sciences politiques, Bd. 18 (1958), S. 263 ff. und Bd. 19 (1959), S. 7 ff. Zur *Bindungswirkung* der Urteile vgl. Nachweise unten, S. 93, FN 67.

[7] Etwa zu den Problemen der Diskrimination, des Widerrufs von Verwaltungsakten etc.; Nachw. unten bei den entsprechenden einzelnen Kapiteln.

[8] W. *Strauß*, Der Gerichtshof der Europ. Gemeinschaften und seine Rechtsprechung, 1964; *G. Schwarzenberger*, Contributions of the Court of Justice to European Integration 1964; *H. Lecheler*, Die allgemeinen Rechtsgrundsätze in der Rechtsprechung des EGH, Diss. Erlangen 1967; die Kölner Diss. 1970 von *H.-J. Rüber*, Der Gerichtshof der Europäischen Gemeinschaften und die Konkretisierung allgemeiner Rechtsgrundsätze, war dem Verfasser bis zur Drucklegung noch nicht zugänglich.

chung im europäischen Raum fördern. Sie kann aber auch auf Entscheidungsgrundlagen selbst zurückgreifen und in den Rechtsquellen richterlicher Erkenntnis die Ausformung der Gemeinschaftsordnung zu erfassen suchen[9]. Dies soll hier geschehen.

Wenn dabei die „allgemeinen Rechtsgrundsätze" in der Rechtsprechung aufgesucht und in den Mittelpunkt der Erörterung gestellt werden sollen, so deshalb, weil gerade hier der neuralgische Punkt der „Rechtswahrung" durch den Gerichtshof liegt: Die konkret faßbare Ebene der Vertragsanwendung ist überschritten und der Bereich erreicht, in dem sich Recht und politisches Wunschdenken leicht überschneiden können. Keine Rechtsordnung kann ohne allgemeine Rechtsgrundsätze auskommen; auf der anderen Seite wird aber auch keine andere der klassischen Rechtsquellen[10] so leicht zum Trojanischen Pferd politischer Wunschideen[11]. Die Praxis herkömmlicher internationaler Gerichte ist in der Anwendung dieser Grundsätze sehr zurückhaltend. Der Grund kann darin gesehen werden, daß diese Gerichte zur Durchsetzung ihrer Entscheidungen ganz auf den Willen der Streitparteien und damit auf die Überzeugungskraft ihrer Entscheidungsgründe angewiesen sind[12]. Die Berufung auf allgemeine Rechtsgrundsätze kann aber leicht Gefahr laufen, Entscheidungen eher zu verbrämen als zu begründen. In ihnen kann somit tatsächlich der Richter — vor den

[9] Dies ist jedoch nicht im Sinne der soziologischen Schule gemeint, die dem valid law das effective law entgegenstellt und letzteres v. a. in der Analyse der Rechtssprechung erkennt. Ohne die Wechselwirkung von Recht (als Sollen) und Sein leugnen zu wollen, wird hier jedoch an der prinzipiellen Eigenständigkeit des Normativen festgehalten. Die Analyse der Rechtssprechung hat lediglich die Funktion, die Interpretation der Gemeinschaftsrechtsordnung durch den EGH aufzuzeigen und sie dann einer kritischen, allgemeinen Diskussion zu stellen. Die Auseinandersetzung mag erweisen, ob das, was durch den EGH „effective" wurde, auch valid law darstellt. (Vgl. zu diesem Problemkreis die Besprechung der Arbeit von Axline von *J. Grünwald*, EuR 1970, S. 377 ff. mit Hinweisen auf die neueste amerikanische Literatur hierzu; zur Kritik der den amerikanischen Ansätzen zugrundelegenden Theorie *Ehrlichs*, vgl. schon *A. Ross*, Theorie der Rechtsquellen, S. 212 ff. [226 ff.]).

[10] Hierdurch soll jedoch noch nicht zu der Frage Stellung genommen werden, ob die allg. Rechtsgrundsätze eine eigenständige Rechtsquelle darstellen. Dazu siehe unten, Teil 3.

[11] W. *Lorenz*, Rechtsvergleichung als Methode zur Konkretisierung der allgemeinen Grundsätze des Rechts, JZ 1962, S. 269 ff. (27) macht sich die Auffassung zu eigen, die auf den allg. Rechtsgrundsätzen aufbauende Judikatur beruhe auf einer „Mischung" ausgezeichneter Kenntnis der eigenen, nationalen Rechtsordnung mit Phantasie und politischen Wunschträumen. — *R. Schlesinger*, Research on the general principles of Law recognized by civilized Nations, AJIL 1957, S. 734 ff., bestätigt, daß sich in entsprechenden Urteilen internationaler Gerichte keine näheren Ausführungen zur „Anerkennung durch die zivilisierten Nationen" finden. Er schreibt die Schuld daran dem Versagen der Rechtsvergleichung zu (S. 735).

[12] W. *Friedmann*, The Uses of „General Principles" in the Development of International Law, AJIL 1963, S. 279 ff. (280); *H. Lauterpacht*, Development of International Law . . ., S. 165 ff.

Augen der Öffentlichkeit weitgehend verborgen — über bloße Wahrung des Rechts hinaus entscheidende Impulse für seine Fortbildung geben.

Diesen „zwielichtigen" Bereich der richterlichen Urteilsfindung auszuleuchten und damit für das Gemeinschaftsrecht an die Reihe der Deutungen der Judikatur des IG[13] anzuknüpfen, darin liegt die Absicht dieser vorliegenden Diskussionsanregung.

II. Die allgemeinen Rechtsgrundsätze

Die Existenz allgemeiner Rechtsgrundsätze und ihre Geltung wird nirgends ernsthaft bestritten. Mit dieser Feststellung sind allerdings die Gemeinsamkeiten schon erschöpft. Nach wie vor besteht Uneinigkeit darüber, ob unter diesem Stichwort Rechtssätze oder unverbindliche Strukturprinzipien gemeint sind. Es ist fraglich, ob die allgemeinen Rechtsgrundsätze eine eigenständige Kategorie von Rechtsquellen darstellen und welche Grundsätze konkret unter sie zu fassen sind. Insbesondere mit dieser letzten Frage befaßt sich die Literatur fast überhaupt nicht. Soweit sich Äußerungen dazu finden, laufen sie in der Regel sehr rasch auf die Feststellung hinaus, eine „Liste" allgemeiner Rechtsgrundsätze könne nicht gefunden werden[14].

Wo Definitionsversuche gemacht werden[15], steht sogleich die — eigentlich nachgelagerte — Frage der Einordnung in das System der Rechtsquellen im Vordergrund.

1. Die „allgemeinen Rechtsgrundsätze" in der Rechtspraxis

Obgleich theoretisch völlige Unklarheit darüber besteht, was allgemeine Rechtsgrundsätze eigentlich sind, finden sie in der Rechtspraxis der Staaten wie der Völkergemeinschaft eine häufige Verwendung:

a) Allgemeine Rechtsgrundsätze verwendeten internationale Schiedsgerichte schon vor ihrer Verankerung im Statut des StIG in ihrer Rechtsprechung[16]. Darauf wird zu Recht hingewiesen[17]. Die dieser Pra-

[13] Vgl. oben, S. 21, FN 36.

[14] Vgl. etwa Lord *McNair*, The general principles of Law recognized by civilized nations, British Yearbook of International Law, Bd. 33 (1957), S. 1 ff. (15): „It is not possible to point to any code or book containing them;" *S. Rosenne*, The Law . . ., Bd. II, S. 609.

[15] Im einzelnen sind diese kaum mehr zu überblicken. Vgl. etwa die Zusammenstellung bei *F. Berber*, Lehrbuch des Völkerrechts, Bd. I, S. 66 f.

[16] *A. Verdross* weist — in der Festschrift für *H. Kelsen* 1931, S. 360 — auf ihre ausdrückliche Festlegung in zahlreichen Verträgen und Abkommen (so auch im Westfälischen Frieden) hin. — Nachweise über entsprechende Verweisungen in neueren Schiedsverträgen bei *E. Härle*, a.a.O., S. 19, FN 3 und 4.

xis zugrundeliegenden Grundsätze wurden aber noch nicht als eigene Normgruppe „allgemeine Rechtsgrundsätze“ verstanden. So kennt etwa die „Theorie der Rechtsquellen“ von Alf Ross von 1929 diesen Begriff noch nicht.

b) Der Terminus stammt vielmehr aus den Vorarbeiten des Juristenausschusses, der — entsprechend dem Auftrag des Art. 14 VBS — den Entwurf des Statuts eines ständigen internationalen Gerichtshofs beriet. Drei verschiedene Formulierungsvorschläge lagen dem Ausschuß vor[18]:

Baron Deschamps, sein Präsident, schlug die Formel vor: „Les règles de droit international telles que les reconnaît la conscience juridique des peuples civilisés“;

Ricci — Busatti wünschte Beschränkung auf „General principles of law“;

Zustimmung fand schließlich der Vorschlag von E. Root und Lord Phillimore, wonach der Gerichtshof „the general principles of law recognized by civilized nations“ seinen Entscheidungen zugrundelegen solle (Art. 38, 3 Statut — StIG).

c) Erörterungen der allgemeinen Rechtsgrundsätze nehmen in der völkerrechtlichen Literatur ihren Ausgang meist bei Art. 38 des Statuts des Internationalen Gerichtshofs:

1. The Court, whose function is to decide in accordance with international law such disputes as are submitted to it, shall apply:
   a) international conventions, whether general or particular, establishing rules expressly recognized by the contesting States;
   b) international custom, as evidence of a general practice accepted as law;
   c) the general principles of law recognized by civilized nations;
   d) subject to the provisions of Article 59, judicial decisions and the teaching of the most highly qualified publicists of the various nations, as subsidiary means for the determination of rule of law.
2. This provision shall not prejudice the power of the court to decide a case ex aequo et bono, if the parties agree thereto.

---

[17] *A. Verdross*, RC 1935 II., S. 207 ff.; *K. Wolff*, Les Principes Généraux du Droit appicables dans les rapports internationaux, RC Bd. 56 (1931 II), S. 479 ff. (483, Nachweise: FN 1); *W. Friedmann*, The Uses of „General Principles“ in the Development of international Law, AJIL 1963, S. 279 ff. (280).

[18] Zur Geschichte des Art. 38 Statut — StIG siehe vor allem *B. Cheng*, General Principles of Law as applied by International Courts and Tribunals, S. 6 ff.

Gegenüber seinem nahezu gleichlautenden Vorgänger im Statut — StIG hat der Einleitungssatz eine nicht unbedeutende Modifikation erfahren[19].

d) Darüber hinaus wenden zahlreiche Schiedsinstanzen die allgemeinen Rechtsgrundsätze an[20]. Häufig verweisen auch Verträge zwischen Industriegesellschaften und den Entwicklungsländern, aus denen sie ihre Rohstoffe beziehen, zur Regelung ihrer Rechtsverhältnisse auf die allgemeinen Rechtsgrundsätze[21], obgleich damit die entscheidenden Normen durchaus nicht unmißverständlich bezeichnet sind. Zwischen den Vertragspartnern besteht bei solchen Verträgen lediglich darüber weitgehende Übereinstimmung, daß jedenfalls die Rechtsordnung eines der Vertragspartner den beiderseitigen Interessen nicht hinreichend gerecht werden kann.

e) Auch die innerstaatlichen Rechtsordnungen greifen häufig auf allgemeine Rechtsgrundsätze zurück[22].

f) Die Verträge zur Gründung der Europäischen Gemeinschaften umschreiben das vom EGH anzuwendende Recht nicht näher[23]. Insbesondere nehmen sie die viel diskutierten Vorschriften der Art. 38 Statut IG und StIG nicht auf. Mit der allgemeinen Umschreibung der Aufgabe des EGH, er habe das Recht zu wahren, greifen die Verträge auf die historisch ältere Formulierung zurück, die unklar läßt, was „das Recht" sein soll, dessen Wahrung dem EGH auferlegt wird[24], lediglich

---

[19] Art. 38 Statut — StIG bestimmte lediglich: „The Court shall apply": ...; — vgl. dazu unten, S. 48.

[20] Vgl. z. B. *J. Seidl-Hohenveldern*, General Principles of Law as applied by the Conciliation Commissions established under the Peace Treaty with Italy of 1947, AJIL 1959 (Bd. 53), S. 583 ff.

[21] *B. Cheng*, a.a.O., S. 6 f.; Lord *McNair*, British Yearbook of International Law, Bd. 33 (1957), S. 1 ff.

[22] *Französisches Recht:* vgl. *B. Jeanneau*, Les Principles Généraux du Droit dans la Jurisprudence Administrative, 1964. *Italienisches Recht:* Art. 12 Abs. 1 des Codice Civile: „Läßt sich ein Streitfall nicht auf Grund einer ausdrücklich für einen solchen Fall vorgesehenen gesetzlichen Bestimmung entscheiden, so werden die Vorschriften, die ähnliche Fälle oder entsprechende Sachgebiete regeln, herangezogen; bleiben immer noch Zweifel bestehen, ist nach den allgemeinen Grundsätzen der staatlichen Rechtsordnung zu entscheiden". (It. Zivilgesetzbuch v. 1942, Material zum Ausländischen und Internationalen Privatrecht, Bd. 6 1965). *Deutsches Recht: Enneccerus - Nipperdey*, Allgemeiner Teil des BGB, 1. Halbband, § 34 V 1; *E. Forsthoff*, Lehrbuch des Verwaltungsrechts, 9. Aufl., S. 68 ff. Im Entwurf zum BGB war eine Bestimmung vorgesehen, wonach der Richter bei Vorliegen einer Lücke im Gesetz zunächst auf die Analogie und dann — falls nötig — auf Rechtsprinzipien zurückgreifen sollte, die von der gesamten Rechtsordnung abzuleiten sind (vgl. dazu *Planck*, Kommentar zum BGB, 4 A., Einleitung).

[23] Art. 31 EGKSV, 164 EWGV, 136 EAGV auferlegen ihm lediglich die Wahrung „des Rechts".

[24] *P. Mathijsen*, a.a.O., S. 2 ff., 17, 109.

bei der Regelung der Haftung der Gemeinschaften verweisen die Verträge[25] auf die „allgemeinen Rechtsgrundsätze, die den Rechtsordnungen der Mitgliedstaaten gemeinsam sind".

Die Betrachtung der Rechtsprechung wird aber zeigen, daß der EGH weit über die Spezialregelung im Haftungsrecht hinaus immer wieder — ausdrücklich sowie unausgesprochen[26] — auf allgemeine Rechtsgrundsätze zurückgreift.

2. Zum Begriff der allgemeinen Rechtsgrundsätze

a) In der Gegenüberstellung von verbindlichen Rechtssätzen (rules, règles) und unverbindlichen Rechts*grund*sätzen (principles, principes) wird die Rechtsqualität der „allgemeinen Rechtsgrundsätze" bestritten[27]. Rechtsgrundsätze seien eher „norminspirierend" als „normativ"[28]; sie seien „normative Ideen"[29], die dem jeweiligen Rechtssystem zugrunde liegen (etwa für das Völkerrecht: die Souveränität und Gleichheit der Staaten; die Freiheit der Meere, die Unverletzlichkeit diplomatischer Vertreter[29]).

Esser stellt den notwendigen, normativen Rechtsprinzipien die nützlichen oder immanenten Grundsätze gegenüber[30], die lediglich Direktiven für den Gesetzgeber, aber keine Verpflichtungen für den einzelnen begründen, da der Umbildungsprozeß von der Idee zum durchsetzbaren Rechtsgrundsatz noch nicht stattgefunden hat.

Der Unterschied zwischen principle und rule ist nicht zu leugnen. Er liegt aber nicht in der Eigenschaft als unmittelbarer Rechtsnorm. Rule ist „essentially practical and, moreover, binding"[31], während ein prin-

---

[25] Art. 215 Abs. 2 EWGV, 188, Abs. 2 EAGV.

[26] Die Verweisung auf allgemeine Rechtsgrundsätze kann sich auch aus dem Kontext ergeben. So ausdrücklich auch *J. Seidl-Hohenveldern*, AJIL Bd. 53 (1959), S. 853 ff. (872).

[27] So *J. Spiropoulos*, Die allgemeinen Rechtsgrundsätze im Völkerrecht, S. 26; *Heller*, nach Härle, S. 112 f. (124).

[28] So die neueste Rechtsgrundsatzlehre (Larenz, Esser). *W. Leisner* weist — in: Grundrechte und Privatrecht, S. 307 f. — darauf hin, daß darin ein Rückgriff auf die Gedanken von Heller liegt.

[29] So *Levin* (nach: *G. Tunkin*, Theoretische Fragen des Völkerrechts, in: *M. A. Kaplan, N. Katzenbach, G. Tunkin*, Modernes Völkerrecht, S. 211 ff., S. 307) von den „Hauptgrundsätzen des Völkerrechts", die einen wesentlichen Platz unter den allgemeinen Rechtsgrundsätzen einnähmen.

[30] *J. Esser*, Grundsatz und Normen in der richterlichen Fortbildung des Privatrechts, S. 73—75.

[31] *B. Cheng*, a.a.O., S. 24; vgl. zu diesem Unterschied auch *C. Parry*, The sources and evidences of International Law, 1965, S. 84; *G. Fitzmaurice*, The General Principles of International Law considered from the standpoint of the rule of Law, RC Bd. 92 (1957 II), S. 5 ff. (7), nach dem rule die Frage „was", principle die Frage nach dem „warum" beantwortet. Die hier vertre-

ciple zwar „expresses a general truth, which guides our action, serves as a theoretical basis for the various acts of our life“[31]; seine Anwendung auf die Realität aber „produces a given consequence“[31].

Bloße Prinzipien der Rechtslogik (wie z. B. die Regeln lex specialis derogat legi generali, lex posterior derogat legi priori, etc.) fallen demnach nicht unter die „allgemeinen Rechtsgrundsätze“. Diese sind vielmehr „general propositions underlying the various rules of law which express the essential qualities of juridicial truth itself, in short of law“[32].

Sie haben dabei denselben Rechtscharakter wie any formulated rule[33].

Anders ausgedrückt: zwar handelt es sich bei den Rechtsgrundsätzen um allgemeinste Normen. Aus ihnen lassen sich aber bestimmte Rechte und Pflichten der Rechtsunterworfenen unmittelbar ableiten[34]. Damit gehören sie den Rechtsnormen, nicht aber Ideen zu[35]. Normen*inspirierend* sind sie in dem Sinne, als die allgemeine Norm — etwa das Prinzip der Gleichheit — verschiedenst-mögliche konkrete Ausgestaltungen beherrscht und begrenzt.

Das Besondere der allgemeinen Rechtsgrundsätze gegenüber gewöhnlichen Rechtsregeln läßt sich so als „notwendiger Bestandteil einer jeden rechtlichen Ordnung“[36], „Ausdruck allgemeiner Rechtsgedanken“[37], „für die Zivilisation grundlegende Prinzipien“[38] oder als „fundamentale Rechtsnormen“[39] bezeichnen, die „elementare Lebenssachverhalte“ regeln[40].

---

tene Auffassung von den allg. Rechtsgrundsätzen entspricht eher den „general rules“ bei Fitzmaurice, denen er noch immer die principles entgegensetzt (etwa: Exterritorialität oder ne impediatur legatio oder par in parem non habet imperium als Prinzipien des Gesandtschaftsrechts).

[32] *B. Cheng*, a.a.O., S. 24; auf S. 19 spricht er von den allg. Rechtsgrundsätzen als „latent rules“.

[33] *B. Cheng*, a.a.O., S. 14.

[34] Vgl. die Beispiele von Levin: Gleichberechtigung der Staaten; Freiheit der Meere etc.

[35] *G. Tunkin*, a.a.O., S. 307; auf S. 311 weist Tunkin darauf hin, eine Interpretation der allg. Rechtsgrundsätze als unverbindliche Prinzipien sei auch mit der ausdrücklichen Änderung des Eingangssatzes in Art. 38 Statut-IG unvereinbar, wonach der IG „in accordance with international law“ entscheiden müsse (so auch *H. Kelsen - R. Trucker*, a.a.O., S. 540). Diese Bestimmung habe notwendige Auswirkungen für die Auslegung der folgenden Absätze a)—d).

[36] *Ch. Rousseau* zitiert nach *F. Berber*, a.a.O., Bd. I, S. 66; ähnlich GA *Roemer*, EGH Bd. VIII, S. 243: „wesentliches Fundament der Gemeinschaft, auf das diese so wenig wie jede andere Rechtsordnung verzichten kann“.

[37] *A. Verdross*, nach Berber, a.a.O.

[38] *A. Ross*, nach Berber, a.a.O.

[39] *H. J. Wolff*, § 25 I a.

[40] *E. Härle*, a.a.O., S. 52.

Die Besonderheit des allgemeinen Rechtsgrundsatzes liegt also nicht darin, daß er keine für den Einzelfall praktikable Lösung bringt, weniger „practical“ ist als Gesetz oder (sonstiges) Gewohnheitsrecht, sondern sie wird darin deutlich, daß man einen allgemeinen Rechtsgrundsatz nicht außer acht lassen kann, ohne damit gleichzeitig die Ordnung des modernen Rechtsstaates oder die Grundlagen des Zusammenlebens in der (Völker-)Gemeinschaft in Frage zu stellen. Die Organe des Staates können gegen ein einzelnes Gesetz verstoßen: Sie schaffen dadurch Unrecht und Unordnung im Einzelfall; trotzdem verbleiben sie innerhalb der Rechtsordnung, die Irrtum oder Eigennutz nicht eliminieren kann, sie vielmehr einkalkuliert und nach Möglichkeit korrigierbar macht. Verstoßen sie aber gegen das Gesetz in der Überzeugung, an Rechtsnormen nicht gebunden zu sein, die rechtliche Gleichheit nicht beachten zu müssen oder Treu und Glauben aus dem Recht verbannen und auf die Moral beschränken zu können, so stellen sie sich außerhalb des Gefüges der Rechtsordnung selbst. Rechtssicherheit, Gleichheit, Treu und Glauben und andere allgemeine Grundsätze verlieren nicht dadurch ihren Charakter als Rechts*grund*sätze, daß sie gegebenenfalls *auch* dazu geeignet sind, einen Einzelfall zu regeln; sie würden ihn erst verlieren, wenn man sie aus der Rechtsordnung wegdenken könnte, ohne damit das Gefüge insgesamt zu stören, wenn sie also in der Regelung eines bestimmten Einzelfalles (und gleichgelagerter Fälle) ihre Geltungskraft erschöpften.

b) Die allgemeinen Rechtsgrundsätze bilden nicht etwa die Einbruchstelle „überpositiven“ Rechts in die Rechtsordnung[41]. Sie stellen vielmehr einen Teil der positiven Rechtsordnung dar[42, 43], wobei es vorerst

---

[41] Nachweise bei *G. Tunkin*, a.a.O., S. 305; *T. Giehl*, The legal character and sources of international law, in: Scandinavian Studies in Law, S. 53 ff. (88).

[42] *M. Sørensen*, a.a.O., S. 130, 132; *C. Parry*, a.a.O., S. 86; *H. Kelsen - R. Trucker*, a.a.O., S. 540; *B. Beierle*, Allgemeine Rechtsgrundsätze im Deliktrecht — Ein Beitrag zur Jurisdiktion des Weltgerichtshofes, S. 93.

[43] Damit ist zunächst noch nicht eine Geltungsbegründung aus dem Naturrecht ausgeschlossen. In Reaktion auf die „Naturrechts-Renaissance“ nach dem 2. Weltkrieg, die mit *Helmut Coings* Schrift „Die obersten Grundsätze des Rechts — Ein Versuch zur Neubegründung des Naturrechts“, Heidelberg, 1947, und dem Lippenbekenntnis des BVerfG (Bd. 1, S. 14 ff.; LS 27, dessen Funktion für die eigentliche Entscheidung nicht ersichtlich ist. In der Sache selbst scheint kein wesentlicher Unterschied zu BVerfGE Bd. 10, S. 59 ff., zu bestehen, wo das BVerfG — S. 81 — ausdrücklich die Berufung auf ein naturrechtliches Bild der Familie ablehnt) wohl ihren Höhepunkt fand, kam man in der Folge dazu, daß Naturrecht und positives Recht nicht in überkommener Weise *gegeneinander* gestellt werden dürfe (*Maihofer*); sie stünden vielmehr *in*einander, im positiven Recht müsse naturrechtlich gedacht werden (G. Stratenwerth, Verantwortung und Gehorsam, Tübingen 1958, S. 65). Was das heißt, zeigt *Esser*, wenn er selbst „rein“ rechtstechnische Begriffe als durch ein Interessenurteil vorqualifiziert ansieht, das selbst aber auf keiner positiven Norm, sondern nur auf naturrechtlichen Inhalten

dahinstehen soll, auf welche Weise das geschieht, ob die allg. Rechtsgrundsätze über das Gewohnheitsrecht in das positive Recht eingehen, oder ob sie als eigenständige Quelle positiven Rechts anzusehen sind.

Ob dieser Standpunkt allein durch den Hinweis auf die Bindung an das Völkerrecht in Art. 38 Statut-IG oder an das Recht in den entsprechenden Vorschriften der Gemeinschaftsverträge (Wahrung „des Rechts") gegenüber Verträgen der Naturrechtslehren überzeugend begründet werden kann, erscheint fraglich. Auf der anderen Seite besteht aber kein Anlaß zu der Annahme, „Recht" sei etwa im speziellen Sprachgebrauch des Art. 20 Abs. 3 GG[44] gemeint und dem Gericht so die Freiheit eingeräumt, in eigenen Ableitungen von nicht näher begründbaren Naturrechtsnormen aktuelles Recht zu schaffen. Schon die Befähigung des Richters, Gewohnheitsrecht zu bilden, gibt Anlaß zu ernsten Meinungsverschiedenheiten[45]. Darüber hinaus aber dem Richter eine derartig schwer eingrenzbare Befugnis verleihen zu wollen, indem man naturrechtliche Prinzipien unmittelbar mit unter den Begriff des Rechts faßt, dies würde jeglichen Auslegungskriterien internationaler Vertragstexte widersprechen.

Die Rechtsprechung des EGH bietet denn auch keinen Hinweis oder gar Beleg dafür, daß das Gericht in „allgemeinen Rechtsgrundsätzen" etwas anderes als positives Recht sehe.

c) Die Vorstellung von der „Allgemeinheit" dieser Rechtsgrundsätze zielt auf ihren Geltungsbereich ab, der allerdings durch ihren Regelungsgegenstand bedingt wird. Denn der Geltungsbereich kann nicht von seinem Regelungsgegenstand getrennt werden. Völkerrecht und nationales Recht regeln verschiedene Gegenstände, auch wenn — entgegen aller Erfahrung — völkerrechtliche Instanzen eines Tages mehr effektive Macht besäßen: Die Regelung des Verkehrs zwischen den Staaten gibt andere Probleme auf als die rechtliche Ordnung eines Einzelstaates.

So finden sich im Völkerrecht Grundsätze, die nur für diese Rechtsordnung gelten, dort aber allgemein (etwa: principe de la continuité de l'Etat, principe du respect de l'indépendance des Etats u. a.).

Ebenso bilden die allgemeinen Rechtsgrundsätze im nationalen Raum den „Kern" der nationalen Rechtsordnung, der für alle Rechtszweige rechtliche Bedeutung hat. Es kann heute nicht mehr gesagt werden, die allgemeinen Rechtsgrundsätze seien in ihrem größten Teil identisch mit

---

beruhen kann. Das Naturrecht verliert somit seinen direkt anspruchsbegründenden Charakter und wird vielmehr zur Schranke des positiven Rechts.

[44] Der durch seine Gegenüberstellung von Recht und Gesetz seine Kommentatoren in arge Verlegenheit bringt.

[45] Dazu näher unten, 3. Teil.

den allgemeinen Grundsätzen des Zivilrechts[46]. Daß historisch die allgemeinen Rechtsgrundsätze zuerst im Zivilrecht aufgefunden wurden, schadet dieser systematischen Erkenntnis nicht, sondern erklärt sich aus der unterschiedlichen Entwicklung der einzelnen Rechtszweige[47].

Die Anwendung allgemeiner Rechtsgrundsätze, die im Privatrecht aufgefunden wurden, auf das öffentliche Recht bedarf so auch keiner irgendwie gearteten „Rezeption"[48]. Bei allen Unterschieden zwischen privatem und öffentlichem Recht stellen beide keineswegs voneinander unabhängige Systeme dar.

Aus diesen allgemeinen Rechtsgrundsätzen des nationalen Rechts werden von der Formulierung des Art. 38 Abs. 1 c Statut-IG die im internationalen Recht anwendbaren Grundsätze (wie z. B. equity, estoppel, pacta sunt servanda, Rechtskraft) ausgegrenzt und dem IG als Entscheidungsgrundlage zugewiesen. So erstrecken *diese* nationalrechtlichen Grundsätze ihren Geltungsbereich auf die gesamte Völkerrechtsordnung und geben Anlaß zu dem Streit darüber, ob der IG damit nationales Recht anwende[49], ob diese nationalen Grundsätze erst in Völkerrecht transformiert werden müßten[50], oder ob sie etwa als „allgemeine Grundsätze" gleichzeitig auch im Völkerrecht gälten und so in einem Kernbereich die Einheit der Rechtsordnung erwiesen (und direkt aus der Rechtsidee abzuleiten seien[51]).

Diese Frage wird sich angesichts der wenig glücklichen Verweisung der Gemeinschaftsverträge bei der Regelung des Haftungsrechts[52] und

[46] So aber *H. Lauterpacht*, The function of Law in the international Community, 1933, S. 115; wie hier: *W. Friedmann*, AJIL 1963, S. 279 ff. (281).

[47] Auch der Unterschied, den *B. Jeanneau*, a.a.O., S. 201 f., zwischen allgemeinen Rechtsgrundsätzen des Verwaltungsrechts und denen des Zivilrechts macht, und der ihn dazu führt, in den allgemeinen Rechtsgrundsätzen eine „construction propre au droit *public*" (a.a.O., S. 206) zu sehen, berührt nicht das Wesen, da die Unterscheidung „geschriebene Grundsätze" — „ungeschriebene" Grundsätze, die er dem zugrunde legt, unerheblich ist. Wenn die allgemeinen Rechtsgrundsätze im Zivilrecht mehr „interprétatif" als „supplétif" sind, so liegt das lediglich an der weitergehenden Durchnormierung des Zivilrechts. Auf Seite 213 weist Jeanneau selbst darauf hin, daß viele Rechtsgrundsätze des französischen öffentlichen Rechts (historisch!) von Vorschriften des Code civil ausgingen.

[48] *B. Jeanneau*, a.a.O., S. 205, mit Nachweisen aus der französ. Rechtsprechung.

[49] Vgl. *T. Giehl*, a.a.O., S. 86; weitere Nachweise bei *S. Rosenne*, The law ..., Bd. II, S. 609. Die Berechtigung ergebe sich daraus, daß das Völkerrecht erhebliche Lücken habe, bei deren Füllung dem IG nicht völlig freie Hand gelassen werden könne; da andererseits ein „non liquet" zu vermeiden sei, bleibe nur die Möglichkeit, den IG an die positiven allgemeinen Rechtsgrundsätze der Mitgliedstaaten zu binden.

[50] So die hM, wobei die Begründungen dieser Transformation unterschiedlich sind; näher dazu unten.

[51] *Verdross*, RC Bd. 52 (1935 II), S. 1955 ff. (204/5); weitere Nachweise bei *K. Wolff*, RC Bd. 56 (1931 II), S. 479 ff. (485).

im Anschluß an die Betrachtung der Rechtsprechung des EGH für das Gemeinschaftsrecht ganz allgemein stellen.

Allgemeine Rechtsgrundsätze lassen sich somit gruppieren in:

— spezifisch völkerrechtliche Grundsätze (Freiheit der Meere)

— spezifisch nationalrechtliche Grundsätze (Legalitätsgrundsatz)

— Grundsätze des nationalen Rechts, die auch im Völkerrecht anwendbar sind (Gleichheit, Treu und Glauben etc.), wenn auch in anderen konkreten Ausformungen.

Mit der Charakterisierung des Gemeinschaftsrechts als eigener Rechtsordnung[53] wird darüber hinaus auch die Existenz spezifisch *gemeinschafts*rechtlicher Grundsätze möglich.

Diese Gruppierung der allgemeinen Rechtsgrundsätze nach den von ihnen beherrschten Rechtsordnungen steht ihrer Charakterisierung als „allgemeine" Grundsätze nicht entgegen, da in dieser Eigenschaft der Regelungsgegenstand notwendig mitgedacht ist. Eine künftig sich enger zusammenschließende Völkergemeinschaft würde immer mehr nationalstaatliche Grundsätze für das Völkerrecht anwendbar machen, da mehr und mehr die Voraussetzungen für die Zielrichtung solcher Grundsätze geschaffen würden (etwa das Steuererhebungs- oder gar Steuerfindungsrecht für den Grundsatz der Gleichheit aller vor den öffentlichen Lasten etc.)[54].

Dieser Annäherungsprozeß der verschiedenen Rechtsordnungen ist im Gemeinschaftsrecht weiter vorangekommen als im allgemeinen Völkerrecht. Auch wenn nach wie vor daran festzuhalten ist, daß Gemeinschaftsrecht und nationales Recht verschiedene Rechtsordnungen sind, so werden doch immer mehr allgemeine Rechtsgrundsätze des nationalen Raumes im Gemeinschafstrecht anwendbar. Mit welcher Berechtigung das geschieht, soll im 3. Teil untersucht werden.

---

[52] Wie problematisch diese Umschreibung ist, geht klar aus der Ansicht *Tunkins* hervor (a.a.O., S. 308/9), der sich dagegen verwahrt, auf diese Weise eine Vorherrschaft der Prinzipien „bürgerlicher" Rechtsorgane zu zementieren. Für *Tunkin* gibt es überhaupt keine „allgemeinen" Rechtsgrundsätze, die in bürgerlichen *und* sozialistischen Rechtsordnungen gelten könnten. Sogar dort, wo sich solche „allgemeinen" Rechtsgrundsätze „äußerlich gleichen", sind sie doch „in ihrer Klassennatur, ihrer Rolle in der Gesellschaft und in den Zielen völlig verschieden" (a.a.O., S. 309).

[53] Näheres dazu unten, S. 145 ff. (148 ff.).

[54] *B. Jeanneau* zeigt schon für den gegenwärtigen Stand „zahlreiche" allg. Rechtsgrundsätze auf, die im nationalen und im internationalen Bereich gleich sind (a.a.O., S. 208).

III. Beschränkung der Untersuchung

Ausgangspunkt und Mittelpunkt des Interesses bilden die veröffentlichten Entscheidungen des EGH. Anhand seiner Urteile wird die praktische Anwendung allgemeiner Rechtsgrundsätze im Raume des Gemeinschaftsrechts dargestellt. Erst im dritten Teil soll dann erörtert werden, mit welchem Recht das geschieht. Von daher kann — wie auch von den Auseinandersetzungen um Art. 38 Statut-IG — eine klärende Wirkung für das Gemeinschaftsrecht ausgehen.

Die wissenschaftliche Betrachtung des Gemeinschaftsrechts verharrt bisher noch immer überwiegend an zwei Extrempunkten:

- einmal in akribischen Untersuchungen technischer Detailprobleme;
- zum anderen bei der unfruchtbaren — da primär politischen — Frage der Rechtsnatur der Gemeinschaften.

Um die Diskussion auf eine allgemeinere Ebene, aber eben doch des *Rechts*, zu bringen, sei versucht, sich nicht mit der Analyse *eines* einzigen Rechtsgrundsatzes zu bescheiden, auch wenn damit eine gewisse Einbuße an Genauigkeit und Umfang der jeweiligen Darstellung in Kauf genommen werden muß. Dafür gewinnt das Bild an Farbe und ermöglicht eine allgemeinere Beurteilung der Rechtsprechung, als das bei der Darstellung nur eines Prinzips der Fall wäre. Trotzdem ist aber eine gewisse Einschränkung geboten. Eine lückenlose Erfassung aller in der Rechtsprechung enthaltenen allgemeinen Rechtsgrundsätze würde den Rahmen dieser Arbeit sprengen. Die Beschränkung auf rein materielle Rechtsgrundsätze erscheint mit ihrem Ziel aber durchaus als vereinbar. So bleiben prozessuale allgemeine Rechtsgrundsätze und Auslegungsgrundsätze außer Betracht. Doch bereits hier beginnen die Schwierigkeiten:

Eine Reihe der von der herrschenden Meinung entwickelten Auslegungskriterien stellt nichts anderes dar als die Anwendung allgemeiner Grundsätze des materiellen Rechts[55].

Soweit die Rechtsprechung des EGH diese Bereiche berührt, werden sie in die Darlegung der materiell-rechtlichen allgemeinen Grundsätze einbezogen. Entgegen der üblichen Einordnung des res-iudiacata-Satzes und des Grundsatzes der Befristetheit der Klage unter prozessuale Grundsätze werden diese Prinzipien hier mitbehandelt, da sie im Gegensatz zu ausschließlich verfahrensrechtlichen Grundsätzen[56] weitgehende Auswirkungen auf das materielle Recht haben. Die Bindung

---

[55] So z. B. die Forderung, Verträge sollten nach Treu und Glauben ausgelegt werden.

[56] z. B. Grundsätze der Beweislast, der Kostentragung, der Zuständigkeit, Rechtshängigkeit u. a.

der Klage an Fristen ist Ausfluß des allgemeinen Verwirkungsgedankens und stellt eine wesentliche Komponente der Bestandskraft von Verwaltungsentscheidungen dar. Das gerichtliche Verfahren wird mit der Klageerhebung eingeleitet, und erst damit ist Raum zur Anwendung prozessualer Rechtsgrundsätze. Die materielle Rechtskraft des Urteils wirkt über das gerichtliche Verfahren hinaus. Auch wenn heute die materiell-rechtliche Theorie von der prozessualen überholt ist, bleibt doch die außerprozessuale Wirkung der Endgültigkeit der Regelung, auch wenn das Urteil nicht selbst materielles Recht zum Entstehen bringen oder vernichten kann.

Der Grundsatz des rechtlichen Gehörs in seinen verschiedenen Ausgestaltungen im Verwaltungsverfahren[57] als eines der Grunderfordernisse einer ordnungsgemäßen Verwaltung stellt materielles Verwaltungsrecht dar und ist demnach gleichfalls zu behandeln.

Über die Erkenntnis der institutionellen Schwäche des Gerichtshofs hinaus zeigen sich bereits hier auch hinsichtlich der gewählten materiellen Entscheidungsgrundlage gewisse Schwierigkeiten:

— Es erscheint unmöglich, über die Angabe einiger Wesensmerkmale hinaus eine umfassende Begriffsbestimmung der allgemeinen Rechtsgrundsätze zu leisten, die im Einzelfall praktisch ergiebig gemacht werden könnte[58].

— Erst die Betrachtung des Katalogs der als „allgemeine Rechtsgrundsätze" bezeichneten Rechtsprinzipien läßt es klar werden, was jeweils unter diesem Begriff verstanden wird.

— Auswahl und Abgrenzung der einzelnen allgemeinen Rechtsgrundsätze erfolgt aufgrund ihrer Funktion im Gefüge der Rechtsordnung, die aber keineswegs außer Streit steht, so daß auch von daher eine gewisse Relativierung unvermeidlich ist.

---

[57] Im Gegensatz zu seiner — hier ausgeklammerten — Erscheinungsform im gerichtlichen Verfahren.

[58] So hielt es das Institut du Droit International für richtig, den Grundsatz der Verjährung unter die allgemein anerkannten Rechtsgrundsätze aufzunehmen, die von internationalen Schiedsgerichten anzuwenden sind (zit. nach *E. Härle*, a.a.O., S. 190 f.). Da aber auch nach Ansicht des Instituts, dem Härle folgt, der Richter nicht aus eigener Machtvollkommenheit Verjährungsfristen bestimmen darf, sondern insoweit auf eine ausdrückliche Regelung angewiesen ist, bringt der verbleibende „Rechtsgrundsatz", daß verjährte Forderungen nicht mehr einzuklagen sind, keine selbständige aktive Regelung mehr.

ZWEITER TEIL

Die allgemeinen Rechtsgrundsätze in der Entscheidungspraxis des Gerichtshofes

Vorbemerkung

Eine Vielzahl verschiedener Definitionen sowie unterschiedliche Kataloge und Systematisierungen von allgemeinen Rechtsgrundsätzen legen die Annahme nahe, daß die schwierige Aufgabe, derartige allgemeine Rechtsgrundsätze in der Rechtsprechung eines Gerichts aufzuzeigen oder besser: systematisch die Fallgruppen zusammenzustellen, anhand derer sich die Anwendung allgemeiner Rechtsgrundsätze verdeutlicht, in verschiedener Weise gelöst werden kann.

1. Jedes System ist eine Arbeitshypothese, die die Wirklichkeit nicht genau abbildet, sondern sie nur erklären hilft. Die Aufspaltung der Untersuchung, die um der besseren Übersichtlichkeit willen die einzelnen Rechtsgrundsätze getrennt betrachten muß, darf nicht dazu verführen, allgemeinen Rechtsgrundsätzen ein Eigenleben innerhalb der Rechtsordnung zuzubilligen. Die allgemeinen Rechtsgrundsätze stehen nicht unabhängig und sich selbst genügend nebeneinander. Sie sind Teil eines Normengefüges, das sich wechselseitig ergänzt und bedingt. Bei der Anwendung auf den zu entscheidenden Einzelfall gibt der allgemeine Rechtsgrundsatz in der Regel nur *einen* Gesichtspunkt zur Lösung[1]; er gerät in Widerstreit mit Spezialregelungen und anderen allgemeinen Rechtsgrundsätzen, die den ersten teils einschränken, teils aufheben.

Für die Rechtsanwendung steht der zu entscheidende Einzelfall im Vordergrund[2]. Oberster Grundsatz der Rechtsprechung muß es bleiben, Streit zu entscheiden, nicht Theorien zu verifizieren. Daraus wird ein zweifaches klar: Zunächst wird deutlich, daß die Lösung eines Einzelfalles nicht nur durch die bloße Deduktion aus einem einzelnen für anwendbar gehaltenen allgemeinen Rechtsgrundsatz erfolgen kann. Der Prozeß ist viel komplexer: Dem zu entscheidenden Streitfall wer-

[1] *Th. Viewcg*, a.a.O., S. 68 f.
[2] *Th. Viewcg*, a.a.O., S. 72—74, mit überzeugenden Beispielen.

den in flexibler Weise die dem Richter zur Verfügung stehenden allgemeinen Rechtsgrundsätze „zugemessen". Von daher leuchtet es ein, daß die Auswahl der Einzelfallgruppen, an denen der einzelne allgemeine Rechtsgrundsatz exemplifiziert werden soll, behutsam tastend — und im einzelnen nicht logisch zwingend — erfolgen muß. Welcher Rechtsgrundsatz einen Fall prinzipiell regelt und welcher demgegenüber lediglich einschränkende Funktion hat, diese einfach scheinende Frage ist mit letzter Sicherheit nicht immer zu beantworten, genausowenig wie das Parallelproblem, wann ein allgemeiner Rechtsgrundsatz uneingeschränkt angewandt werden kann und wann aus der Natur der zu regelnden Materie oder aus Billigkeitsgesichtspunkten aufgrund der tatsächlichen Lage des Einzelfalles Modifizierungen anzubringen sind.

Dieser Mangel muß bei der Darstellung in Kauf genommen werden. Der problembezogenen Flexibilität kann dadurch in begrenztem Umfang Rechnung getragen werden, daß auch bei systematischer Trennung in der Darstellung möglichst häufig auf Überschneidungen und Kollisionen hingewiesen wird.

2. So vielfältig die Definitionen der allgemeinen Rechtsgrundsätze in der Literatur sind, so zahlreich sind auch die Versuche, diese Grundsätze systematisch darzustellen. Dabei ist das jeweils zur Verfügung stehende Material entscheidend zu berücksichtigen. Bei der Untersuchung der Rechtsprechung des EGH scheidet zunächst eine Dreiteilung in allgemeine Rechtsgrundsätze der Mitgliedstaaten, solche des Gemeinschaftsrechts und die des allgemeinen Völkerrechts aus, denn jedenfalls für die letzteren finden sich keine Belege in den Urteilen.

Cheng und Rousseau scheiden primär zwischen Grundsätzen des materiellen Rechts und solchen des Verfahrensrechts. Letztere sollen aber in dieser Arbeit gerade ausgeklammert bleiben. Innerhalb der materiell-rechtlichen Grundsätze machen die Einteilungen einen recht willkürlichen Eindruck[3].

Am ehesten überzeugt die Einteilung von Jeanneau, der „non d'après leur origine, mais d'après leur objet"[4] differenziert. Er gruppiert die

---

[3] *B. Cheng*, a.a.O.: (1) principle of self-preservation; (2) principle of Good Faith (in treaty relations; in exercice of rights); (3) principle of responsibility (princ. of fault; princ. of integral reparation).

E. Härle, a.a.O.: (1) Vertragsrechtliche Grundsätze (Auslegung, Inhalt, Endigung); (2) Clausula rebus sic stantibus; (3) Allgemeines Deliktrecht; (4) Rechtsmißbrauch; (5) Schadensersatz bei Schuldnerverzug; (6) Verjährung; (7) res iudicata; (8) Einrede der Unzuständigkeit.

Ch. Rousseau, a.a.O.: (1) pacta sunt servanda; (2) abus de droit; (3) respect des choits acquis; (4) théorie de la prescription libératoire et des interèts moratcires; (5) nemo plus iuris transferre ...

[4] a.a.O., S. 6.

allgemeinen Rechtsgrundsätze um zwei Pole, ordre und liberté. Die Grundsätze der liberté untergliedert er in égalité, liberté und sécurité.

3. Der EGH greift — wenn er aufgrund allgemeiner Rechtsgrundsätze entscheidet — bisher überwiegend auf gemeinsame allgemeine Rechtsgrundsätze der Mitgliedstaaten zurück. Sie bilden den Gegenstand des 1. Kapitels des zweiten Teils. Im 2. Kapitel sollen dann Ansätze zur Bildung speziell-gemeinschaftsrechtlicher Grundsätze aufgezeigt werden.

Innerhalb der aus den nationalen Rechtsordnungen übernommenen Grundsätze bildet der Rechtsstaatsgrundsatz den Ausgangspunkt. Seine formale Charakterisierung erfährt der Rechtsstaat durch die Bindung an die Gesetze[5]. Im Grundsatz der Gesetzmäßigkeit steht sie an der Spitze dieses Kapitels.

Die folgenden Rechtsgrundsätze ordnen sich der materialen Seite des Rechtsstaates zu. Ihre Beschreibung erfolgt vom Allgemeinen zum Besonderen voranschreitend: So steht der Grundsatz der Rechtssicherheit an der Spitze, dem sich dann Treu und Glauben, Gleichheitsgebot, Gebot des rechtlichen Gehörs und die Grundsätze der Gemeinschaftshaftung anschließen.

Dabei wird die Darstellung in fortschreitendem Maße an Geschlossenheit gewinnen, da zu den ersten — allgemeinsten — Rechtsgrundsätzen die Zahl der zur Verfügung stehenden Entscheidungen noch geringer ist.

Im dritten Teil werden schließlich die Probleme in den Vordergrund treten, die ganz allgemein mit der Anwendung allgemeiner Rechtsgrundsätze verbunden sind: die Fragen nach dem Verhältnis der allgemeinen Rechtsgrundsätze zu den übrigen Normen des Gemeinschaftsrechts (Rechtsquellenproblem), nach der Berechtigung des EGH, diese allgemeinen Rechtsgrundsätze im Gemeinschaftsrecht anzuwenden, sowie die Frage nach dem Freiheitsraum, der dem EGH bei der Auffindung und Ausgestaltung allgemeiner Rechtsgrundsätze zukommt.

---

[5] Vgl. zum Begriff des materialen und formellen Rechtsstaates: *H. J. Wolff*, Bd. I, S. 44.

Erstes Kapitel

Die den Mitgliedstaaten gemeinsamen allgemeinen Rechtgrundsätze

A. Der Grundsatz der Gesetzmäßigkeit der Verwaltung (légalité)

I. Grundsätzliche Bindung der Verwaltung an das gesetzte Recht

1. Der Vorrang des Gesetzes

Entscheidungen und Verordnungen[1], die den Vertrag oder eine bei seiner Durchführung anzuwendende Rechtsnorm verletzen, werden vom EGH für nichtig erklärt (Art. 33 EGKSV, 173 EWGV, 146 EAGV). Diese Praxis entspricht der Regel, nach der das niederrangige dem höherrangigen Recht nachsteht. Die Einführung der einzelnen Klagegründe (cas de ouverture du recours pour excès de pouvoir) bei der Anfechtungsklage sind dem französischen Recht nachgebildet, wo die klassische Scheidung der cas d'ouverture in incompétence, vice de forme, détournement de pouvoir und violation de la loi entwickelt wurde. Die Kritik setzte dort vor allem an diesem vierten Klagegrund an, unter anderem deshalb, weil nicht nur die Verletzung eines formellen Gesetzes, sondern die *aller* Regeln des übergeordneten positiven Rechts den Akt illegal macht[2]. Die französische Lehre strebt so eine neue Gliederung an[3]. Diesen einen Punkt der Kritik räumen die Europäischen Verträge mit der Formulierung „violation du présent Traité ou de toute règle de droit relative à son application" aus.

2. Der Vorbehalt des Gesetzes

a) Die Organe der Europäischen Gemeinschaften dürfen zur Erfüllung der Vertragsziele nur im Rahmen der Bedingungen des Vertrages[4]

---

[1] Art. 189 EWGV und Art. 161 EAGV. Im Montanrecht nennt Art. 14 EGKSV lediglich Entscheidungen. Aus Art. 33 Abs. 2 EGKSV ergibt sich, daß dem Vertrag die Unterscheidung individuelle Entscheidung — allgemeine Entscheidung zugrunde liegt, wobei die allgemeine Entscheidung in etwa der Verordnung entspricht.

[2] Vgl. *Duez-Debeyre*, Traité, S. 205 FN 1 (S. 206); *A. de Laubadère*, Traité, Nr. 658.

[3] Vgl. *A. de Laubadère*, Traité, Nr. 695 ff.; *M. Waline*, Droit adm., Nr. 741.

[4] Art. 14 EGKSV.

bzw. „nach Maßgabe" des Vertrages[5] tätig werden. Sie bedürfen also zu ihrem Eingreifen jeweils einer ausdrücklichen Ermächtigung[6]. Einen Verwaltungsakt, der ohne objektiv gesetzliche Grundlage ergeht, sieht der EGH als rechtswidrig an[7], ohne dabei zwischen belastenden und begünstigenden Verwaltungsakten zu unterscheiden[7].

Besonderer Rang kommt der Rüge zu, ein Gemeinschaftsorgan sei auf einem Gebiet tätig geworden, das zur ausschließlichen Zuständigkeit der Mitgliedstaaten gehöre, es fehle demnach an „jeder Rechtsgrundlage in der Gemeinschaftsrechtsordnung". Diesen Einwand prüft der EGH selbst dann, wenn eine an sich unanfechtbare Entscheidung angegriffen wird[8].

b) Ist die Ermächtigung lediglich allgemeiner Art, ohne selbst schon das Recht näher zu bestimmen und die Voraussetzungen und Bedingungen seiner Ausübung zu konkretisieren, so muß zunächst eine Entscheidung das generelle Recht abstrakt erläutern, seinen Umfang exakt umschreiben, bevor es angewandt werden kann. So hält der EGH z. B. zur Ausübung des Auskunftsrechts der Hohen Behörde nach Art. 47 Abs. 1 EGKSV eine vorherige Entscheidung für erforderlich, die zunächst die verschiedenen Rechtsansichten klären und den genauen Umfang des Rechts festlegen soll[9].

---

[5] Art. 8 EGKSV, 155 EWGV, 124 EAGV; 189 EWGV (im deutschen Text mißverständlich; vgl. frz. Fassung: et dans les conditions...), 161 EAGV; 145 EWGV, 115 EAGV.

[6] Vgl. EGH Bd. IV, S. 41 f.: Veranlagungen von Amts wegen und vorläufige Schätzungen (zur Feststellung der Schrottausgleichspflicht, wenn das Unternehmen die geforderten Angaben nicht selbst lieferte) sind „nur auf der Grundlage festumrissener Vorschriften zulässig, die Willkürmaßnahmen ausschließen und die Nachprüfung der verwendeten Unterlagen ermöglichen" (Diese Frage stellte in EGH Bd. XIV, S. 48 f., kein Problem mehr dar).

[7] St. Rspr.; EGH, Bd. III, S. 118; Bd. XI, S. 911: Die Freistellungsentscheidung vom Schrottausgleich war rechtswidrig, denn „keine Rechtsvorschrift ermächtigte die Organe der finanziellen Ausgleichseinrichtung, Freistellungen zu gewähren". Bemerkenswert erscheint hierbei, daß eine Freistellung nicht in die Rechte des Unternehmens eingreift, sondern im Gegenteil eine indirekte Subvention darstellt. Ohne die im deutschen Verwaltungsrecht vieldiskutierte Frage zu erwähnen, ob auch für Verwaltungs*leistungen* eine gesetzliche Grundlage vorhanden sein muß, hält der EGH für das Gemeinschaftsrecht an diesem Erfordernis einheitlich fest. Zum Problem der gesetzlichen Grundlage der Leistungsverwaltung im deutschen Recht vgl. unten S. 61.

[8] EGH Bd. XV, S. 540. Der Wortlaut spricht allerdings dafür, diese außerordentliche Konsequenz nur für das Verfahren zur Feststellung einer Vertragsverletzung durch einen Mitgliedstaat zu ziehen.

[9] EGH Bd. VI, S. 179; GA Roemer verlangte — S. 212 — dies ebenfalls. Dabei wies er auf § 46 Abs. 7 des deutschen GWB hin, dessen Satz 2 lautet: „In der Anordnung sind Zeitpunkt, Rechtsgrundlage, Gegenstand und Zweck der Prüfung anzugeben." Auskunftsbegehren und Anordnung der Prüfung sind somit getrennt; EGH Bd. IV, S. 41 f., für die Schätzung v. A. w.

c) Diese im Interesse der Rechtsstaatlichkeit zu begrüßende Konkretisierung der Ermächtigungsgrundlage findet in den Verträgen selbst eine bedenkliche Durchbrechung: Art. 235 EWGV[10] ermächtigt den Rat, einstimmig auf Vorschlag der Kommission und nach Anhörung der Versammlung „die geeigneten Vorschriften" zu erlassen, wenn ein Tätigwerden der Gemeinschaft erforderlich erscheint, um im Rahmen des Gemeinsamen Marktes eines ihrer Ziele zu verwirklichen, und im Vertrag „die hierfür erforderlichen Befugnisse nicht vorgesehen" sind. Trotz der äußerst vagen Umschreibung der Vertragsziele, die die Grenzen dieser Kompetenznorm vollends verwischen, macht der EGH keine Bedenken gegen diese Vorschrift geltend[11], sondern er betrachtet sie als eine durchaus hinreichende Grundlage für ein Tätigwerden der Gemeinschaftsorgane[12]. Dabei kann auch die Rechtsform, in der der Rat nach Art. 235 EWGV tätig wird, von Fall zu Fall verschieden sein („die geeigneten Vorschriften")[13].

d) Nicht immer allerdings führt das Fehlen einer ausdrücklichen Eingriffsbefugnis zur Rechtswidrigkeit des betreffenden Aktes. Der EGH bekennt sich nämlich zu einem „sowohl im Völkerrecht als auch im innerstaatlichen Recht allgemein anerkannten Auslegungsgrundsatz ..., wonach die Vorschriften eines völkerrechtlichen Vertrages oder eines Gesetzes zugleich diejenigen Vorschriften beinhalten, bei deren Fehlen sie sinnlos wären oder nicht in vernünftiger und zweckmäßiger Weise zur Anwendung gelangen könnten"[14].

---

[10] Ebenso Art. 203 EAGV (Art. 95 Abs. 1 EGKSV verlangt für solche Fälle noch eine — allerdings erleichterte — Vertragsänderung); vgl. hierzu *G. Marenko*, Les conditions d'application de l'article 235 du traité CEE, Rev. du Marché Commun 1970, S. 147 ff.

[11] EGH Bd. X, S. 29: „Art. 235 ist eine ergänzende Bestimmung und nur anwendbar, wenn die zur Verwirklichung der Ziele, denen er dienen soll, erforderlichen Befugnisse im Vertrag nicht vorgesehen sind."

[12] EGH Bd. XVI, S. 57: für die Beschleunigungsentscheidung des Rates vom 26. 7. 1966 (ABl. Nr. 165, S. 2971).

[13] GA *Gand*, Bd. XVI, S. 64. Gand nennt weitere Entscheidungen, die auf Art. 235 EWGV gestützt wurden. Sie führten allerdings zu keinem Rechtsstreit.

[14] EGH Bd. II, S. 312 (für die Befugnis zur hoheitlichen Festsetzung der Preise): Höchstpreise beim Kohleabsatz der belgischen Unternehmen, um den belgischen Verbrauchern *sofort* den späteren Gemeinschaftspreis zu gewährleisten und sie so konkurrenzfähig zu machen. Diese Befugnis mußte der Hohen Behörde auch ohne ausdrückliche Ermächtigung zustehen, da ohne sie die „Ausgleichsregelung nicht im Sinne von § 26 a des ÜA, d. h. auf der Grundlage einer sofortigen und gewährleisteten Herabsetzung der Preise gehandhabt werden kann.

EGH Bd. VI, S. 289 (für die Rückforderung irrtümlich ausgezahlter Ausgleichsbeiträge): Der Hohen Behörde stand hierzu weder in Art. 53 EGKSV noch in den zu seiner Durchführung ergangenen Entscheidungen Nr. 14/55 und 2/57 eine Grundlage zur Verfügung. Der EGH entschied, daß die der Hohen Behörde auf dem Gebiete der Beitragspflicht eingeräumten Befug-

Der Wortlaut der Entscheidungen legt es in der Tat nahe, über das völkerrechtliche „principle of effectiveness“[15] hinaus auch einen Rückgriff auf die Theorie der „implied powers“[16] anzunehmen[17]. Auch für den letzteren Fall[18] ist aber heute anerkannt, daß damit keine selbständige Rechtsquelle neben dem geschriebenen Text angesprochen ist, sondern daß es sich vielmehr auch hier nur um eine Auslegungsmethode geschriebenen Rechts handelt[19]. Ausgangspunkt der Ableitung muß auch hier immer eine ausdrückliche Kompetenznorm sein. (Anders verhält es sich aber mit den zweifelhaften „Beschlüssen der im Rat vereinigten Vertreter der Regierungen der Mitgliedstaaten“[20], die allerdings nicht mehr als gemeinschaftsrechtliche Organhandlungen[21] qualifiziert werden können. Diese Beschlüsse waren aber bisher nicht Gegenstand von Gerichtsverfahren.)

Hierher ist auch der Grundsatz zu rechnen, daß eine Behörde, „die zum Erlaß einer Regelung für ein bestimmtes Gebiet zuständig war, auch zur Änderung dieser Regelung zuständig ist“[22].

Diese Zuständigkeit aus dem Sinn der Kompetenz gewährt der EGH allerdings nicht schrankenlos. So erklärt er es für unzulässig[23], aus der Befugnis der Hohen Behörde zu Kontrollen der Transporttarife nach Art. 70 Abs. 1 EGKSV zur Aufdeckung eventueller Diskriminierungen

---

nisse „nach ihrem Sinn und Zweck“ auch das Recht zur Rückforderung von zu Unrecht geleisteten Ausgleichszahlungen einräumen, „denn ohne diese Möglichkeit könnte die durch die Entscheidungen Nr. 14/55 und 2/57 eingeführte Ausgleichsregelung nicht sachgemäß durchgeführt werden.

Ähnlich EGH Bd. VI, S. 708, 781.

[15] Letztlich: Gebot der Beachtung des Vertragszwecks, vgl. *R. Bernhardt*, Die Auslegung völkerrechtlicher Verträge, 1963, S. 93 (mit Nachweisen).

[16] Die zur Ausübung eines Rechts unumgänglich nötigen weiteren Befugnisse sind auch ohne ausdrückliche Erwähnung im Text mitverliehen; *R. Bernhardt*, a.a.O., S. 97.

[17] Zum Unterschied beider Institute vgl. *H. Lauterpacht*, Restrictive Interpretation and the principle of Effectiveness in the Interpretation of Treaties, British Yearbook of Int. Law Bd. 26 (1949), S. 49; zu den implied powers vgl. *G. Nicolaysen*, Zur Theorie von den implied powers in den Europäischen Gemeinschaften, EuR 1966, S. 127 ff.; *R. Bernhardt*, a.a.O., S. 97 ff. (98): Sie werden heute v. a. aus dem Staats- und Verwaltungsrecht der USA heraus entwickelt, sind aber jedenfalls auf internationale Organisationen und ihre Befugnisse anwendbar.

[18] Die h. M. lehnt — v. a. wegen der Art. 235 EWGV, 203 EAGV und 95 Abs. 1 EGKSV — die Übernahme der implied powers in die Gemeinschaften ab. Hinweise bei *G. Nicolaysen*, a.a.O., S. 130, FN 8.

[19] *G. Nicolaysen*, a.a.O., S. 131.

[20] So etwa die früheren Beschleunigungsentscheidungen v. 12. 5. 1960 (ABl. S. 1217) und 15. 5. 1962 (ABl. S. 1284); vgl. dazu *H. Wagner*, Grundbegriffe des Beschlußrechts der europäischen Gemeinschaften, 1965, S. 228 ff.; GA *Gand*, Bd. XVI, S. 65.

[21] Sondern eher als völkerrechtliche Zusatzvereinbarungen.

[22] So EGH Bd. X, S. 1054.

[23] Bd. VI, S. 710 f.

die Kompetenz zu einer *Präventiv*kontrolle und — damit verbunden — zur Verpflichtung zur Veröffentlichung der Frachttafeln abzuleiten.

e) Änderungen der den einzelnen Organen zustehenden Befugnisse sind nur auf dem Wege der Vertragsänderung zu erreichen[24]. Im Montanrecht ist für gewisse Fälle in Art. 95 Abs. 3 EGKSV eine erleichterte Anpassung der Befugnisse der Hohen Behörde an neuauftretende Erfordernisse zugelassen. Diese hat sich aber im Rahmen der im letzten Halbsatz des Art. 95 Abs. 3 angegebenen Grenzen zu halten und im Verfahren nach Abs. 4 zu erfolgen.

3. Zusammenfassung

a) Im Grundsatz befindet sich damit das Gemeinschaftsrecht in Übereinstimmung mit den Rechtsordnungen der Mitgliedstaaten.

Jeanneau[25] nennt unter Berufung auf den französischen Staatsrat das principe de la légalité das „principe des principes". Niederrangiges Recht muß dem höherrangigen gemäß sein[26], und stets bedarf die Verwaltung für ihre Eingriffe einer Befugnis[27]. Dem deutschen Recht sind diese Ausformungen des Legalitätsgrundsatzes unter dem Begriffspaar „Vorrang des Gesetzes" und „Vorbehalt des Gesetzes" geläufig[28].

[24] Art. 96 EGKSV, 236 EWGV, 204 EAGV.

[25] a.a.O., S. 134.

[26] *Duez-Debeyre,* Traité, Nr. 314 für VAe und Nr. 317 für VOen und Gesetze; *A. de Laubadère,* Traité, Nr. 373 ff. (besonders 377, S. 203); *M. Waline,* Droit adm., Nr. 218, für das Verhältnis VO-Gesetz; Nr. 220 für VOen verschiedenrangiger Verordnungsgeber untereinander; Nr. 757 ff. Für VAe im Verhältnis zu höherrangigem Recht; *R. Hoffmann,* Das Ermessen der Verwaltungsbehörden in Frankreich, 1967, S. 28.

[27] *Duez-Debeyre,* Traité, Nr. 570 (Ziffer 1); *A. de Laubadère,* Nr. 659: „les pouvoirs des agents publics sont rigoureusement attribués et réputis par la loi". *M. Waline:* Die Bindung an eine gesetzliche Grundlage ist Definitionsmerkmal des VA: Nr. 716; dazu Nr. 722; weitere Nachweise bei *R. Hoffmann,* a.a.O., S. 29 f. Hoffmann weist aber — S. 30 ff. — auch auf differenzierende Meinungen hin.

[28] *O. Bachof,* a.a.O., S. 104; *K. Stern,* JZ 1960, S. 523 FN 47 mit zahlreichen Nachweisen; *E. Forsthoff,* a.a.O., S. 162, 225 (seine Unterscheidung zwischen gesetzlosen und gesetzwidrigen Verwaltungsakten ist allerdings eine Scheinunterscheidung: Derjenige VA, für den es eine gesetzliche Grundlage gibt, ist gesetzmäßig, auch wenn er diese nicht nennt; gibt es überhaupt keine Grundlage für den „gesetzlosen" VA, so ist er gesetzwidrig); *H. J. Wolff,* Bd. I, S. 132, 135, der die Termini „negativer" und „positiver" Inhalt des Gesetzmäßigkeitsprinzips verwendet. An der Dogmatik vom „Vorbehalt des Gesetzes" übte neuerdings Kritik: *K. Vogel,* VVdStRL H. 24, S. 125 ff. (151, 155); *W. Schaumann,* Diskuss. VVdStRL H. 24, S. 215; *O. Bachof,* Diskuss. S. 225, 226 (Der allgemeine Gesetzesvorbehalt ist heute „in erster Linie unter dem Gesichtspunkt der Führungsaufgaben des Parlaments" zu sehen.) Mit Bachof ist heute eine neu beginnende Sicht des Grundsatzes des Gesetzesvorbehalts anzusetzen, die die historische Funktion des Legalitätsprinzips als bloße Abgrenzungsfunktion der Gewalten (W. *Mallmann,*

Der Grundsatz findet in Art. 20 Abs. 3 GG seine verfassungsmäßige Bestätigung.

b) Während für den Vorrang des Gesetzes das Gemeinschaftsrecht keine Modifizierung mit sich bringt, liegt beim Vorbehalt des Gesetzes eine Abweichung in seiner vorbehaltslosen Erstreckung auf die Leistungsverwaltung[29], die aber aus dem Charakter des Gemeinschaftsrechts gerechtfertigt ist: Jede Ausgleichszahlung an ein Unternehmen muß durch die gemeinsame Umlage von den anderen aufgebracht werden. Die Leistung zugunsten des einen bewirkt direkt — ohne Dazwischentreten eines Staatshaushaltes — eine anteilige Belastung der Gesamtheit. Die Gemeinschaft kann deshalb Leistungen nur gewähren, wenn ihr gleichzeitig das unmittelbare Recht zur Umlageerhebung zusteht. Ziel und Art ihres Eingreifens in den Wirtschaftsablauf sind ihr dabei jeweils genau vorgeschrieben.

Subventionen sind nach dem diesem System zugrunde liegenden Gedanken Eingriffe in die Freiheit des Handels, die sich daher in einem engumgrenzten Rahmen halten müssen[30].

Die Regelung des Gemeinschaftsrechts könnte ein zusätzliches Argument für diejenigen Stimmen bieten, die heute auch im deutschen Recht die Leistungsverwaltung ohne Einschränkung an das Gesetz binden wollen[31].

VVdStRL H. 19, S. 177) der modernen Verfassungslage anpaßt und aus dem Legalitätsprinzip erst wirklich einen beherrschenden Rechtsgrundsatz macht.

[29] Zusammenstellung der Argumente *gegen* eine solche Erstreckung bei *H. Peters*, in: Festschrift für Hans Huber, 1961, S. 206 ff. Auch in Frankreich ist diese Erstreckung keineswegs unproblematisch. Vgl. *R. Hoffmann*, S. 28 ff. (insbes. 31 f.) mit weiteren Nachweisen. Sie überschneidet sich mit dem Problem der rechtlichen Behandlung des „service public", den *Wigny* für das belg. Recht, a.a.O., S. 27, definiert als ein „entreprise créée et contrôlée par les gouvernants pour assurer, d'une manière permanente et régulière à défaut d'initiative privée suffisamment efficace, la satisfaction de besoins collectifs jugés essentiels". (Zum service public allgemein vgl. *G. Breidenstein*, Das Recht des service public in Frankreich, Diss. Würzburg 1969.)

[30] Art. 65 EGKSV; EGH Bd. VIII, S. 227 f. Ähnliche Überlegungen stellt auch das BVerwG an, wenn zwischen Begünstigung und Belastung ein untrennbarer Zusammenhang besteht (etwa: Preisausgleich für Ölmühlen): BVerwGE Bd. 6, S. 282; 7, S. 180; BVerwG in NJW 1961, S. 137; DVBl. 1963, S. 859 u. a. m. Die Meinungen der Untergerichte hierzu divergieren.

[31] *M. Imboden*, a.a.O., S. 41 f.; *D. Jesch*, a.a.O., S. 204 f., 226; *Maunz - Dürig*, RN 131 ff. zu Art. 20 GG (bei Subventionen wollen sie jedoch die Bereitstellung im Haushaltsplan genügen lassen; RN 137); *C. F. Menger*, Verw.A. Bd. 52, S. 196 f., mit Nachweisen; weitere Nachweise bei *W. Mallmann*, VVdStRL H. 19, S. 176 FN 42, 43; *H. H. Rupp*, DVBl. 1959, S. 81 ff. (84); *K. Stern*, JZ 1960, S. 524 f.; für Subventionen fordert auch *K. Vogel*, VVdStRL, H. 24, S. 155, eine gesetzliche Ermächtigung. *A. A.:* BVerwGE Bd. 6, S. 282 ff. (287; anders nur bei „janusköpfigen" VAen, S. 288); VGH Kassel DVBl. 1963, S. 443 ff. (445 f.) mit zahlreichen Nachweisen; *H. Peters*, in Festschrift für Hans Huber, 1961, S. 214, 220; *H. Schneider*, NJW 1962, S. 1273 ff. (1274 f.).

Eine weitere Abweichung vom nationalen Recht liegt in der Rechtsprechung des EGH zur Konkretisierung allgemeiner Befugnisse[32]. Im Unterschied zur Regelung etwa des Art. 80 Abs. 1 GG legt die Ermächtigungsnorm Inhalt, Zweck und Ausmaß der Ermächtigung nicht zwingend fest[33]. Auch diese Abweichung ist aber aus dem Charakter des Gemeinschaftsrechts zu erklären und wird von ihm gefordert. Die Verträge, die das eigentliche Gesetzeswerk des Gemeinschaftsrechts darstellen, konnten die umfangreiche Materie nicht selbst in so weitgehendem Maße konkretisieren. Ein „kontinuierlicher" Gesetzgeber fehlt. Wollte man die Lückenhaftigkeit der Verträge nicht zementieren, mußte man im Verhältnis Vertrag — Exekutive die Bindung etwas lockern. Insoweit ist den Exekutiven der Gemeinschaften eine dem Gesetzgeber ähnelnde Stellung eingeräumt. Bei einer Weiterübertragung von Kompetenzen von den Gemeinschaftsverwaltungen auf nachgeordnete Organe tritt dann auch wieder die übliche Voraussetzung der Bestimmtheit einer Ermächtigung ein[34].

II. Die Bindung an die Kompetenzverteilung der Verträge

1. Allgemeines

Die einer Behörde zustehende Befugnis, ihre Kompetenz, ist „en principe d'ordre public"[35]. Sie muß also von der Behörde selbst ausgeübt werden und darf nicht übertragen werden. Auch insoweit ist also die Verwaltung an das Gesetz gebunden. Dieser Grundsatz ist dem deutschen und dem französischen Verwaltungsrecht gemeinsam[36]. Eine Ausnahme ist nur gestattet, wenn Gesetz oder Verordnung die Delegation vorsehen. In der Befugnis der Hohen Behörde zur Schaffung einer finanziellen Einrichtung ist in Art. 53 Abs. 2 EGKSV eine derartige Erlaubnis zu sehen.

2. Die Voraussetzungen einer Übertragung von Kompetenzen

In diesem Falle beschäftigte sich der Gerichtshof eingehend mit den Modalitäten und Einschränkungen, denen eine derartige Kompetenz-

---

[32] Vgl. oben, S. 57 ff.

[33] *J. Martens*, EuR 1970, S. 221, weist darauf hin, die Verfassungswirklichkeit in den Mitgliedstaaten sei allerdings durch eine Gewichtsverlagerung zugunsten der Exekutive verlagert, was den praktischen Wert des Art. 80 GG auf vielen Gebieten einschränke. Zur Anforderung des BVerfG an die Ermächtigungsnorm vgl. zuletzt BVerfG in BayVBl 1970, S. 18.

[34] Vgl. dazu unten, S. 63 f.

[35] *M. Waline*, Droit Adm., Nr. 749.

[36] Vgl. *E. Forsthoff*, a.a.O., S. 395; *H. J. Wolff*, Bd. II, § 72 IV b 2; *Duez-Debeyre*, Traité, Nr. 191; *A. de Laubadère*, Traité, Nr. 663; *M. Waline*, a.a.O.

übertragung unterliegt. Der EGH entschied[37], daß die Hohe Behörde die ihr im Rahmen des Art. 53 EGKSV übertragenen Befugnisse weiterdelegieren kann, wenn die Hohe Behörde das „zur Durchführung der Aufgaben nach Art. 3 für erforderlich und mit den Vorschriften des Vertrages insbesondere mit Art. 65 für vereinbar hält“[38].

Für das EWG-Recht bedarf das angesichts der Vorschrift des Art. 155, letzter Satz, keiner ausdrücklichen Begründung. Der EGH stellte zu dieser Vorschrift fest, es sei nicht möglich, diese Ermächtigung zur Kompetenzübertragung auf Befugnisse *unterhalb* der Verordnungsebene zu beschränken. Auch das Normsetzungsrecht könne vielmehr grundsätzlich delegiert werden[39].

Die Übertragung darf aber keinen verändernden Einfluß auf die Befugnis selbst haben[40]. Die Übertragung ist unbedenklich, wenn es sich „um genau umgrenzte Ausführungsbefugnisse“ handelt, deren „Ausübung einer strengen Kontrolle im Hinblick auf die Beachtung der objektiven Tatbestandsmerkmale, die von der übertragenden Behörde festgesetzt werden“[41], unterliegt. Die Übertragung von Ermessensbefugnissen jedoch, die die Verwirklichung einer Wirtschaftspolitik ermöglichen, bringt eine „tatsächliche Verlagerung der Verantwortung mit sich“[42], beeinflußt also den Charakter der Befugnis. Sie würde die Zuständigkeitsvorschriften der Verträge wesentlich verletzen und die Garantie des Gleichgewichts der Gewalten, das die Gemeinschaften beherrscht, durchbrechen[43]. Daher dürfen „nur Ausführungsbefugnisse übertragen werden, die genau umgrenzt sind und deren Ausübung von der Hohen Behörde in vollem Umfang beaufsichtigt wird“[44].

In Anlehnung an Art. 155 EWGV, letzter Satz, hält der EGH auch im EWG-Recht daran fest, daß nur die Übertragung der Befugnis zum Erlaß von Ausführungsbestimmungen in Frage komme[45]. Auf der „genauen Umgrenzung“ beharrt er aber nicht mehr.

---

[37] Bd. IV, S. 43, 80.

[38] EGH a.a.O., Art. 53 lit. a EGKSV.

[39] EGH Bd. XVI, S. 691 und GA *Gand*, S. 710 f.

[40] St. Rspr.; zuletzt EGH Bd. XV, S. 263, und GA *Roemer*, S. 268.

[41] EGH Bd. IV, S. 43 ff., 81.

[42] EGH Bd. IV, S. 44, 81.

[43] EGH Bd. IV, S. 44, 82; EGH Bd. XIV, S. 512 f.: Der EGH erklärte es für unzulässig, die im Personalstatut vorgeschriebene Anhörung des Bediensteten vor Erlaß eines Dienstentfernungsbeschlusses durch „die Dienstbehörde“ (die Kommission) auf einen Beamten ihrer Organe (einen Direktor aus der Generaldir. Verwaltung) zu übertragen.

[44] EGH Bd. IV, S. 44, 81.

[45] EGH Bd. XVI, S. 691: „Da die Anhörung der Beteiligten durch die Kommission im Grundsatz vom Rat vorgeschrieben ist, stellen die Vorschriften über das hierbei einzuhaltende Verfahren, so wichtig sie auch sein mögen,

Die Executive kann eine Übertragung nicht vornehmen, um sich selbst gewissen Garantien und Einschränkungen zu entziehen[46], da sonst der délégué uneingeschränktere Befugnisse erlangen würde, als sie der Verwaltung selbst zustanden. Der EGH betont, daß „keine weiterreichenden Befugnisse übertragen werden können, als der übertragenden Behörde nach dem Vertrag selbst zustehen“[47]. Könnten die Brüsseler Organe[48] Entscheidungen erlassen, ohne die Bedingungen zu beachten, die die Executive selbst bei Erlaß dieser Entscheidungen hätte einhalten müssen, so würde dies bedeuten, daß auf sie „weiterreichende Befugnisse übertragen worden sind, als sie der Hohen Behörde selbst nach dem Vertrag zustehen“[49].

III. Legalitätsgrundsatz und das Ermessen der Verwaltung

1. Ermessensbefugnis im Gemeinschaftsrecht

Das Ermessen wird nach Auffassung der Autoren französischer Lehrbücher als „contrepoid“ zur Legalität, als eine gewisse Ausnahme von ihr, gesehen[50], in der die Verwaltung — eingegrenzt vom Willkürverbot — freien Spielraum hat. So versteht auch die bislang herrschende

Durchführungsmaßnahmen im Sinne des Art. 155 dar. Der Rat konnte daher dem zur Durchführung dieses Verfahrens zuständigen Organ die Aufgabe übertragen, die Einzelheiten des Verfahrens zu regeln.“

[46] In dem vom EGH in den Rechtssachen 9/56 und 10/56 entschiedenen Sachverhalt (Bd. IV, S. 9 ff., 51 ff.) hatte die Hohe Behörde die Verwaltung der Schrottausgleichsregelung (u. a. die Festsetzung der Beitragssätze und Abrechnungsperioden) mit den Entscheidungen Nr. 22/54 v. 26. 3. 1954 und Nr. 14/55 v. 26. 3. 1955 Gesellschaften des Privatrechts (sociétés coopératives des belg. Rechts) übertragen, die nun die Beitragsbescheide erließen. Hätte die Hohe Behörde selbst diese Entscheidungen erlassen, hätte sie dem Begründungszwang (Art. 15 EGKSV) unterlegen, ferner einen Tätigkeitsbericht (Art. 17 EGKSV) und gewisse Angaben (Art. 47 EGKSV) veröffentlichen müssen. Die Entscheidung Nr. 14/55 machte die Ausübung der Befugnisse durch die beliehenen Unternehmer nicht von ähnlichen Bedingungen abhängig.

[47] Bd. IV, S. 40; 79; Bd. XV, S. 263.

[48] Die genannten Gesellschaften des belg. Rechts.

[49] Ähnlich verlangt GA *Roemer* — Bd. IV, S. 115 —, daß bei einer Delegation mindestens die im Vertrag festgelegten Rechtsschutzgarantien erhalten bleiben, wozu er die Vorschriften über die Bekanntgabe, die Begründung und die Anfechtbarkeit der Entscheidungen vor dem EGH rechnet.

[50] *A. de Laubadère*, Traité, Nr. 397 ff., behandelt das Ermessen unter der Kapitelüberschrift „Contrepoits du principe de la légalité; *Duez-Debeyre*, Traité, Nr. 321 (S. 210: „le pouvoir discrétionnaire est donc une notion contraire de la légalité“), sie machen aber a.a.O. schon gewisse Einschränkungen; *M. Waline*, Droit Adm., Nr. 740; *R. Hoffmann*, a.a.O., S. 11; *E. W. Fuß*, a.a.O., S. 64 ff., sieht im Ermessen eine „Lockerung der Rechtsgebundenheit“.

Meinung in Deutschland das Ermessen[51]. Die französischen Lehrbücher umschreiben den Freiheitsraum der Verwaltung übereinstimmend mit „pouvoir discrétionnaire"[52]. Im deutschen Recht[53] wird die Umgrenzung dieses Raumes durch die Einführung des Begriffs „Beurteilungsspielraum" bei der Anwendung unbestimmter Rechtsbegriffe — im Unterschied zur Ermessensbefugnis soll hier nur *eine* Entscheidung die rechtlich richtige sein — erschwert.

Innerhalb ihres Freiheitsraumes wird der Verwaltung die Möglichkeit zugestanden, verschiedene Entscheidungen zu erlassen, die gleich rechtmäßig sind. Nicht nur die gerichtliche Nachprüfung ist in diesem Bereich ausgeschlossen, sondern die Bindung der Verwaltung an das Gesetz findet hier ihr notwendiges Ende[54] zugunsten einer Art „Hausgewalt" für die Verwaltung.

Im Gemeinschaftsrecht spricht der EGH des öfteren von einer Ermessensbefugnis der Executive. Stößt aber die Terminologie schon im nationalen Recht auf Schwierigkeiten bei der sprachlichen (und sachlichen) Erfassung des Freiheitsraumes der Verwaltung, so erfährt der Begriffswirrwarr im Gemeinschaftsrecht noch eine Steigerung. Eine wahrhaft babylonische Sprachenverwirrung macht die exakte Erfassung von Begriffen kaum möglich: So finden sich für das französische „pouvoir bzw. domaine d'appréciation" unterschiedslos die deutschen Übertragungen „Ermessensbefugnis"[55], „Beurteilungsspielraum"[56] und „Beurteilungsermessen"[57]. Neben der zutreffenden Übertragung der verschiedenen mit dem Adjektiv „discrétionnaire" gebildeten Begriffe findet sich schließlich die Übersetzung auch des generellen Begriffes „pouvoir" als „Ermessen"[58].

Eine durchgehende Übertragung der „pouvoir d'appréciation" mit „Beurteilungsspielraum" erweist sich als unmöglich. Es ergäbe sich danach nämlich das ungereimte Ergebnis, daß die Behörde bei der Beurteilung der Befähigung eines Beamten zu bestimmten Aufgaben

---

[51] Vgl. z. B. *E. Forsthoff*, a.a.O., S. 74; *H. J. Wolff*, Bd. I, § 31 II a.

[52] Vgl. den Überblick bei *R. Hoffmann*, a.a.O., S. 17 f., sowie die Hinweise auf S. 58 f.

[53] Vgl. *H. J. Wolff*, Bd. I, § 31 I c; weitere Hinweise bei *E. Forsthoff*, a.a.O., S. 79 FN 4. Forsthoff lehnt einen von der Ermessensbefugnis zu unterscheidenden Beurteilungsspielraum ab.

[54] Damit dürfte diese Auffassung jedenfalls mit einer Staatsauffassung unvereinbar sein, die von der allein beherrschenden Stellung der Legislative ausgeht. Die Ermessenslehre steht in engem Zusammenhang mit den Grundprinzipien des Staatsrechts.

[55] EGH Bd. IX, S. 154; Bd. X, S. 292, 672, 1135; Bd. XII, S. 345.

[56] EGH Bd. XI—5, S. 7; Bd. XI, S. 485, 861 (LS 2); GA *Gand*, Bd. XI, S. 174.

[57] EGH Bd. XI, S. 802, 878; GA *Roemer*, Bd. XV, S. 106.

[58] EGH Bd. XII, S. 236: Die Kommission habe bei Erlaß ihrer Richtlinien ihr Ermessen mißbraucht. Die frz. Fassung, Bd. XII, S. 244, spricht schlicht von „abusé de ses pouvoirs".

uneingeschränkte Ermessensbefugnis[59], bei der Beförderung von Beamten[60] und sogar bei der organisatorischen Gliederung ihres Verwaltungsaufbaues[61] lediglich einen Beurteilungsspielraum hätte.

Aus der Sicht der bislang herrschenden deutschen Ermessenslehre ist daher die bisherige Begriffsbildung im Gemeinschaftsrecht völlig ungenügend. Es genügt für den hier verfolgten Zweck jedoch, festzuhalten, daß der EGH den Gemeinschaftsorganen unter den Begriffen „pouvoir discrétionnaire" und „pouvoir d'appréciation" und ähnlichen Umschreibungen ausdrücklich Befugnisse zuerkennt, die mit dem deutschen Freiheitsraum des Ermessens übereinstimmen[62].

2. Die Grenzen der Ermessensbefugnis

Diese „Hausgewalt" der Verwaltung wird ihr von der „Befugnisnorm" verliehen und durch sie begrenzt. Neben dieser objektiven Grenze des Ermessens durch das Gesetz liegt eine weitere — subjektive — Bindung vor: Die Verwaltung darf die ihr verliehene Befugnis nur zu dem Zweck gebrauchen, zu dem sie ihr vom Gesetzgeber zugebilligt wurde. Generalanwalt Lagrange sieht in dieser Bindung an den Gesetzeszweck das für das gesamte Verwaltungsrecht grundlegende „principe de la finalité"[63]; auch Jeanneau[64] spricht von einem „principe général".

---

[59] EGH Bd. II, S. 402; frz. Fassung S. 387: apprécier de facon discrétionnaire".

[60] EGH frz. Fassung, Bd. X, S. 267 („large pouvoir d'appréciation"), 610, 612; 1135.

[61] EGH frz. Fassung, Bd. XI—5, S. 7; Bd. XI, S. 462.

[62] Vgl. z. B.: Die Befugnis der Hohen Behörde zur Festsetzung der Verkaufspreise: Bd. II, S. 319; bei Abwägung der verschiedenen Ziele des Art 3 EGKSV: Bd. IV, 43; 81; bezüglich der — nicht festgelegten — Frist zum Einschreiten gegen alte Kartelle nach § 12 ÜA: Bd. V, S. 71; bei der Entscheidung über den erfolgreichen Verlauf der Probezeit: Bd. II, S. 402; bei der Beförderung von Bediensteten: Bd. X, S. 292; 671; 1135; bei der Überleitung von Bediensteten ins Beamtenverhältnis: Bd. XI, S. 802; 878; bei der Versetzung im dienstlichen Interesse und bei der Organisationsgewalt, Bd. XII, S. 176; im Verlaufe eines Auswahlverfahrens, Bd. XII, S. 857 f.; bei der Festsetzung eines Referenzpreises für landwirtschaftliche Produkte, Bd. XIV, S. 143; bei der Wahl des Zeitpunktes einer Klage nach Art 169 EWGV, Bd. XIV, S. 642.

[63] Frz. Fassung, Bd. I, S. 151 (die deutsche Übersetzung, Bd. I, S. 160, mit „Prinzip des Endzwecks" ist unbefriedigend); vgl. auch P. *Wigny*, Droit Adm., S. 85, 86.

[64] a.a.O., S. 195: ... il nous parait difficile de ne pas voir un principe général dans la règle qui interdit aux autorités administratives d'user de leurs pouvoirs à d'autres fins que celles en vue desquelles ils leur ont été conférés."

3. Sanktion eines Ermessensmißbrauches[65]

Seine Sanktion erfährt dieses Prinzip in der Möglichkeit, den zweckwidrigen Gebrauch der Befugnis als Ermessensmißbrauch (détournement de pouvoir) vor Gericht geltend zu machen[66].

a) détournement de pouvoir und compétence liée

Dabei erhebt sich sogleich die Frage, ob der Vorwurf des détournement de pouvoir lediglich gegenüber zweckwidriger Ermessensausübung (pouvoir discrétionnaire) oder vielmehr bei der Ausübung jeglicher Befugnis (pouvoir) gegeben ist, die vom gesetzlichen Zweck abweicht (also auch bei der sogenannten „compétence liée"). Der französische Staatsrat nimmt dazu nicht ausdrücklich Stellung[67]. Unter Berufung auf Aucoc, der als einer der ersten dem détournement de pouvoir im französischen Recht Anerkennung verschaffte[68], und Laferrière kommt v. Laun zu dem Ergebnis, man müsse — wenigstens im allgemeinen — das détournement de pouvoir mit dem pouvoir discrétionnaire in Zusammenhang bringen[69]. Demgegenüber weist Leibholz darauf hin, daß von détournement de pouvoir auch in Fällen gesprochen wurde, in denen der Behörde keine Ermessensbefugnis zustand[70]. Entsprechend dem von Leibholz zitierten Fall Matussière hält auch Generalanwalt Roemer ein détournement de pouvoir bei jeglicher pouvoir für möglich: „Unterläßt es die Hohe Behörde, eine Befugnis auszuüben, obwohl ihr die Ausübung vom Vertrag zwingend vorgeschrieben ist, so können dieser Unterlassung durchaus sachfremde Motive zugrunde liegen[71]."

[65] Vgl. hierzu auch *F. Clever*, Ermessensmißbrauch und détournement de pouvoir nach dem Recht der Europäischen Gemeinschaften im Licht der Rechtsprechung ihres Gerichtshofs, 1967.

[66] Die Ermessens*überschreitung* bleibt hier außer Betracht, da sie nach der Systematik des französischen wie des Gemeinschaftsrechts der violation de la loi bzw. der incompétence zuzurechnen ist.

[67] *R. v. Laun*, Bemerkungen zum freien Ermessen, in: Festschrift für *Herbert Kraus*, 1954, S. 128 ff., S. 133 mit Nachweisen.

[68] *R. v. Laun*, a.a.O., S. 132.

[69] a.a.O., S. 134; so auch GA *Lagrange*, Bd. II, S. 256 f.; *B. Börner*, a.a.O., S. 163: Ist die Behörde bei Vorliegen eines bestimmten Sachverhaltes zu einer bestimmten Entscheidung verpflichtet, „so kann sie dabei denken, was sie will; der Verwaltungsakt wird dadurch nicht fehlerhaft". Unklar: GA *Gand*, Bd. XI, S. 175.

[70] a.a.O., S. 90, unter Berufung auf den Fall Matussière im frz. Recht. Die Verwaltung verweigerte die Grenzfestsetzung zwischen einem Baugrundstück und einem öffentlichen Weg, obgleich sie dazu verpflichtet war. Auf diese Weise wollte sie die geplante Enteignung der Grundstücke in finanziell vorteilhafte Weise vorbereiten. Auf S. 91 gesteht Leibholz lediglich zu, daß bei Ermessensbefugnissen ein Mißbrauch in der Praxis häufiger und wahrscheinlicher ist.

[71] Bd. II, S. 115; ähnlich auch *O. Riese*, DRiZ 1958, S. 270 ff. (273): Ermessensmißbrauch auch dann, wenn die Behörde Überlegungen nicht ange-

b) *Die Stellung des EGH zu diesem Problem*

Der EGH verlangt zum Nachweis für das Vorliegen eines Ermessensmißbrauchs „zunächst das Bestehen einer Machtbefugnis und anschließend den Gebrauch dieser Machtbefugnis zu einem anderen Zweck als zu dem, für den sie verliehen wurde“[72]. Damit greift er auf die im französischen Verwaltungsrecht übliche Formel zurück[73]. Von einem pouvoir *discrétionnaire* spricht der EGH hier nicht. In einem späteren Urteil läßt er die Frage ausdrücklich offen, „ob ein Ermessensmißbrauch auch im Rahmen einer gebundenen Kompetenz denkbar ist“[74]. Ein Überblick über die wichtigsten Urteile, in denen der EGH sich mit dem Vorwurf des détournement de pouvoir befaßt hat, ergibt folgendes Bild:

aa) Typische Fälle, in denen ein Organ der Gemeinschaft eine Befugnis gebrauchte, jedoch angeblich zu einem anderen Zweck als sie ihr verliehen war:

Der Vorwurf, die Hohe Behörde habe die Verkaufspreise belgischer Kohle mit der Begründung herabgesetzt, das sei zur Überführung der belgischen Erzeuger in den gemeinsamen Markt erforderlich; in Wirklichkeit habe sie aber die rechtmäßigen Interessen der belgischen Erzeuger der nationalen Handelspolitik der belgischen Regierung geopfert[75];

der Vorwurf, die Hohe Behörde habe die Genehmigungsbefugnis des Art. 65 EGKSV unzulässigerweise zur Mittelstandsförderung benutzt[76];

der Vorwurf, die Klägerin sei aus ihrer Stelle entfernt worden, weil der Revisor ihre Stelle einem Freund verschaffen wollte, nicht aber aus dienstlichen Gründen[77];

---

stellt hat, die sie nach Lage des Falles hätte anstellen müssen; diese Möglichkeit erwägt *B. Börner*, a.a.O., S. 163, nicht.

[72] Bd. IV, S. 200; frz. IV, S. 193 ... „il faut établir d'abord l'existence d'un pouvoir et ensuite l'usage de ce pouvoir dans un but autre que celui en vue duquel il a été conféré“. Diese oder ähnliche Formulierungen finden sich weiter bei: GA *Lagrange*, Bd. I, S. 160; EGH Bd. I, S. 239; GA *Lagrange*, Bd. II, S. 256; EGH Bd. IV, S. 250, 262, 298, 310, 401, 413, 439, 451, 477, 489, 517, 529; Bd. VI, S. 183.

[73] Nachweise bei GA *Lagrange*, Bd. I, S. 158 f.; *R. v. Laun*, a.a.O., S. 132; *G. Leibholz*, a.a.O., S. 91 (FN 1). — Damit ist aber noch nicht eine völlige inhaltliche Übereinstimmung gegeben. Im folgenden ergeben sich eine ganze Reihe von Besonderheiten; vgl. dazu auch bei *F. Clever*, a.a.O., insbes. S. 110 ff. und *O. Riese*, DRiZ 1958, S. 270 ff.

[74] EGH Bd. VII, S. 616 (Damit wird die eingebürgerte Übersetzung des détournement de pouvoir mit „Ermessensmißbrauch“ fragwürdig); die Auslegung *Clevers*, a.a.O., S. 139, der EGH halte an dieser Stelle „Ermessensmißbrauch“ bei gebundener Verwaltung zwar begrifflich für möglich, er lasse es nur offen, ob dieser auch relevant werden kann, überzeugt nicht.

[75] Bd. II, S. 319; der Vorwurf wurde nicht erwiesen.

[76] Bd. VI, S. 930; S. 931: nicht erwiesen.

[77] Bd. II, S. 404 f.; nicht erwiesen.

der Vorwurf, eine Disziplinarmaßnahme verschleiert in Form einer Entlassungsverfügung[78] bzw. durch die Nichtverlängerung eines Anstellungsvertrages[79], verhängt zu haben (oder auch durch Nichtberücksichtigung bei einer Stellenneuorganisation)[80];

der Vorwurf, die Beklagte habe die Ernennung eines Bewerbers schon *vor* der Eröffnung des förmlichen Stellenbesetzungsverfahrens beschlossen[81].

bb) Die Befugnis der Gemeinschaftsorgane ist u. a. durch das Gebot der Gleichbehandlung[82] begrenzt. Verstößt das handelnde Organ gegen dieses Gebot, so liegt Ermessensmißbrauch vor[83, 84]. Der EGH konnte bisher den dahin gehenden Vorwurf mit der Feststellung ausräumen, es sei nicht erwiesen, „daß die Hohe Behörde ihre Zustimmung nicht an objektive und in tatsächlicher Hinsicht gerechtfertigte Kriterien geknüpft habe"[83].

cc) Weiterhin erklärt der EGH, die nach Art. 53 lit. b EGKSV der Hohen Behörde eingeräumten Befugnisse würden „dann ihrem gesetzlichen Zweck entfremdet, wenn die Hohe Behörde sie ausschließlich oder zumindest vorwiegend dazu verwandt hätte, um ein spezielles Verfahren zu umgehen, das der Vertrag für diese Sachlage vorsieht, die von der Hohen Behörde zu bewältigen ist"[85], so z. B. wenn die Hohe Behörde — was in den vorliegenden Entscheidungen infolge fehlenden Nachweises abgelehnt wurde — ihre Befugnisse nach Art. 53 lit. b deswegen ausübte, um die Verfahrensvorschriften nach Art. 54 EGKSV zu umgehen[86] oder, um in einer Lage, die ein Eingreifen nach Art. 59

[78] Bd. VI, S. 1136; 1138; XV, S. 68: nicht erwiesen.

[79] Bd. X, S. 272 (GA *Lagrange*); er bezeichnet diesen Fall als ein klassisches Beispiel für einen détournement de pouvoir.

[80] Bd. II, S. 460.

[81] Bd. XV, S. 98; nicht erwiesen (In Bd. XII, S. 857 f., hat der EGH das Ermessen der Verwaltung im Auswahlverfahren dahin begrenzt, sie dürfe nicht in ihrer Handhabung das Verfahren selbst „aushöhlen", vgl. dazu auch EGH Bd. XIV, S. 203).

[82] Vgl. im einzelnen unten S. 105 ff.

[83] EGH Bd. II, S. 325, 373; XI — 1, S. 10, wo die Beklagte mit der Schätzung von Amts wegen willkürlich einen höheren Schrottverbrauch als den angegebenen festsetzte, womit der EGH den Ermessensmißbrauch als bewiesen ansah.

[84] Allerdings genügt es zur Annahme eines Ermessensmißbrauchs der verordnungsgebenden Gewalt noch nicht, wenn ein Artikel einer von ihm erlassenen VO lediglich in diskriminierender Weise angewandt werden *könnte*; EGH Bd. XI, S. 616.

[85] EGH IV, S. 255, 302, 405, 443, 481, 521; Verfahrensmißbrauch, der dem Ermessensmißbrauch gleichzustellen ist. Den Vorwurf, die Kommission habe sich des Art. 226 EWGV bedient, um das Verfahren nach Art. 235 EWGV zu vermeiden, wies der EGH zurück (Bd. X, S. 29) (vgl. GA *Roemer*, Bd. XI, S. 624); zum détournement de procédure im frz. Recht vgl. *A. de Laubadère*, Traité, Nr. 690; GA *Lagrange*, Bd. II, S. 259.

[86] EGH Bd. IV, S. 267, 313, 416, 454, 492, 531 f.

erforderlich machte, die Schutzvorschriften dieser Bestimmung außer acht zu lassen[87]. Der EGH weist aber auch darauf hin, der Ermessensmißbrauch scheitere in diesem Falle neben dem mangelnden Nachweis daran, daß die von der Hohen Behörde eingeführte Regelung der Sache nach gar keine Verteilung sei. „Die mit den angefochtenen Bestimmungen geschaffene finanzielle Einrichtung stellt sich weder ihrer Form noch ihren Auswirkungen nach als das in Art. 59 und in der Anlage II geregelte Verteilungsverfahren dar[88]."

„Die Regelung des Ergänzungssatzes und die Verweigerung eines Referenzverbrauchs ... haben nicht eine derart zwingende Wirkung, daß sie praktisch einer Verteilung gleichkämen[89]." Die Auswirkungen beider Verfahren müssen aber vergleichbar sein. Beim Verfahrensmißbrauch wird ein einziges Ziel statt mit dem ordnungsmäßigen mit einem anderen, formal unzutreffenden Verfahren zu erreichen versucht.

c) Zusammenfassung der Rechtsprechung

Der Überblick über die Rechtsprechung des EGH zeigt, daß zum mindesten in den Fällen des „Verfahrensmißbrauchs" nicht von einer wirklichen Ermessensbefugnis der Behörde gesprochen werden kann. Der EGH findet sich zwar in Übereinstimmung mit der bereits zitierten Ansicht von de Laubadère, der ausdrücklich von einem „détournement de pouvoir" spricht, verläßt damit aber den wirklich freien Raum der Verwaltung, die eben nur einem der beiden Verfahren hätte folgen dürfen.

d) Die Prüfung subjektiver Elemente beim Vorwurf des détournement de pouvoir

Die gerichtliche Nachprüfung des détournement de pouvoir hat sich „im wesentlichen auf das verfolgte Ziel, auf die Zweckbestimmung der angefochtenen Maßnahme"[90] zu erstrecken. Der Nachweis eines Irrtums der Behörde genügt nicht. Der EGH schränkt das allerdings dahingehend ein, daß ein „schwerwiegender Mangel an Voraussicht oder Umsicht" der Verkennung des gesetzlichen Zweckes gleichkommt[91]. Generalanwalt Lagrange[92] sieht darin keine Einschränkung der klassischen Definition, sondern lediglich die Umschreibung eines Beweiserfordernisses. Der Nachweis von Tatsachenirrtümern allein reiche zum Beweis eines Ermessensmißbrauchs nicht aus; anders, wenn diese

---

[87] EGH Bd. IV, 265 f., 312, 415 f., 453, 491, 530 f.
[88] EGH Bd. IV, S. 264, 310, 414, 451, 489, 529.
[89] Bd. IV, S. 264, 311, 414, 452, 490, 530.
[90] EGH Bd. IV, S. 253.
[91] Bd. II, S. 317 f.; Bd. IV, S. 258, 306, 410, 447, 485, 525; Bd. XI, S. 616.
[92] Bd. IV, S. 373 f.

Irrtümer „unentschuldbar“ sind, solcherart, daß sie, wäre wirklich das gesetzliche Ziel verfolgt worden, vernünftigerweise nicht erklärt werden könnten, ohne — was bei einer Behörde nicht ohne weiteres vermutet wird — einen „schwerwiegenden Mangel an Voraussicht oder Umsicht“ erkennen zu lassen. In diesem Falle weisen sie darauf hin, „daß die Behörde tatsächlich ein anderes als das gesetzliche Ziel verfolgt hat, da ihr Verhalten sonst unverständlich wäre“[93].

Verfolgt das Gemeinschaftsorgan *mehrere* Ziele mit einer Entscheidung, so wäre die Entscheidung, „selbst wenn sich ein unrechtmäßiger Beweggrund zu denjenigen Beweggründen hinzugesellt haben sollte, die das Vorgehen der Hohen Behörde rechtfertigen, deswegen nicht schon mit einem Ermessensmißbrauch behaftet, solange durch sie das wesentliche Ziel des § 26 ÜA nicht beeinträchtigt wird“[94]. Das *vorherrschende* Motiv muß also unrechtmäßig sein, wenn die Entscheidung mit dem Fehler des Ermessensmißbrauchs behaftet sein soll[95]. Dieses „subjektive Prüfungsschema“ durchbricht der EGH allerdings in zwei Urteilen, in denen der Vorwurf des Ermessensmißbrauchs auf die Behauptung einer Diskriminierung gestützt wurde. Der EGH prüfte lediglich die objektive und tatsächliche Rechtfertigung des verwendeten Kriteriums[96]. In späteren Urteilen kehrt der Gerichtshof zur subjektiven Prüfung zurück[97], ohne aber jeden Zweifel endgültig ausräumen zu können[98].

e) Unterschiedliche Nachprüfungsbefugnis je nach Klagart

Im Umfang seiner Nachprüfung unterscheidet der EGH, ob er in einem recours pour excès de pouvoir (Anfechtungsklage) oder in einem recours de pleine juridiction tätig wird. Die korrekte Erfassung dieses Unterschiedes ist noch nicht gelungen. Während im deutschen Schrifttum, der Übersetzung der Art. 36 Abs. 2, 66 § 5 Abs. 2, 88 Abs. 2 EGKSV und der anderer Artikel folgend, der recours de pleine juridiction meist mit „Verfahren mit unbeschränkter Ermessensnachprüfung“ übertragen wird, finden sich neben dieser Übersetzung[99] in der deutschen Fassung der amtlichen Entscheidungssammlung des EGH auch

[93] GA *Lagrange*, Bd. IV, S. 374.

[94] EGH Bd. II, S. 314.

[95] St. Rspr. EGH Bd. I, S. 34, 111; Bd. II, S. 314, 317; Bd. IV, S. 155, 202, 266, 313, 416, 454, 492, 532; Bd. VI, S. 1136.

[96] Bd. II, S. 325, 375.

[97] Auf der Grundlage der behaupteten Diskriminierung „trägt die Klägerin ... Erwägungen vor, aus denen sich ihrer Ansicht nach der behauptete Ermessensmißbrauch ergibt“. EGH Bd. IV, S. 151.

[98] Weitere Beweise für die von *F. Clever*, a.a.O., S. 132 ff., konstatierten „Objektivierungstendenzen“ sind allerdings nicht sichtbar geworden.

[99] So auch z. B. EGH Bd. X, S. 864; Bd. XI, S. 259.

die Termini „Verfahren mit uneingeschränkter Entscheidungsbefugnis“[100] und „Verfahren mit unbeschränkter Rechtsprechung“[101]. Die beiden letztgenannten Bezeichnungen machen deutlich, daß der Unterschied beider Verfahrensarten in der Tat weniger in der Ermessensnachprüfung als in der Rechtsfolgeanordnung liegt. Ist der EGH bei der Anfechtungsklage lediglich Kassationsgericht, ohne das Recht, die Verwaltung direkt zu verurteilen, so steht ihm dieses Recht im recours de pleine juridiction zu[102]. Der zweite Unterschied liegt darin, daß das Verfahren mit unbeschränkter Rechtsprechung dem Gericht überall dort zur Verfügung steht, wo subjektive Rechte des Verwaltungsunterworfenen auf dem Spiel stehen[103].

4. Zusammenfassende Bemerkung zum Standort des Ermessens

Die Unterscheidung zwischen beiden Verfahrensarten ist formell nicht immer eindeutig[104]. Soweit Vertragsartikel die besondere Verfahrensart bestimmen, bestehen keine Schwierigkeiten[105]. Der EGH entscheidet darüber hinaus aber auch in anderen Fällen im Verfahren mit unbeschränkter Rechtsprechung, so vor allem in Amtshaftungsprozessen und in Streitigkeiten nach Art. 91 Abs. 1 Satz 1 des Beamtenstatus. Diese Praxis blieb nicht unwidersprochen[106].

Die Unterscheidung zwischen diesen Verfahrensarten zeigt jedoch, daß die zugrunde liegende ratio nicht der Respekt vor einer Hausgewalt der Verwaltung als vielmehr das Rechtsschutzbedürfnis des Verwaltungsunterworfenen bildet[107]. Die dogmatische Konzeption eines „Ermessensraumes“ steht demgegenüber im Hintergrund. Von hierher erklärt sich auch das Übergreifen des EGH in den Bereich der violation de la loi, wenn er den Verfahrensmißbrauch und die objektive Gleichheitsverletzung als „Ermessensmißbrauch“ ansieht. Im Gemeinschaftsrecht haben Einzelunternehmen gegen allgemeine Entscheidungen lediglich den Klagegrund des Ermessensmißbrauchs zur Seite. Wird er

---

[100] EGH Bd. X, S. 984.

[101] EGH Bd. VII, S. 17; Bd. IX, S. 709 (LS 3), 738; Bd. X, S. 203, 204, 740 (LS 5); Bd. XII, S. 47.

[102] Für das frz. Recht: *M. Waline*, Droit Adm., Nr. 335; *A. de Laubadère*, Traité, Nr. 597, Ziff. 2; richtig auch: *R. Hoffmann*, a.a.O., S. 146.

[103] So ausdrücklich GA *Lagrange*, Bd. VII, S. 326 (frz. Fassung S. 302 f.); für das frz. Recht: *A. de Laubadère*, Traité, Nr. 597, S. 333.

[104] Vgl. für das frz. Recht: *M. Waline*, Droit Adm., Nr. 335, S. 204.

[105] So Artikel 37 EGKSV; Art. 172 EWGV; Art. 144 EAGV u. a.

[106] Vgl. dazu die Meinungsverschiedenheit zwischen Klägerin (S. 1366) und Beklagten (S. 1365) in einem Rechtsstreit nach Art. 91 des Beamtenstatuts (RS 21/65; XI. Band). Der EGH blieb aber dabei: vgl. Bd. XV, S. 511.

[107] So auch *Reinicke*, in „10 Jahre Rechtsprechung des Gerichtshofs“, S. 421; *E. Steindorff*, 1952, S. 72 f., für die Rechtsprechung des frz. Staatsrats.

zurückgewiesen, entfällt die Klagemöglichkeit überhaupt. Das Ermessen wird also kaum als strikte Ausnahme vom Legalitätsgrundsatz verstanden werden können. Lediglich Praktikabilitätserwägungen werden so die Legalität in gewissem Umfang durch die Opportunität ersetzen. Dabei ist unschwer einzusehen, daß diese Praktikabilitätsgesichtspunkte im selben Maße zurücktreten müssen, wie sich das Rechtsschutzbedürfnis des Klägers erhöht.

IV. Der Grundsatz der Rücknehmbarkeit rechtswidriger begünstigender Verwaltungsakte[108]

Die Lehre von der Rücknehmbarkeit[109] rechtswidriger Verwaltungsakte sucht zwei Rechtsprinzipien miteinander zu versöhnen, die eher antagonistisch angelegt sind: den Grundsatz der Legalität allen Staatshandelns und die Garantie der Rechtssicherheit für den Bürger. Der Staat soll „Recht und Gesetz" in seiner Anwendung verwirklichen, also *richtige* Entscheidungen treffen. Der Bürger will Schutz vor ständiger „Anpassung" ans Recht, Verlaß auf die *Endgültigkeit* der Entscheidung, die er — ficht er sie nicht an — seinen Dispositionen zugrundelegt.

Welchem Prinzip bei der Regelung des Konflikts der Vorrang einzuräumen ist — und damit hier die Frage der systhematischen Zuordnung —, kann nicht allgemein entschieden werden. Von der Auffassung, die Verwaltung sei in Anbetracht ihrer Legalitätsverpflichtung zur Rücknahme auch unter Beeinträchtigung der Rechtssicherheit gezwungen[110], bis hin zur Gegenposition, derzufolge der Grundsatz der Legalität für die Problematik der Rücknehmbarkeit überhaupt nichts hergebe, da er der Verwaltung zwar ein gesetzwidriges Handeln verwehre, für den Fall einer dennoch erfolgten Rechtswidrigkeit aber nichts besage[111] — auf dieser ganzen Bandbreite möglicher Ansatz-

---

[108] *U. Goßmann*, Der Widerruf begünstigender Verwaltungsakte, im Recht der Europ. Gemeinschaften, Diss. Köln, 1964; *W. Wiesner*, Der Widerruf individueller Entscheidungen der Hohen Behörde der EGKS, Hamburg 1966 (bespr. von *Haueisen*, EuR 1967, S. 278 f.).

[109] Die Terminologie lehnt sich in Abweichung von der Sprache des EGH an die — auf *Haueisen* und *E. Forsthoff*, a.a.O., S. 238 f., zurückgehende — heute im deutschen Verwaltungsrecht übliche an, die bei rechtswidrigen Verwaltungsakten stets von „Rücknahme" spricht. So auch § 37 des EVerwVerfG 1963. Sowohl *Goßmann* (a.a.O., S. 10, 14 f.) als auch *Wiesner* (a.a.O., S. 17) weichen davon ab und sprechen stets von Widerruf. — Zu den verschiedenen Begriffen im frz. Verwaltungsrecht vgl. *A. de Laubadère*, Traité, Nr. 336; *E. Waline*, Droit Adm., Nr. 942.

[110] So für das deutsche Recht *E. Forsthoff*, a.a.O., S. 239.

[111] *O. Bachof*, a.a.O., S. 261.

punkte[112] wird niemandem der Vorwurf fehlender Logik gemacht werden können.

Wenn hier die Einordnung unter den Legalitätsgrundsatz erfolgt, so deshalb, weil dies herkömmlich so geschieht und weil auch der EGH selbst — dessen Sicht zu ergründen ist — dazu zu neigen scheint, die Legalität als Ausgangspunkt zu wählen: „Rechtswidrige Entscheidungen kann die Hohe Behörde, selbst rückwirkend, zurücknehmen. Dies gilt allerdings nur mit der Einschränkung, daß in bestimmten Ausnahmefällen der Rechtssicherheit Rechnung getragen werden muß[113]." Ausgangspunkt und Grundlage der Rücknehmbarkeit bildet demnach der Grundsatz der Legalität (wobei die vom EGH gewählte Formulierung gleichfalls eher von einem *Recht* als von der Pflicht der Verwaltung zur Rücknahme auszugehen scheint); die Erfordernisse der Rechtssicherheit bilden die Beschränkung[114].

Art. 14 EGKSV und die von den übrigen Mitgliedstaaten abweichende[115] französ. Terminologie, die unter „Entscheidungen" bzw. „actes administratifs"[116] keinen Unterschied zwischen individueller und genereller Regelung erkennen lassen, erfordern die Klarstellung, daß hier unter Verwaltungsakt bzw. Entscheidung im Montanbereich lediglich individuelle Entscheidungen[117] (actes individuels[118]) angesprochen sind. Für den EWG-Vertrag ergibt sich insoweit keine Schwierigkeit, da bereits Art. 189 Abs. 1 und Art. 191 den Entscheidungen (allgemeine) Verordnungen gegenüberstellt. Demnach sind Entscheidungen[119] „dadurch gekennzeichnet, daß sie sich an eine begrenzte Zahl von Personen

---

[112] Die in Deutschland h. M. leitet aus dem Grundsatz der Legalität ein *Recht* der Behörde ab. die fehlerhafte Entscheidung zurückzunehmen (vgl. u. a. BVerwGE Bd. 9, S. 252; 10, S. 309). — Für das frz. Recht vgl. *B. Jeanneau*, a.a.O., S. 96: „Cette limite (gemeint ist die Möglichkeit der Rücknahme) s'imposait pour que soit sauvegardé le principe de la légalité."

[113] EGH Bd. XI, S. 911.

[114] Das deutsche Recht gewinnt die Beschränkung der Rücknehmbarkeit zwar überwiegend aus dem Grundsatz von Treu und Glauben (vgl. u. v. a. BVerwGE Bd. 8, S. 304; 9, S. 253 f.). Dennoch kann der Argumentation des EGH gefolgt werden, da Rechtssicherheit und Treu und Glauben sich nicht widersprechen, sondern eng miteinander verknüpft sind.

[115] Zum insoweit übereinstimmenden Sprachgebrauch in Deutschland, Holland und — neuerdings — auch Italien vgl. *U. Goßmann*, a.a.O., S. 4, mit Nachw. in FN 1.

[116] Oberbegriff für actes individuels und actes réglementaires.

[117] Unterschied zur allg. Entscheidung: grundlegend EGH Bd. II, S. 223—225; ferner: V, S. 112; VII, S. 38.

[118] Für actes réglementaires stellt sich das Problem nicht. Sie können jederzeit aufgehoben werden, da niemand Anspruch auf Beibehaltung einer generellen Rechtsstellung hat (Nachw. vgl. bei *U. Goßmann*, a.a.O., S. 6, FN 8).

[119] *Individuelle* Entscheidungen im Montanbereich.

richten. Um festzustellen, ob eine Entscheidung vorliegt, ist also zu prüfen, ob die Maßnahme bestimmte Personen betrifft"[120].

Die Beschränkung auf *begünstigende* rechtswidrige Verwaltungsakte[121] macht die Verknüpfung von Legalität und Rechtssicherheit besonders augenfällig.

Die primäre Unterscheidung ist zwischen den begünstigenden Verwaltungsakten, die subjektive Rechte verleihen (actes créateurs de droits), und den deklaratorischen Verwaltungsakten (actes récognitifs, feststellende Verwaltungsakte)[122] zu treffen. Beim rechtsbegründenden begünstigenden Verwaltungsakt entsteht das Recht erst durch den Verwaltungsakt selbst[123], wogegen bei der zweiten Kategorie das Recht „ausschließlich durch das Gesetz oder die Verordnung (entsteht), die durch den Verwaltungsakt nur angewandt und erforderlichenfalls ausgelegt werden"[124]. Gegen die Rücknehmbarkeit eines rechtsbegründenden Verwaltungsaktes läßt sich nicht einwenden, die wohlerworbenen Rechte ließen eine Rücknahme nicht zu[125]. Der EGH bezeichnet eine derartige Argumentation als einen „Zirkelschluß". „Wenn ein durch einen Verwaltungsakt verliehenes Recht einseitig von der Behörde widerrufen werden kann, handelt es sich eben gerade nicht um ein wohlerworbenes Recht[126]."

---

[120] EGH Bd. IX, S. 238; „Entscheidung" ist also in etwa dem deutschen „Verwaltungsakt" gleichzusetzen (so auch *Wohlfahrt-Everling*, a.a.O., Anm. 12 zu Art. 189; *v. d. Groeben-Boeckh*, a.a.O., S. 180).

[121] Sie ist auch durch das zur Verfügung stehende Material bedingt, da bisher überhaupt nur wenige Entscheidungen die Probleme der Rücknahme angehen, wobei wiederum das Übergewicht bei weitem bei den begünstigenden Verwaltungsakten liegt.

[122] Vgl. diese Unterscheidung in EGH Bd. VIII, S. 549; GA *Lagrange*, Bd. VII, S. 195; Bd. VIII, S. 565 f.

[123] GA *Lagrange*, Bd. VIII, S. 565 (Er nennt als Beispiele die Beamtenernennung und die Erteilung einer Genehmigung.). Der EGH faßt hierunter die Zulassung zum Beamtenstatut und die Einstufung (Bd. III, S. 117) sowie die Herabsetzung des Schrottpreises (Bd. VI, S. 290) im Einzelfall zusammen.

[124] GA *Lagrange*, Bd. VIII, S. 565; hier nennt er vor allem finanzielle Beziehungen, Schulden oder Forderungen des Staates oder der öffentl. Körperschaften, Steuersachen etc. Der EGH rechnet (Bd. VIII, S. 549) auch die Freistellung von der Schrottausgleichspflicht hierher, „da die Hohe Behörde nicht die Befugnis hat, Ausnahmen oder Freistellungen von der Pflicht zur Entrichtung der Ausgleichsbeiträge zu bewilligen, sondern nur feststellen kann, daß eine solche Pflicht sich aus den Grundsatzentscheidungen ergibt oder nicht ergibt".

[125] So aber ein Teil der frz. Lehre (vgl. Nachw. bei *W. Wiesner*, a.a.O., S. 50).

[126] EGH Bd. III, S. 117.

1. Begünstigende Verwaltungsakte, die subjektive Rechte verleihen

Rechtswidrige Verwaltungsakte, die *subjektive Rechte verleihen*, können stets ex nunc zurückgenommen werden[127]. Da der Mangel der objektiven gesetzlichen Grundlage des Verwaltungsaktes auch dem subjektiven Recht des Betroffenen anhaftet, rechtfertigt er grundsätzlich auch die Rücknahme ex tunc[128]. „Während dieser Grundsatz allgemein anerkannt ist[129], sind die Voraussetzungen für die Ausübung des Widerrufsrechts jedoch (in den einzelnen Mitgliedstaaten) unterschiedlich geregelt[128].“ Während nach Feststellung des EGH das französische, belgische, luxemburgische und niederländische Recht verlangen, daß die Rücknahme vor Ablauf der für die Anfechtungsklage vorgesehenen Frist bzw. bei erhobener Anfechtungsklage bis zum Erlaß des Urteils erfolgt[130], verlangen — abgesehen von Sonderbestimmungen[131] — das deutsche und das italienische Recht nicht die Einhaltung einer bestimmten Frist[132].

---

[127] EGH Bd. VII, S. 259 f.; vgl. im deutschen Recht: BVerwGE Bd. 8, S. 296 (304) mit zahlreichen Nachweisen; Bd. 9, S. 251 (253 f.); 12, S. 46 (49); 10, S. 308 (309); 12, S. 9 (11). Auch diese Regel findet zahlreiche Druchbrechungen, insbesondere wenn ein Begünstigter bereits Dispositionen getroffen hat: BVerwGE, Bd. 9, S. 251 (254 f.); 10, S. 64 (66 f.); 10, S. 308 (309).

[128] Vgl. *U. Goßmann*, a.a.O., S. 19—103; *W. Wiesner*, a.a.O., mit weiteren Nachweisen (Beide unterscheiden aber *nicht* zwischen ex tunc- oder ex nunc-Wirkung.).

[129] Diesen Grundsatz betonen im deutschen Recht: BVerwGE, Bd. 9, S. 251 (252); 10, S. 308 (309); 12, S. 9 (11). Da die Rechtsprechung diesen „Grundsatz“ aber — ohne Unterschied zwischen rechtsverleihenden und feststellenden Verwaltungsakten — durch Erwägungen des Vertrauensschutzes stark einschränkt (vgl. BVerwGE, Bd. 10, S. 308 [309]) kommt *O. Bachof*, a.a.O., S. 258, mit Recht zu der Feststellung, daß vom Grundsatz der Rücknahme ex tunc wenig übrigbleibt. Eine Rücknahme ex tunc ist vielmehr im deutschen Recht i. d. R. ausgeschlossen.

[130] Für das französische Recht: *Duez-Debeyre*, Traité, Nr. 329, (S. 215), *B. Jeanneau*, a.a.O., S. 96 f.; *A. de Laubadère*, Traité, Nr. 341; *Waline*, Droit Adm., Nr. 948, 950. Der von *E. Forsthoff*, a.a.O., S. 241, zitierte Arrêt Dame Cachet stellt den Anfangspunkt einer st. Rspr. des frz. Staatsrats dar. Bei Forsthoff ist er zumindest mißverständlich zitiert; klar demgegenüber *W. Wiesner*, a.a.O., S. 58, mit zahlreichen Hinweisen, v. a. auch auf den Satz *De Sotos*, wonach die Lösung des CdE im Grunde darin besteht, „à admettre d'une part qu'aucun droit subjectif ne peut en principe naître d'une décision irrégulière de l'Administration, mais d'autre part que l'écoulement d'un certain temps crée une confiance légitime ... et transforme une situation de fait en situation juridique, en droit subjectif“. Nach GA *Roemer*, Bd. VIII, S. 567, gibt es in diesem System keinen Konflikt zwischen Gesetzmäßigkeit und wohlerworbenen Rechten, weil der Verwaltungsakt „als rechtmäßig *gilt*, wenn er nicht fristgemäß angefochten wird.“ Die Lehrbücher des frz. Rechts behandeln die Rücknahme aber gerade im Verhältnis zu den wohlerworbenen Rechten.

[131] In Deutschland z. B. § 13 BBG.

[132] Wobei Mißbräuche durch den Grundsatz von Treu und Glauben (Verwirkung) bzw. durch den Begriff des Verzichts vermieden werden können.

Der EGH hält nach diesem Überblick über die Regelung der Mitgliedstaaten eine Rücknahme ex tunc „zum Mindesten innerhalb einer angemessenen Frist, wie sie bei den in vorliegendem Rechtsstreit angefochtenen Entscheidungen eingehalten worden ist“[133], für zulässig[134]. Die Stellung des EGH ist hier noch nicht ganz klar. Auch aus dem späteren Hoogovens-Urteil[135] ergibt sich noch nicht eindeutig, ob der EGH das Erfordernis der „angemessenen Frist“ für die Rücknahme rechtsbegründender Verwaltungsakte verlangt: „Inhalt und Tragweite des Rechtssatzes, daß die Rücknahme nur innerhalb einer angemessenen Frist zulässig sei, (sind) je nach Sachlage verschieden ... Dieser Rechtssatz, der bei Entscheidungen, durch die subjektive Rechte begründet werden, von beträchtlicher Bedeutung sein *kann*[136], hat nämlich weniger Gewicht, wenn es sich um deklaratorische Entscheidungen handelt[137, 138].“

2. Deklaratorische begünstigende Verwaltungsakte

Auch rechtswidrige *deklaratorische* Verwaltungsakte sind grundsätzlich rücknehmbar[139]. Ob aber die Rücknahme ex tunc oder lediglich ex nunc erfolgen darf, hängt von einer Interessenabwägung ab[140], die nach Generalanwalt Lagrange[141] aus der „Notwendigkeit eines Vergleichs der beiden einander gegenüberstehenden Gebote (entsteht), von denen sich das eine aus dem Grundsatz der Gesetzmäßigkeit, das andere aus

[133] EGH-*Algera-Bd. III, S. 119.*

[134] Art 58 des neuen Allg. Personalstatus sagt nichts von einer Anfechtungsfrist. Die rechtswidrige Einstufung erfolgte mit Erlaß vom 12. 12. 1955. Mit dem 27. 6. 1956 wurde auf die Notwendigkeit einer Umstufung aufmerksam gemacht.

[135] Bd. VIII, S. 549; dieses Urteil betrifft selbst aber unmittelbar nur einen feststellenden VA.

[136] Hervorhebung vom Verfasser.

[137] Jedenfalls scheint der EGH dieser Auffassung zuzuneigen. Die Entscheidung Bd. VII, S. 239 ff., wird hier nicht herangezogen (so aber *U. Goßmann*, a.a.O., S. 125 a), da sie die Rücknahme ex nunc betrifft.

[138] Nicht einzuordnen ist in diese Systematik die Entscheidung des EGH Bd. VI, S. 249, in der sich die Klägerinnen gegen eine Entscheidung der Hohen Behörde wandten, in der diese zu Unrecht empfangene Ausgleichsbeträge zurückzahlen sollten. (Der gemeldete Schrott war durch betrügerische Bestätigungen eines niederländischen Ministerialbeamten als ausgleichsfähig ausgewiesen, ohne es wirklich zu sein.) Die ursprüngliche Bewilligung des Ausgleichsbetrages bezeichnete der EGH (S. 290) ohne Rücksicht auf die Modalität der Zahlung als einen „subjektive öffentliche Rechte begründenden Verwaltungsakt“. Obgleich der EGH zunächst die öffentlich-rechtliche Natur der strittigen Ansprüche feststellte, begibt er sich im folgenden auf eine privatrechtliche Ebene der Prüfung, wobei er am Ende bei der Prüfung der Bereicherung ohne ein Wort der Erklärung offenbar davon ausgeht, daß der Subventions-VA als Rechtsgrundlage bestehen bleibt.

[139] EGH Bd. XI, S. 911.

[140] EGH Bd. VII, S. 172; VIII, S. 548; XI, S. 911.

[141] EGH Bd. VIII, S. 559 ff.

der Wahrung der Rechtssicherheit ergibt..." In Frankreich genießen deklaratorische Verwaltungsakte überhaupt keinen näheren Bestandschutz[142].

Die Verwaltung kann ihren Standpunkt jederzeit — ohne Abwägung der einzelnen Interessen — ändern. Einen Ausgleich gewährt die großzügige Handhabung der Amtshaftung[143]. Der EGH folgt dieser französischen Rechtsprechung nicht; er grenzt auch anders ab: In Frankreich ist für die actes créateurs de droits nicht die Verleihung *subjektiver* Rechte erforderlich. Daher fallen fast alle Verwaltungsakte unter diese Gruppe[144].

Für die Interessenabwägung sind im Gemeinschaftsrecht mehrere Gesichtspunkte zu berücksichtigen:

a) Dem auf dem Spiel stehenden Privatinteresse wird das öffentliche Interesse gegenübergestellt[145]. Dabei fällt das öffentliche Interesse im Montanbereich „nicht mit dem privaten Interesse der übrigen schrottverbrauchenden Unternehmen zusammen", so daß „lediglich die privaten Interessen der Klägerin mit den privaten Interessen der übrigen Unternehmen" zu vergleichen wären[146]. Das öffentliche Interesse, das hier mit dem Interesse der Gemeinschaft identisch ist, besteht vielmehr im Interesse am „ordnungsgemäßen Funktionieren der auf der Solidarität aller schrottverbrauchenden Unternehmen beruhenden Ausgleichseinrichtung; dieses Interesse gebietet, alles zu tun, um zu vermeiden, daß die rechtswidrige Freistellung von Konkurrenzunternehmen für die übrigen Beitragspflichtigen zu einem dauernden Vermögensnachteil führt"[147].

b) Die Privatinteressen stehen regelmäßig hinter dem öffentlichen Interesse zurück, wenn dem Privaten kein wirklicher Vertrauenstatbestand zur Seite steht, er also mit einer Änderung der Lage von vornherein rechnen muß[148, 149]. Die Feststellung dieses Vertrauenstat-

---

[142] GA *Lagrange* in RS 14/61, Bd. VIII, S. 567 f.; *B. Jeanneau*, a.a.O., S. 97; *M. Waline*, Droit Adm., Nr. 944, 947.

[143] So will es auch für das deutsche Recht *E. Forsthoff*, a.a.O., S. 240.

[144] Vgl. im frz. Recht: *A. de Laubadère*, Traité, Nr. 340 (S. 179); *B. Jeanneau*, a.a.O., S. 101; danach sind lediglich rein feststellende Verwaltungsakte und provisorische Verwaltungsakte eindeutig unter die actes non créateurs de droit zu fassen. Für die actes gracieux, die de Laubadère a.a.O. noch hierher rechnet, zeigt Jeanneau (S. 100) einen Wandel der Rechtsprechung des Staatsrats auf.

[145] EGH Bd. VII, S. 172.

[146] EGH Bd. VIII, S. 551.

[147] EGH Bd. VII, S. 173; so auch EGH Bd. VIII, S. 551 f.

[148] Das ist die übereinstimmende Regelung in den Rechtsordnungen der Mitgliedstaaten, wenn der Verwaltungsakt durch falsche oder unvollständige Angaben erlangt wurde; EGH Bd. VII, S. 173.

[149] EGH Bd. VIII, S. 550 f.; Bd. XI, S. 911 f.: Die Klägerin konnte sich danach nicht auf die streitige Freistellung vom Schrottausgleich verlassen, da

bestandes erfolgt aus einer Beurteilung des Tatsächlichen und ist so naturgemäß nicht immer zwingend.

c) Die „angemessene Frist", die bei der Rücknahme der rechtsverleihenden Verwaltungsakte eine große Bedeutung haben „kann", ist hier unstreitig von geringerem Gewicht. Dieses Kriterium ist „nur *einer* der bei der Abwägung zu berücksichtigenden Gesichtspunkte"[150], hat also keine selbständige Bedeutung; er stellt in diesen Fällen vielmehr „nur eine der Komponenten des besonderen Interesses der Klägerin an der Wahrung des Grundsatzes der Rechtssicherheit dar, die die Hohe Behörde berücksichtigen mußte"[151]. Insofern kann sie in Verbindung mit dem guten Glauben einer Rücknahme ex tunc entgegenstehen. Der Verstoß gegen die „angemessene Frist" gewinnt in den bisherigen Urteilen höchstens die Bedeutung, daß er — unabhängig von einer Vertrauensposition des Verwaltungsunterworfenen — zusammen mit anderen Elementen den Ausschluß des Rücknahmerechts über den Gesichtspunkt der Verwirkung zur Folge hat[152].

d) In seinen Schlußanträgen zum Hoogovens-Urteil entnimmt Generalanwalt Lagrange eines der Argumente für ein Übergewicht des öffentlichen Interesses dem Umstand, daß infolge der inzwischen eingetretenen Beendigung der Ausgleichseinrichtung eine Rücknahme ex nunc ohne praktische Bedeutung wäre[153]. Zur Stützung seiner Ansicht beruft er sich a.a.O. auf ein Urteil des BVerwG[154], wonach die Hohe Behörde grundsätzlich zu einer Rücknahme ex tunc befugt ist, wenn der Zweck der Rücknahme mit einer solchen ex *nunc* nicht erreicht werden kann. Damit sind aber allgemein alle Verwaltungsakte angesprochen, deren Rechtsfolge „einen in der Vergangenheit abgeschlossenen Tatbestand darstellt"[155]. Die Rücknahme ex nunc würde für die Vergangenheit alles beim Alten belassen und nur einen zweifelhaften Wert haben: Sie käme praktisch einem völligen Verzicht auf die Beseitigung des rechtswidrigen Verwaltungsaktes gleich[156]. Daraus folgert

---

die Grundsatzentscheidungen eine derartige Freistellung nicht vorsahen und solche Befugnisse „auf dem Gebiet der öffentlichen Abgaben ... im Zweifel nicht anzunehmen" seien, da die Hohe Behörde eine Überprüfung auch der streitigen Periode durch eine Schweizer Treuhandgesellschaft veranlaßte, so daß der Bestand aller Beschlüsse der Brüsseler Organe gefährdet war, als die Hohe Behörde die Befugnisse wieder an sich zog. Ferner bestätigte der EGH im SNUPAT-Urteil vom 22. 3. 1961 der Hohen Behörde ein Rücknahmerecht.

[150] EGH Bd. VIII, S. 549.

[151] EGH Bd. VIII, S. 549 ff.

[152] Bd. XI, S. 913, lehnt die Verwirklichung ab; *a. A.* GA *Roemer*, S. 938; vgl. näher dazu unten bei der Verwirkung.

[153] Bd. VIII, S. 577.

[154] NJW 1958, S. 154 ff. (155).

[155] Im Gegensatz zu Verwaltungsakten mit Dauerwirkung (z. B. einer Kriegsschadensrente nach LAG).

[156] BVerwG NJW 1958, S. 154 ff. (155); es handelt sich um die Zuerkennung einer einmaligen Hausratsentschädigung nach LAG.

Generalanwalt Lagrange[157], daß rechtswidrige Verwaltungsakte mit Dauerwirkung grundsätzlich nur mit Wirkung ex nunc zurückgenommen werden können, während bei den Verwaltungsakten, deren Rechtsfolge einen schon abgeschlossenen Zeitraum betrifft, „die ... unter dem Gesichtspunkt des Vertrauensschutzes pflichtgemäße Abwägung gegenüber dem öffentlichen Interesse ... vielmehr regelmäßig nur dazu führen (kann), daß die nachträgliche Beseitigung des fehlerhaften Verwaltungsaktes entweder ex tunc oder überhaupt nicht zulässig ist". Der EGH nimmt dazu nicht expressis verbis Stellung. Trotzdem läßt sich aus verschiedenen Argumenten seiner Entscheidung der Schluß ziehen, auch er neige dieser Ansicht zu. So führt der Gerichtshof aus, eine — praktisch wirkungslose — Rücknahme ex nunc ließe zwischen der Klägerin und den übrigen Beitragspflichtigen eine Ungleichheit bestehen, die erheblich schwerer wiege als die Beeinträchtigung, die für die Klägerin eine Rücknahme ex tunc mit sich brächte, soweit es ihr nicht mehr möglich ist, ihren rückwirkenden Mehraufwand auf die Käufer abzuwälzen[158]. Auch wenn das gesamte Vorbringen der Klägerin zuträfe, fiele nach Meinung des EGH[159] nachteilig für sie ins Gewicht, „daß eine bloße Rücknahme ex nunc ihr einen rechtswidrigen Vorteil jedenfalls gegenüber den wenigen, nicht integrierten Unternehmen unter ihren ‚echten Konkurrenten' erhalten hätte".

3. Zusammenfassung

Bei der Grundunterscheidung zwischen actes créateurs de droit und actes récognitives weicht der EGH vom französischen Recht, aus dem er die Begriffe übernommen hat, ab. Der EGH scheint im Gemeinschaftsrecht für die actes créateurs tatsächlich die Begründung eines subjektiven Rechts zu verlangen. Damit mildert er die in der französischen Rechtsprechung bestehende Unsicherheit[160].

---

[157] Bd. VIII, S. 578.

[158] Bd. VIII, S. 546.

[159] Bd. VIII, S. 547.

[160] B. *Jeanneau* bezeichnet (a.a.O., S. 100) die Unterscheidung im frz. Recht als „une des plus incertaines". Es fehlt ein exaktes Kriterium. Der Staatsrat scheint ausschließlich praktische Erwägungen anzustellen. Demzufolge betrachtet er den gleichen Verwaltungsakt bald als rechtsbegründend, bald als deklaratorisch (B. Jeanneau, a.a.O., S. 101). *A. de Laubadère*, Traité, Nr. 341, kennt diesen Unterschied nur bei rechtmäßigen Verwaltungsakten, da ein rechtswidriger Verwaltungsakt überhaupt kein Recht begründen könne. (Die in Frankreich h. M. folgt dem aber nicht; vgl. die Hinweise bei *W. Wiesner*, a.a.O., S. 58.) Das scheint der EGH ebenso zu vertreten, wenn er im Algera-Urteil (Bd. III, S. 117) sagt: „Sofern die Erlasse rechtsmäßig und rechtswirksam sind, stellen sie begünstigende Verwaltungsakte dar, die subjektive Rechte verleihen." Bereits auf S. 118 unterscheidet der EGH aber eindeutig zwischen rechtsmäßigen und rechtswidrigen Verwaltungsakten, die subjektive Rechte verleihen.

Einen Verlust an Klarheit und damit auch an Rechtssicherheit hingegen bedeutet es, daß der EGH die festumrissene Frist, die das französische Verwaltungsrecht für die Rücknahme rechtsbegründender Verwaltungsakte verlangt, durch die „angemessene Frist" ersetzt (wobei er auch deren Befolgung nicht eindeutig fordert).

Der Feststellung des EGH, die rechtsbegründenden Verwaltungsakte seien *stets* ex nunc zurücknehmbar, begegnen vom deutschen Recht her Bedenken: Dort kann eine Rücknahme auch ex nunc mit Rücksicht auf den Vertrauensschutz und die Rechtssicherheit unterbleiben, wenn etwa der Begünstigte bereits weitreichende Dispositionen getroffen hat.

Für deklaratorische Verwaltungsakte, bei denen der „angemessenen" Frist nur eine untergeordnete Rolle im Rahmen der Interessenabwägung zukommt, mag dieses Kriterium ausreichen. Auf rechtsbegründende Verwaltungsakte angewandt, muß es dagegen der Kritik begegnen. Ist es ohnehin schon allzu unbestimmt, wann eine Frist „angemessen" ist[161], so wird dies dann besonders unbefriedigend, wenn jenes Kriterium die alleinige Voraussetzung für die Rücknahme eines begünstigenden Verwaltungsaktes darstellt.

Die Klarheit des französischen Rechts, das von der Frist zur Erhebung der Anfechtungsklage bzw. bis zum Urteilserlaß ausgeht, ist unter dem Gesichtspunkt der Rechtssicherheit nachahmenswert[162]. Unter diesen Umständen kann auch auf eine Interessenabwägung verzichtet werden, da innerhalb der kurzen Frist die Rechtssicherheit kaum eine zusätzliche Beschränkung der Legalität verlangen dürfte. Das wird aber anders, wenn das Kriterium zur „angemessenen Frist" verblaßt. Trotzdem vollzieht der EGH in diesen Fällen keine Interessenabwägung. Hier würde eine weitergehende Festlegung des EGH der Rechtssicherheit Vorschub leisten, ohne die Legalität unvertretbar zu beschneiden[163].

Daß die leichte Rücknehmbarkeit der deklaratorischen Verwaltungsakte im französischen Recht zugunsten einer Annäherung an die Grund-

---

[161] In der RS 111/63, Bd. XI, S. 893 ff., hält GA *Roemer* der Rücknahme wegen eines Verstoßes gegen die „angemessene Frist" für unzulässig (S. 938). Wenn der EGH in seinem Urteil (S. 913) eine mehr als 5jährige Frist als unbedenklich ansieht, so soll das allerdings nicht heißen, er betrachte auch diese Frist noch als angemessen. Im Gegensatz zu Roemer hatte der EGH schon die Vertrauensposition der Klägerin verneint, so daß er die Frist nur noch unter dem Aspekt der Verwirkung prüft.

[162] In Deutschland sieht § 37 Abs IV EVwVerfG 1963 eine 1-Jahresfrist vor, allerdings erst ab Kenntnis der Verwaltung von den Umständen, die eine Rücknahme rechtfertigen.

[163] Das praktische Ergebnis könnte sich dann mit demjenigen decken, das GA *Roemer* in seinen Schlußanträgen zum Hoogovens-Urteil forderte (Bd. VIII, S. 567 f.).

sätze in Deutschland und in den Niederlanden durch eine sorgfältige Interessenabwägung ersetzt wurde, ist zu begrüßen, da die übrigen Mitgliedstaaten außer Frankreich nicht im selben Umfange die Möglichkeit haben, Vertrauensschäden über das Institut der Amtshaftung zu kompensieren.

V. Zusammenfassung

Die Rechtsprechung des EGH belegt, daß dem Grundsatz der Legalität — wie in allen Mitgliedstaaten — im Gemeinschaftsrecht grundlegende Bedeutung zukommt. Die Verwaltung bleibt an die Verträge gebunden; Eingriffe ohne Kompetenz sind nicht denkbar; gesetzwidrige Verwaltungsakte können grundsätzlich korrigiert werden. Insoweit besteht Übereinstimmung mit den Rechtsordnungen der Vertragspartner.

Speziellen Bedürfnissen der Gemeinschaften trug der EGH dadurch Rechnung, daß er für ein Tätigwerden der Executive eine nicht bis ins einzelne konkretisierte Befugnisnorm verlangt. Die Verwaltung hat in gewissem Umfang das Recht und die Pflicht, ihre Befugnisnorm in allgemeinen Entscheidungen zu konkretisieren, soweit dies erforderlich ist. Das Fehlen eines Gesetzgebers macht dieses Zugeständnis notwendig.

Aus dem französischen Rechtskreis ist die begriffliche Umgrenzung des Freiheitsraumes — Ermessens — der Executive entlehnt. So verschieden deutsches und französisches Recht im dogmatischen Ausgangspunkt sind, im Ergebnis kann man nahezu von einer Übereinstimmung sprechen: Die ungewisse Abgrenzung des deutschen Ermessens vom Beurteilungsspielraum kehrt im französischen Recht auf anderer Ebene wieder. Es war so für den EGH eine „Ermessensentscheidung", welcher dogmatischen Konstruktion er folgen wollte.

Bei der Entwicklung der Regeln über die Rücknahme von Verwaltungsakten ist der EGH allerdings zwischen dem deutsch-holländischen und dem französischen Rechtskreis stehengeblieben: So begrüßenswert der erhöhte Bestandsschutz der feststellenden Verwaltungsakte gegenüber dem französischen Recht ist, so bedauerlich ist das Abgehen von dem klaren Fristerfordernis, das in Frankreich die Rücknahme einer rechtswidrigen rechtsverleihenden Verwaltungsentscheidung über die Frist der Anfechtungsklage hinaus unmöglich macht.

B. Der Grundsatz der Rechtssicherheit

I. Grundlegung in den Verträgen

Die Idee der Rechtssicherheit bildet „ein wesentliches Fundament der Gemeinschaft, auf das diese so wenig wie jede andere Rechtsordnung verzichten kann"[1]. So charakterisiert Generalanwalt Roemer die Rolle der Rechtssicherheit im Recht der Gemeinschaften. Der EGH sieht in ihr eine „bei der Vertragsanwendung zu beachtende Rechtsnorm"[2] und ordnet sie in die Systematik des Art. 33 MV unter die violation du présent Traité ou de toute règle de droit relative à son application[3] ein. Dieses Prinzip gilt nicht nur als ungeschriebener Rechtsgrundsatz, sondern hat in Einzelbestimmungen der Verträge „seine Bestätigung" gefunden[4].

Der Grundsatz der Rechtssicherheit äußert seine konkrete Wirkung in einer Reihe von Einzelfallgruppen, die jeweils durch einen vom Rechtssicherheitsprinzip abgeleiteten Grundsatz beherrscht werden oder durch das Gebot der Rechtssicherheit ihre Prägung erfahren.

II. Der Grundsatz der Bestandskraft von Verwaltungsentscheidungen

1. Grundsatz der Befristetheit[5] der Klagebefugnis

a) Der in den Verträgen niedergelegte[6] Grundsatz, daß Klagen gegen Entscheidungen der Verwaltung nur innerhalb der vorgesehenen Frist erhoben werden können, entspricht der Notwendigkeit, „zu vermeiden, daß die Rechtmäßigkeit von Verwaltungsakten zeitlich unbegrenzt in Frage gestellt werden könne"[7].

Börner wirft dem EGH vor[8], er gefährde die Rechtssicherheit durch eine Aushöhlung der Klagefrist, wenn er etwa eine „Befassung" der

---

[1] GA *Roemer*, Bd. VII, S. 243.

[2] Bd. VII, S. 113.

[3] So auch Art. 173 Abs. 1 EWGV, 146 Abs. 1 EAGV; für die Frist des Art. 173 EWGV GA *Roemer*, Bd. XV, S. 488; für die Fristen des Art. 91 Personalstatut EGH Bd. XVI, S. 151 f.: Die Fristen des Art. 91 (für Anfechtungs- und Untätigkeitsklage) sollen „innerhalb der Organe der Gemeinschaften die für einen geordneten Dienstbetrieb unerläßliche Rechtssicherheit gewährleisten".

[4] EGH Bd. VI, S. 139; XXII, S. 497 für Art. 33 Abs. 3 EGKSV.

[5] Zu den Vorstellungen von „Frist" vgl. die Publikation des Comité Européen de Coopération juridique des Europarats: Réponses des Gouvernements des Etats Membres au questionnaire relatif à la notion de „Delai", 1968.

[6] Art. 33 Abs. 3 EGKSV; 173 Abs. 3, 175 Abs. 2 EWGV.

[7] EGH Bd. XI, S. 259; sachlich gleich: EGH Bd. VI, S. 139; GA *Gand*, Bd. XIII, S. 63.

[8] a.a.O., S. 85.

Hohen Behörde nach Art. 35 EGKSV noch zulasse, obgleich bereits eine anfechtbare Entscheidung der Hohen Behörde — gegen die die Frist des Art. 33 laufe — ergangen sei[9]. Aus dieser Entscheidung wird man keine Aufweichung der Klagefristen ableiten können. Zwar kann es tatsächlich auf die Beurteilung dessen, was eine Befassung nach Art. 35 darstellt, keinen Einfluß haben, ob der Kläger über die Rechtsnatur einer Äußerung der Hohen Behörde im unklaren ist; doch blieb diese Entscheidung bisher ein Einzelfall. Auch darf nicht übersehen werden, daß es im Montanrecht tatsächlich oft erhebliche Schwierigkeiten machte, die Rechtsnatur des belastenden Aktes und damit die adäquaten rechtlichen Schritte zu erkennen[10]. In dem von Börner angeführten Fall kann man nicht davon sprechen, die Kläger hätten sich durch einen prozessualen Kunstgriff eine bereits abgelaufene Klagefrist wieder eröffnen wollen[11]. Den Ausweg, über die Befassung nach Art. 35 MV doch noch zur Nichtigerklärung einer Entscheidung zu kommen, die gem. Art. 33 Abs. 3 EGKSV nicht mehr angefochten werden kann, verweigerte der EGH den Klägern bisher immer[12].

b) Eine Gelegenheit, die Klagefristen auszuhöhlen, hätte sich allerdings im Falle des Art. 91 Beamtenstatut geboten, dessen Fristvoraussetzungen „innerhalb der Organe der Gemeinschaften die für einen geordneten Dienstbetrieb unerläßliche Rechstsicherheit"[13] gewährleisten sollen. Zur Rechtfertigung der Fristen verweist der EGH darauf, daß derartige Klagen häufig nicht nur das beklagte Gemeinschaftsorgan berühren, sondern auch auf die Rechtsstellung anderer Beamter Auswirkungen haben können[14]. Die Fristvorschriften sind also zwingendes Recht, das nicht zur Disposition der Parteien steht.

Nun gibt aber Art. 90 Beamtenstatut das Recht, Einzelmaßnahmen im Wege der *unbefristeten* Verwaltungsbeschwerde anzufechten. Es wird

---

[9] In der RS 50/59 hatten die Kläger beantragt, für 1 Jahr vom Schrottausgleich befreit zu werden. Dieser Antrag wurde abgelehnt (anfechtbare Entscheidung); EGH Bd. VI, S. 1049. Aus Unsicherheit über den Entscheidungscharakter der Ablehnung befaßten die Kläger die Hohe Behörde im Wege des Art. 35 mit dem Antrag. Während *Börner* und die Beklagte die Befassung schon im *ersten* Antrag sehen — wobei die Frist des Art. 35 für die Klage schon verstrichen wäre —, läßt der EGH das *zweite* Ersuchen an die Hohe Behörde als Befassung gelten, die somit die Frist wahrt.

[10] Davon zeugen Urteile des EGH (Bd. V, S. 183, 233, 257, 281; Bd. VI, S. 65 f.) wie auch das Bemühen der Hohen Behörde selbst, in einer Entscheidung (Nr. 22/60, ABl. 1960, S. 1250) die formalen Erfordernisse einer Entscheidung verbindlich festzulegen, was aber noch immer nicht jeden Streit ausschloß (vgl. EGH, Bd. IX, S. 483—85, 510 f., 538).

[11] Die Klägerinnen hatten die ablehnende Entscheidung fristgemäß bereits gem. Art. 33 EGKSV angefochten und leiteten lediglich sicherheitshalber eine Befassung nach Art. 35 EGKSV ein.

[12] EGH Bd. VI, S. 237; Bd. VIII, S. 166.

[13] St. Rspr; zuletzt EGH Bd. XIII, S. 497; XVI, S. 151 f.

[14] EGH Bd. XVI, S. 151 f.; für die Frist des Art.

auch durchaus als „wünschenswert“ angesehen, mit diesem außergerichtlichen Rechtsmittel der Verwaltung Gelegenheit zur Überprüfung der strittigen Maßnahme zu geben[15]. Da die Beschwerdeentscheidung kaum vor Ablauf der Klagefrist erfolgen würde, läge ein Kompromiß in der Form nahe, die Verwaltungsbeschwerde zum Vorverfahren der Klage zu machen, entsprechend dem Wortlaut des Art. 90 Statut, aber kein Fristerfordernis für sie festzulegen. Damit wäre jede Rechtssicherheit im Bereich des Beamtenrechts aufgehoben.

Der EGH entscheidet anders: Zur Wahrung des Klagerechts verlangt er lediglich die *Einlegung* der Beschwerde innerhalb der Klagefrist. Nur soweit dies geschehen ist und die Beschwerde der Sache nach die gleichen Punkte betrifft[16], ist der Lauf der Klagefrist unterbrochen, und es bleibt die Möglichkeit, die Beschwerdeentscheidung anzufechten oder Karenzklage zu erheben[17].

Eine weitere Beschleunigung des Ablaufs wird dadurch erreicht, daß die Beschwerde als abgelehnt gilt, falls nicht binnen 2 Monaten nach ihrem Eingang über sie entschieden wurde. Gegen diese stillschweigende Ablehnungsentscheidung läuft nun die Klagefrist. Der EGH gibt dem Kläger nicht die Möglichkeit, in solchen Fällen die tatsächliche Ablehnung zu erwarten und erst dagegen zu klagen[18].

Mit dieser abgestuften Regelung hat die Rechtsprechung eine sachgerechte und die Rechtssicherheit wahrende Verknüpfung von Beschwerde und Klage erreicht.

2. Die Unanfechtbarkeit eines Verwaltungsaktes nach Ablauf der Klagefrist

Ist für eine individuelle Verwaltungsentscheidung die Anfechtungsfrist abgelaufen, so ist „deren etwaige Nichtigkeit durch den Ablauf der in Art. 33 Abs. 3 vorgesehenen Frist geheilt“[19], soweit sich die Gemeinschaftsorgane mit der strittigen Entscheidung überhaupt im Rahmen ihres Hoheitsbereiches gehalten haben. Ein behaupteter Verstoß

---

[15] Vgl. zuletzt GA *Roemer*, Bd. XII, S. 743.

[16] Dieses zusätzliche Erfordernis verlangt ausdrücklich EGH Bd. XVI, S. 301/LS 1.

[17] Mit ausführlicher Begründung: EGH Bd. X, S. 1413; XI, S. 651 ff.; im Ergebnis ebenso: EGH Bd. XI, S. 339, 536, 1103, 1117, 1289, 1310, 1326, 1333; XII, S. 736, 778; XVI, 151 f., 309.

[18] EGH Bd. XVI, S. 152. GA *Roemer* macht in seinen Schlußanträgen zu dieser Rechtssache Bedenken gegen diese Konsequenz geltend (S. 156), wobei er m. E. die Parallele zu EGH Bd. XIII, S. 497 ff., zu Unrecht zieht. Der EGH war im übrigen auch damals seinen Anträgen nicht gefolgt.

[19] EGH Bd. VIII, S. 166 u. st. Rspr.; vgl. GA *Roemer*, Bd. XV, S. 551.

gegen den „ordre public" der Gemeinschaften — aber auch *nur* er — wird auch *nach* Ablauf der Klagefrist geprüft[20].

Aus der späteren Rechtsprechung wird klar, daß mit „Heilung" lediglich Unanfechtbarkeit, nicht aber Rechtmäßigkeit, gemeint ist[21]. Dieser Grundsatz erfährt eine zweifache Einschränkung, die es in zwei Fallgruppen ermöglicht, einen unanfechtbaren Verwaltungsakt erneut zum Gegenstand eines Streites vor dem EGH zu machen:

a) Das Institut der „Einrede der Rechtswidrigkeit" (exception d'illégalité) gestattet es dem Kläger, sich bei der Anfechtung einer Verwaltungsmaßnahme auf die Rechtswidrigkeit einer früheren — unanfechtbaren — Entscheidung zu berufen. Bereits die Konstruktion als „Einrede" zeigt, daß es sich nicht um eine wirkliche Ausnahme vom Grundsatz handelt. Eine weitere Einschränkung wird dadurch bewirkt, daß mit dieser Einrede lediglich die Rechtswidrigkeit *allgemeiner* Entscheidungen bzw. Verordnungen geltend gemacht werden kann[22], allerdings mit *allen* Klagegründen[23]. Der Grund liegt darin, daß „rechtswidrige allgemeine Entscheidungen nicht auf Unternehmen angewendet und Pflichten für sie hieraus nicht hergeleitet werden dürfen"[24]. Daher sieht der EGH in Art. 36 Abs. 3 EGKSV[25] die Verankerung eines *allgemeinen* Grundsatzes, der nicht nur auf den Fall der Verhängung finanzieller Sanktionen beschränkt bleibt. Daß die Einrede der Rechtswidrigkeit über die Klagefrist hinaus erhalten bleibt, ist dadurch gerechtfertigt, daß es für die Unternehmen oft nahezu unmöglich ist, die Auswirkung allgemeiner Entscheidungen innerhalb der Klagefrist abzuschätzen und — vor allem — daß damit die allgemeine Entscheidung nicht aufgehoben, sondern lediglich bei den klagenden Unternehmen nicht durch eine individuelle Entscheidung konkretisiert wird. Für alle übrigen, am Rechtsstreit nicht beteiligten Unternehmen bleibt die allgemeine Entscheidung gültig.

Dies wäre grundlegend anders, ließe man die Einrede der Rechtswidrigkeit auch gegen individuelle Entscheidungen zu. Bei ihnen ist

---

[20] EGH Bd. XV, S. 540/541; GA *Roemer*, Bd. XV, S. 551, will das für alle *nichtigen* Akte gelten lassen, „über die selbstverständlich ohne gerichtliche Annulierung hinweggegangen werden kann". Aus der Rspr. des EGH läßt sich eine so weitgehende Folgerung aber nicht ableiten.

[21] Zuletzt EGH Bd. XV, S. 539, 541, 543.

[22] EGH in st. Rspr.: Bd. IV, S. 27; Bd. V, S. 71, 314, 419; Bd. IX, S. 601.

[23] EGH Bd. IV, S. 28, 68; vgl. Art. 184 EWGV.

[24] EGH Bd. IV, S. 26, 66, 190; vgl. zur entsprechenden Regelung im frz. Recht: *A. de Laubadère*, Traité, Nr. 394. In Deutschland kann eine Verordnung ohnehin nur im Wege der Einrede als rechtswidrig bezeichnet werden (Inzidentprüfung). Eine Außnahme davon bildet lediglich das Normenkontrollverfahren nach § 47 VwGO (in Bayern: Art. 98, S. 4 BV).

[25] Für den EWGV gibt es wegen der ausdrücklichen Bestimmung des Art. 184 insoweit keine Schwierigkeit; für den EGKSV mußte der Gerichtshof diesen Grundsatz allerdings erst entwickeln.

die Rechtsbeeinträchtigung für den Kläger rascher abschätzbar, und in der Anwendung auf ihn erschöpft sie ihre Geltungskraft als individuelle Entscheidung. Die Zulässigkeit der Einrede der Rechtswidrigkeit bei individuellen Entscheidungen würde die Klagefristen praktisch aufheben[26].

Zunächst[27] ließ der EGH offen, ob im Montanbereich auch die Rechtswidrigkeit einer *individuellen* Entscheidung über die Klagefrist hinaus beim Angriff gegen eine spätere Entscheidung geltend gemacht werden kann; in späteren Urteilen lehnt er das jedoch ständig ab[28]. Eine andere Auffassung stünde „in offensichtlichem Widerspruch zu dem grundlegenden Rechtsprinzip, das in Art. 33 MV, letzter Absatz, seine Bestätigung findet“[29]. Der Gerichtshof erkennt die Notwendigkeit an, Verwaltungsentscheidungen einmal der Angreifbarkeit zu entziehen.

Aber auch bei allgemeinen Entschiedungen ist die Einrede nicht unbeschränkt möglich. Eine individuelle Entscheidung kann nicht mit der Begründung angefochten werden, irgendeine allgemeine Entscheidung sei nicht rechtmäßig, vielmehr muß die individuelle Entscheidung auf der angeblich rechtswidrigen, allgemeinen Entscheidung *beruhen*[30], es muß ein „unmittelbarer rechtlicher Zusammenhang zwischen der angegriffenen Maßnahme und den allgemeinen Entscheidungen“ bestehen[31].

Was der EGH im Montanrecht als allgemeinen Grundsatz entwickelte[32], stellt in den beiden anderen Verträgen geschriebenes Recht dar[33]. In einer Entscheidung zum Anwendungsbereich des Art. 184 EWGV weist der EGH noch einmal klar darauf hin, daß dieser Artikel nur innerhalb eines nach anderen Vorschriften vor dem EGH bereits anhängigen Verfahren gilt und somit nur eine Einrede, nicht aber ein eigenständiges Klagerecht neben Art. 173 EWGV unter „Umgehung der in jener Bestimmung vorgesehenen Klagefristen“[34] gibt.

b) Das Vorliegen eines „fait nouveau“ rechtfertigt eine Wiederaufrollung des Verwaltungsaktes und gegebenenfalls eine Aufhebung bzw.

---

[26] Ebenso — mit Nachdruck — GA *Roemer*, Bd. XV, S. 551.

[27] EGH Bd. V, S. 71.

[28] EGH Bd. VI, S. 139, unter Verweis auf das Erfordernis der Rechtssicherheit, das sonst völlig außer acht gelassen würde; Bd. XI, S. 259, 459; GA *Roemer*, Bd. X, S. 309: Die „allgemeine Meinung“ lehne die Einrede der Rechtswidrigkeit bei individuellen Entscheidungen ab. Für das frz. Recht am deutlichsten: *A. de Laubadère*, Traité, Nr. 394.

[29] EGH Bd. VI, S. 139.

[30] EGH Bd. VI, S. 1050 f.; Bd. XII, S. 487 (für Artikel 184 EWGV).

[31] EGH Bd. XI, S. 259.

[32] Vgl. *C. Runge*, JuS 1964, S. 475.

[33] Art. 184 EWGV und 156 EuratomV.
Sie sprechen von der „inapplicabilité de ce règlement“, betreffen also nur Verordnungen.

[34] EGH Bd. VIII, S. 1042.

den Angriff eines nachher erfolgten bestätigenden Verwaltungsaktes[35]. Die Rechstprechung des EGH beschäftigte sich hier ausschließlich mit zwei Gruppen von neuen Tatsachen, die eine „Wiederaufrollung“ des Verwaltungsverfahrens zur Folge haben: ein inzwischen ergangenes Urteil des EGH und die Veröffentlichung einer Dienstpostenbeschreibung.

aa) Gelegentlich wurde versucht, ein Urteil des EGH als neue Tatsache geltend zu machen. Den Entscheidungen des EGH in der Gemeinschaft als einer Rechtsordnung, die vornehmlich durch Urteile des EGH fortgebildet werde, sollte auf diesem Wege eine *generelle* Bedeutung gegeben werden: Unabhängig von der Rechtskraftwirkung eines Urteils soll jede ältere Verwaltungsentscheidung mit dem Hinweis auf ein Urteil des EGH angegriffen werden können, wenn sie gegen Prinzipien dieses Urteils verstoße[36]. Damit wäre das Vertrauen auf eine Beständigkeit von Verwaltungsentscheidungen illusorisch. Der EGH folgte diesem Vorstoß jedoch nicht, sondern hielt daran fest, daß ein Urteil nur für die Personen eine neue Tatsache darstelle, auf die sich seine Wirkungen erstrecken: Das sind außer den Prozeßparteien nur diejenigen Personen, die von dem Verwaltungsakt selbst unmittelbar betroffen werden[37]. So sind Urteile nur sehr selten ein geeigneter „fait nouveau“. Das Urteil im 2. SNUPAT-Prozeß[38] bietet ein vom EGH anerkanntes Beispiel[39] dafür: Zwar wurde auch in diesem Rechtsstreit lediglich eine individuelle Entscheidung für nichtig erklärt[40]; trotzdem betrifft dieses Urteil auch die anderen Unternehmen der Gemeinschaft: Die Aufhebung der Freistellungen der Unternehmen Breda und Hoogovens hatte zur Folge, daß sich der Beitragssatz aller übrigen Unternehmen prozentual verringerte und die Hohe Behörde so gezwungen war, einen neuen Basissatz für die Umlage zu errechnen[41].

---

[35] Der sonst nicht angefochten werden könnte, da er keine selbständige rechtliche Regelung bewirkt.

[36] Kläger u. a. in EGH Bd. XI, S. 1295; die abweichende Entscheidung des EGH bilde das „fait nouveau“.

[37] So EGH Bd. XI, S. 536, 1071, 1090, 1103, 1298, 1311, 1326, 1343; XII, S. 797; in diesen Fällen fochten die Kläger ihre Einstufung an, nachdem die Klagefrist schon abgelaufen war, u. a. unter Berufung auf Urteile, in denen der EGH den Klagen von Kollegen stattgegeben hatte. Diese Urteile bilden für die Kläger kein „fait nouveau“.

[38] Bd. VII, S. 109 ff.

[39] EGH Bd. VII, S. 174.

[40] Die Klägerin SNUPAT hatte die Freistellung der beiden Unternehmen Breda und Hoogovens angefochten und die Nichtigerklärung erreicht.

[41] Die von der Hohen Behörde bezahlten Preisausgleichssubventionen mußten in vollem Umfang durch eine Ausgleichsumlage von den Unternehmen aufgebracht werden. Wurde ein Unternehmen von der Umlage befreit, so erhöhte sich der Beitrag der übrigen; wurde die Befreiung aufgehoben, ermäßigte sich ihr Beitrag entsprechend.

Die strenge Eingrenzung der Personen, die sich auf ein Urteil als fait nouveau berufen dürfen, könnte man engherzig nennen[42]; sie hat aber den Vorzug, daß sie die Rechtssicherheit fördert, auf welche die Verwaltung selbst bei Ausübung ihrer Funktion in besonderer Weise angewiesen ist.

bb) Große Bedeutung hatten die Fälle, in denen Beamte ihre bereits unanfechtbare Einstufung aufgrund einer inzwischen veröffentlichten Beschreibung der Tätigkeiten und des Aufgabenbereiches der einzelnen Dienstposten[43] angriffen, die nach Ansicht der Kläger ihre Tätigkeit einem höheren Dienstposten zuordnen[44]. Die Behörden der Europäischen Gemeinschaften waren darauf angewiesen, Einstellungen vorzunehmen, bevor noch eine allgemeine Dienstpostenbeschreibung erstellt werden konnte. Es war nun möglich, daß der Beamte die Einstufung zunächst hinnahm und sich erst bei Veröffentlichung der Stellenbeschreibung benachteiligt fühlte. „Die Veröffentlichung dieser Übersicht konnte in der Tat als eine wesentliche neue Tatsache gelten, die dem Kläger die Möglichkeit eröffnete, die Kommission zu ersuchen, ihn nach den neuen Bestimmungen einzustufen“[45], obgleich die ursprüngliche Einstufung unanfechtbar wurde.

c) Auf die Initiative der Generalanwälte geht eine entscheidende Beschränkung dieser Durchbrechungen der Bestandskraft zurück: In beiden Fällen, ob sich der Kläger nun auf ein Urteil oder auf die Tätigkeitsbeschreibung der Dienstbehörde als einer wesentlich neuen Tatsache beruft, muß er — *innerhalb der Klagefrist des Art. 91* ab Kenntnis — Beschwerde nach Art. 90 des Statuts einlegen und dabei die angeblich neuen Tatsachen anführen[46]; versäumt er das, so bleibt später zwar eine Beschwerde nach Art. 90 möglich, eine Klage nach Art. 91 des Statuts ist aber wegen Fristversäumnis ausgeschlossen[47]. Nur so ist es zu vermeiden, daß auf diesem Wege den Fristbestimmungen jede Bedeutung genommen wird.

---

[42] Vgl. GA *Roemer*, Bd. XI, S. 1108.

[43] Nach Art. 5 Nr. 4 des Beamtenstatuts. Vgl. zur Dienstpostenbeschreibung der heute gültigen Form EGH Bd. XIV, S. 202 f., sowie GA *Gand*, Bd. XIV, S. 206 ff.

[44] Im deutschen Recht vgl. dazu die Dienstpostenbewertung in Hessen, aufgrund deren zwei hessischen Amtsgerichtsräte ihre Einstufung vor dem Verwaltungsgericht Frankfurt anfochten.

[45] EGH Bd. XI, S. 1436; so auch EGH Bd. X, S. 1436 f.; Bd. XI—5, S. 7; Bd. XI, S. 339, 484, deutlich dazu GA *Gand*, S. 488; EGH Bd. XI, S. 1310.

[46] GA *Roemer*, Bd. X, S. 1516; GA *Gand*, Bd. XI, 1075.

[47] In der Entscheidung Bd. XI, S. 1310, folgte der EGH dieser Auffassung.

III. Der Grundsatz des Rückwirkungsverbots für Verwaltungsakte und Verordnungen

In Frankreich gilt der Grundsatz des Rückwirkungsverbots für Verwaltungsakte und Verordnungen (non-rétroactivité des actes administratifs)[48, 49]. Im deutschen Recht gilt das gleiche für Verwaltungsakte[50]; bei Verordnungen hingegen wird der Grundsatz eingeschränkt. Das Bundesverwaltungsgericht läßt die Rückwirkung einer Verordnung zu, soweit der Verwaltungsunterworfene mit einer Änderung der Regelung rechnen konnte[51].

Danach kann die Verwaltung ihren Maßnahmen in der Regel keine rückwirkende Kraft beilegen[52]. Die Analyse der Rechtsprechung des EGH zeigt, daß er dieses Prinzip im Gemeinschaftsrecht nicht ohne Einschränkungen anwendet.

1. Rückwirkungsverbot für Verwaltungsakte im Gemeinschaftsrecht

Das Problem der Rückwirkung von (individuellen) Verwaltungsakten trat im Gemeinschaftsrecht bei der Festlegung der Umlagequoten des Schrottausgleichs für die einzelnen Unternehmen in den Vordergrund.

---

[48] Als umfassender Begriff für Verwaltungsakte und Verordnungen.

[49] *Duez-Debeyre*, Traité, Nr. 331 (für VOen); *B. Jeanneau*, a.a.O., S. 95, 98 (für VAe und VOen); *A. de Laubadère*, Traité, Nr. 323, 382 (S. 206) (für VAe und VOen); *M. Waline*, Droit Adm., Nr. 221 (für VOen), 769 (für VAe). Während Jeanneau den Zusammenhang mit dem Legalitätsprinzip betont, stellen Duez-Debeyre das Rückwirkungsverbot für Verordnungen in Zusammenhang mit der Rechtssicherheit und der Achtung wohlerworbener Rechte dar.

[50] *O. Bachof*, a.a.O., S. 74; S. 74; *H. J. Wolff*, Bd. I, S. 112 f., 268 mit Nachweisen.

[51] BVerwGE, Bd. 18, S. 308 ff. (312). Dabei bezieht sich das BVerwG auf die Grundsätze des BVerfG zur Rückwirkung von Gesetzen. Danach ist eine Rückwirkung dann nicht ausgeschlossen, wenn die Änderung „vorhersehbar, durch sachliche Erwägungen gerechtfertigt und im einzelnen unbedeutend ist". (BVerfGE, Bd. 7, S. 89 ff. (93); ähnlich Bd. 1, S. 264 ff. (280); 2, S. 237 ff. (264 ff.) mit zahlreichen Nachweisen; 7, S. 129 ff. (152); 11, S. 64 ff. (72); 13, S. 261 ff. (271); die Rechtssicherheit bildet dabei die Grenze: Ist die rückwirkende Belastung für den Bürger nicht vorhersehbar, wird die Rechtssicherheit verletzt, was die Nichtigkeit des Gesetzes zur Folge hat (BVerfGE, Bd. 7, S. 152 11, S. 72)).
In einer früheren, sehr ausführlich begründeten Entscheidung hatte das BVerwG diese Auffassung des BVerfG kritisiert (BVerwGE, Bd. 10, S. 282 ff. (286), mit zahlreichen Hinweisen auf S. 286 f., u. a. auf *Göppert*, der meinte, „die Anerkennung des Prinzips der Nichtrückwirkung in den positiven Rechten (könne) geradezu als ein Teil der allgemeinen europ. Rechtsanschauung bezeichnet werden; sie findet sich überall, wo europ. Zivilisation das Staats- und Rechtsleben organisiert"). — In der oben erwähnten Entscheidung kommt das BVerwG auf diese Bedenken nicht mehr zurück.

[52] Auch die ex tunc — Rücknahme von VAen fällt unter die Rückwirkung von Verwaltungsentscheidungen. Sie wurde jedoch als eigenes Kapitel behandelt.

Die Hohe Behörde war des öfteren gezwungen, nachträgliche Korrekturen an ihren Festsetzungen vorzunehmen und die Unternehmen rückwirkend höher zu belasten. In diesen Fällen räumt der EGH dem Grundsatz der zuteilenden Gerechtigkeit den Vorrang vor dem der Rechtssicherheit ein[53]. Der Gerichtshof rechtfertigt das aus dem Wesen der Ausgleichseinrichtung, die einen völligen Preisausgleich zwischen den einzelnen Unternehmen herbeiführen will und dabei die Solidarität der Unternehmer besonders in den Vordergrund schiebt. Zudem bringt es diese Regelung mit sich, daß bis zum endgültigen Rechnungsabschluß die Verwaltungskosten der Einrichtung und die an die Unternehmen auszuzahlenden Quoten nicht endgültig feststehen, womit auch die Umlagebeträge jeweils nur vorläufigen Näherungswert haben[54]. Da allerdings die Unternehmen durch die „Näherungsbescheide" schon zur Zahlung verpflichtet werden, sind diese Entscheidungen als vollgültige Verwaltungsakte, nicht aber etwa als einstweilen unverbindliche Äußerungen der Verwaltung anzusehen. Diese Verwaltungsakte werden nachträglich durch rückwirkend belastende Akte lediglich ergänzt. Da aber diese nachträgliche Ergänzung voraussehbar ist und sich in der Regel auch in einem begrenzten Rahmen hält, wird sie für zulässig erachtet.

2. Rückwirkungsverbot für Verordnungen im Gemeinschaftsrecht

a) Auf dem Gebiet des Versicherungswesens brachte Art. 7 Abs. B b der VO Nr. 130[55] eine rückwirkende Änderung der Anwendung von Art. 27 und 28 der EWG-VO Nr. 3. In diesem Fall stellt der EGH fest, die Rückwirkung könne jedoch „die Rechte der Personen nicht schmälern, deren Leistungsansprüche vor Verkündung der Verordnung Nr. 130 entstanden sind"[56]. Damit erkennt der EGH dem erworbenen Versicherungsrecht der Versicherten den Schutz vor einer rückwirkenden Änderung der gesetzlichen Regelung zu[57].

b) Wohlerworbene Rechte[58] anerkannte der EGH dagegen nicht, als er die rückwirkende Änderung des Zinssystems durch die allgemeine

---

[53] EGH Bd. VII, S. 365.
[54] EGH Bd. XI—1, S. 15.
[55] ABl. 1963, S. 2996 ff.
[56] EGH Bd. X, S. 1234, 1235.
[57] Vgl. auch GA *Lagrange*, a.a.O., S. 1247.
[58] Allgemein vgl. EGH Bd. VI, S. 920 f.: „Das Recht der Gemeinschaft, wie es im EGKSV niedergelegt ist", enthält „weder einen geschriebenen noch einen ungeschriebenen allgemeinen Rechtsgrundsatz des Inhalts, daß ein erworbener Besitzstand nicht angetastet werden darf". Bei dieser klar scheinenden Stellungnahme werfen spätere Stellen eine Reihe von Zweifelsfragen auf: GA Roemer etwa scheint zumindest für das EGKS-Personalrecht den Schutz wohlerworbener Rechte nicht gänzlich auszuschließen: Er hält es

Entscheidung Nr. 7/61 durch die Hohe Behörde zu beurteilen hatte, obgleich sich die Klägerinnen auf den Grundsatz der Rechtssicherheit beriefen[59], der ihnen die Sicherheit gebe, eine einmal getroffene Regelung werde auch beibehalten, wenn sie nicht rechtswidrig ist. Ist nun der Gesetzgeber generell frei, zu jeder Zeit eine unzulängliche Regelung durch eine zweckmäßigere zu ersetzen? Generalanwalt Roemer glaubt, für den Bereich der Schrottausgleichseinrichtung spreche viel für eine solche Lösung[60].

Der EGH nimmt dazu nicht direkt Stellung. Er rechtfertigt den Eingriff im konkreten Fall durch den Hinweis auf die besondere Solidarität der Unternehmen im Schrottausgleich, die zur Vermeidung von Diskriminierungen eine laufende Anpassung der Regelung an die Erfordernisse erlaube, ja sogar fordere[61]. Hier weicht der EGH allerdings vom Erfordernis der Vorhersehbarkeit ab. Es war kaum vorauszusehen, daß die Hohe Behörde, um die Schwierigkeiten bei der Abwicklung des Ausgleichs zu verringern, von einem Verzugszinsensystem auf ein System der Fälligkeitszinsen übergehen würde und daß damit „Säumnis“-Zinsen rückwirkend schon ab Fälligkeit berechnet werden. Da aber nach Ansicht des EGH[62] die Diskriminierungen anders nicht behoben werden konnten, greift er auch bei hier unstreitig nur unzweckmäßiger, nicht aber rechtswidriger Regelung in die Rechtsposition der Kläger ein[62].

(Bd. X, S. 1520 f.) aber für unvertretbar, „wohlerworbene Rechte von Beamten im gleichen oder in einem ähnlichen Umfang wie im internationalen Vertragsrecht anzuerkennen“ (da er Behinderungen der Organisationsgewalt der Gemeinschaftsorgane befürchtet). Auch im Montanvertragsrecht selbst scheint GA Roemer auf den Einzelfall abzustellen: In Bd. XI, S. 996, stellt er fest, mit den Prinzipien des Schrottausgleichs sei ein Schutz der individuellen Rechtsposition unvereinbar. — Für den EWG-Bereich könnte man aus Bd. X, S. 1235 (s. o.: a) eine Anerkennung wohlerworbener Rechte folgern (vgl. auch GA *Lagrange*, S. 1247 f.). Auch EGH Bd. X, S. 1095, scheint vom grundsätzlichen Schutz wohlerworbener Rechte auszugehen. — In seiner Rechtsprechung zum Versicherungsrecht garantiert der EGH (Bd. XIII, S. 276, 315, 437, 519) die in den verschiedenen Mitgliedstaaten zurückgelegten Wartezeiten, um — im Interesse des Funktionierens der Gemeinschaftsrechtsordnung — die soziale Sicherheit der Wanderarbeitnehmer zu sichern. (So auch GA *Roemer*, Bd. XV, S. 518. Aus seinen Darlegungen in Bd. XV, S. 56, sowie denen des GA *Gand*, Bd. XV, S. 251, lassen sich keine Schlüsse ziehen.)

[59] EGH Bd. XI, S. 951 ff.; Bd. XI, S. 997 ff. (S. 893 ff.).

[60] Bd. XI, S. 995.

[61] EGH Bd. XI, S. 920, 974, 1018 (So schon die Hohe Behörde in Bd. VIII, S. 521, sowie die Streithelferin SNUPAT, S. 533) Ausdruck des Solidaritätsprinzips ist auch das Verfahren nach Art. 71 Abs. 3 EGKSV (GA *Roemer*, Bd. VII, S. 503). Dieses Prinzip liegt gemäß den in Art. 5 EWGV eingegangenen Verpflichtungen dem gesamten Gemeinschaftssystem zugrunde (EGH Bd. XV, S. 523 ff. [540]).

[62] Den Einwand GA *Roemers*, die Klägerinnen könnten sich nicht auf den Grundsatz der Rechtssicherheit berufen (Bd. XI, S. 996), da dieser die Sicherheit „der G e s a m t h e i t der Schrottverbraucher“ betreffe, nicht aber die „Erhaltung einer *individuellen* Rechtsposition“, beachtet der EGH nicht. Er

c) In der Zusammenschau mit einer jüngeren Entscheidung[63] wird die grundsätzliche Haltung des EGH zur Rückwirkung von VOen klar: Gegenstand des Rechtsstreits war eine VO, die den Tag der Verkündung im Amtsblatt der Europ. Gemeinschaften als Tag ihres Inkrafttretens bestimmte. Der EGH vertrat hierzu die Ansicht, Art. 191 EWGV[64] verbiete eine solche Regelung nicht[65]. Er läßt den Verordnungsgebern durchaus Freiheit, die allerdings nicht der richterlichen Kontrolle entzogen ist, „insbesondere nicht hinsichtlich etwaiger rückwirkender Inkraftsetzung"[65].

Im zu entscheidenden Fall sieht der EGH ein „berechtigtes Rechtssicherheitsbedürfnis" bereits dann beeinträchtigt, wenn „das sofortige Inkrafttreten grundlos angeordnet würde"[66].

Grundsätzlich bleibt also das sofortige oder gar rückwirkende Inkrafttreten einer VO ausgeschlossen. Es sind aber durchaus Gründe denkbar, die eine Ausnahme von diesem Prinzip ermöglichen.

Wie diese Gründe näher einzugrenzen sind — einmal war es die Unmöglichkeit, eine Diskriminierung anders zu beseitigen, zum zweiten: die Zielerreichung einer Regelung —, darüber kann der bisherigen Rechtsprechung kein Maßstab entnommen werden.

IV. Der Grundsatz der Rechtskraft von Urteilen[67]

Die vorliegende Rechtsprechung ist nicht sehr umfangreich, da der EGH in erster und letzter Instanz als allein zuständiges Gericht entscheidet.

---

erscheint auch unzutreffend, da die Gesamtheit gleichfalls durch den Schutz der jeweiligen individuellen Interessen gewährleistet wird. Der angezogene Gegensatz besteht also nicht.

[63] EGH Bd. XIII, S. 591 ff. (610 f.).

[64] Nach den VOen „zu dem durch sie festgelegten Zeitpunkt oder andernfalls am zwanzigsten Tag nach ihrer Veröffentlichung" in kraft treten.

[65] a.a.O., S. 611.

[66] a.a.O.; einen hinreichenden Grund sah der EGH darin, daß die Fixierung eines späteren Inkrafttretens einen „umfangreichen Strom von Geschäftsabschlüssen" ausgelöst hätte, der den Zweck der Verordnung vereitelt hätte.

[67] Vgl. Art. 65 VerfO GH; ferner: *M. Gutsche*, Die Bindungswirkung der Urteile des Europ. Gerichtshofs, 1967 *H. Matthies*, Die Bindungswirkung von Urteilen des Gerichtshofs der Europ. Gemeinschaften, in: Festschrift für W. *Hallstein* 1966, S. 304 ff.; *C. de Visscher*, De la chose jugée devant la CJJ, Rev. belge de droit intern. 1965, S. 5 ff.; *A. André*, Zur Rechtskraft und Gestaltungswirkung der Urteile des Europ. Gerichtshofs im Anfechtungsprozeß, EuR 1967, S. 97 ff.

1. Objektive und subjektive Grenzen der Rechtskraft

Der EGH mißt seinen Urteilen mit der Selbstverständlichkeit jedes rechtsstaatlichen Systems Rechtskraft zu[68]. Objektiv begrenzt er sie — wie es die nationalen Rechtsordnungen tun — am Streitgegenstand[69]. Hierbei stellt der Gerichsthof zunächst auf den Antrag ab. Unterscheidet sich der Antrag vom Vorprozeß, so steht das erste Endurteil nicht im Wege[70]. Unklar bleibt die Rolle des Klagegrundes[71] neben dem Antrag. GA Lagrange will beide nebeneinander berücksichtigen[72]. Bei seiner Rechtsprechung zum Grundsatz ne bis in idem im Disziplinarrecht stellt der EGH darauf ab, ob der in einem neuen Disziplinarverfahren erhobene Vorwurf einen „anderen Tatsachenkomplex"[73] oder „andere Punkte"[74] betrifft.

Genau ist das Verhältnis von Antrag und Klagegrund bisher nicht zu klären[75].

Subjektiv begrenzen die Generalanwälte Lagrange[76] und Gand[77] die Wirkungen des Urteils „inter partes"[78]. Der EGH hat sich hierzu grund-

[68] Vgl. Nachweise für die Mitgliedstaaten bei *M. Gutsche*, a.a.O., S. 14.

[69] EGH Bd. IX, S. 736; *M. Gutsche*, a.a.O., S. 68 ff.; *A. André*, a.a.O., S. 110. — Zum Streitgegenstand finden sich auch Ausführungen bei der Rechtsprechung zum Grundsatz „ne bis in idem", den der Gerichtshof v. a. anhand mehrfacher Disziplinarverfahren entwickelt (Art. 86 Abs. 3 Personalstatut; EGH Bd. XII, S. 178 XIII, S. 87 f.; GA *Roemer*, Bd. XV, S. 24).

[70] EGH Bd. VII, S. 409; soweit die erste Entscheidung lediglich ein Teilurteil war (was aus der Entscheidungsformel unter Heranziehung der Entscheidungsgründe abzulesen ist), steht — bei der Anfechtungsklage — nun dem Antrag, soweit er sich auf den nichtaufgehobenen Teil bezieht, die Einrede der Rechtskraft entgegen (EGH Bd. XI—4, S. 11).

[71] Nach herrschender deutscher Prozeßrechtsauffassung das ganze, einem Klagantrag zugrunde liegende tatsächliche Geschehen, das bei natürlicher Betrachtungsweise nach der Verkehrsauffassung zusammengehört.

[72] Bd. IX, S. 88.

[73] EGH Bd. XII, S. 178.

[74] EGH Bd. XIII, S. 87 f.

[75] In diesem Zusammenhang ist auf das Urteil in Bd. XI, S. 1197 f., hinzuweisen: Zwischen den Parteien war bereits ein rechtskräftiges klageabweisendes Urteil ergangen (Bd. VII, S. 611 f.). GA *Roemer* hält die neue Klage mit der Begründung für unbedenklich, die Erhebung neuer Ansprüche aus dem alten Sachverhalt sei nicht ausgeschlossen (Bd. XI, S. 1250). Der EGH erwähnt bei der Zulässigkeitsprüfung das vorherige Urteil nicht (Bd. XI, S. 1230 f.), billigt aber wohl unausgesprochen den Standpunkt des Generalanwalts. Vgl. auch EGH Bd. XIII, S. 537.

[76] Bd. IX, S. 88—91; nur für Nichtigkeitserklärung auf dem Gebiet des Schrottausgleichs vertrat er in Bd. VII, S. 192 f., eine modifizierte Meinung.

[77] Bd. XI, S. 1182; so auch *M. Gutsche*, a.a.O., S. 41.

[78] *A. André* weist auf S. 98 (FN 5) auf die abweichende Meinung der Literatur hin. Er selbst glaubt — S. 102 —, die Rechtsprechung des EGH beim stattgebenden Anfechtungsurteil mit der in der Literatur vertretenen erga omnes — Wirkung (im Gegensatz zu einer inter-partes-Wirkung) vereinbaren zu können. Er geht dabei von Formulierungen aus, die an die im deutschen Prozeßrecht überholte materiell-rechtliche Theorie erinnern (Koh-

sätzlich noch nicht geäußert[79]. Aus seiner Rechtsprechung zum Urteil als „fait nouveau"[80] ergibt sich aber ohne Zweifel, daß auch der EGH Rechtswirkungen seiner Urteile nur inter partes annimmt.

Ein Urteil gegen die EWG-Kommission wirkt dabei infolge des Grundsatzes der Einheit der Gemeinschaften auch gegen die Gemeinschaft insgesamt[81]. Wenn das im EWG-Recht der Fall ist, obgleich die Kommission die Gemeinschaft im öffentlich-rechtlichen Bereich nicht vertritt (Art. 211 EWGV gilt nur für den privatrechtlichen Raum[82]), so muß eben dies noch stärker im Montanrecht gelten, wo gem. Art. 6 Abs. 4 die Gemeinschaft von ihren Organen vertreten wird.

2. „Tierce opposition" als Einschränkung der Rechtskraft

Eine Gefährdung der Rechtssicherheit könnte sich aus der allzu großzügigen Ermöglichung der Drittwiderspruchsklage[83] ergeben, die sich gem. Art. 36 der Satzung des EGH EGKS, Art. 39 Satzung EGH-EWG, Art. 40 Satzung EGH-EAG und Art. 97 VerfO GH abweichend vom deutschen § 771 ZPO[84] gegen das Urteil selbst richtet und dieses teilweise beseitigen kann[85]. Nach Generalanwalt Roemer[86] dient die Drittwiderspruchsklage „dem Ziele", die Durchbrechung der Rechtskraft erlassener Urteile mit Hilfe außerordentlicher Rechtsbehelfe[87]

---

ler, Pagenstecher) und setzt zu Unrecht inter partes — Wirkung der erga-omnes-Wirkung gegenüber. Richtig vielmehr *M. Gutsche*, a.a.O., S. 92.

[79] EGH Bd. XI, S. 380, benutzte die gebotene Gelegenheit nicht, im Urteils-Auslegungsverfahren die Rechtswirkungen des Urteils abstrakt festzulegen; der Gerichtshof wies den Auslegungsantrag vielmehr zurück, da eine Unklarheit über den Inhalt des Urteils nicht vorgetragen sei. — Zur Bindungswirkung der Vorabentscheidungen nach Art. 177 EWGV vgl. neuerdings insbesondere EGH Bd. XV, S. 178.

[80] Vgl. unten, S. 235 ff.

[81] EGH Bd. XII, S. 576.

[82] *v. d. Groeben - Boeckh*, Anm. 1 zu Art. 211; a. A. wohl *Everling*, Anm. 4 zu Art. 211.

[83] Vgl. dazu *A. Gleiss, W. Kleinmann*, NJW 1966, S. 278 ff.; *G. Vandersanden*, „Le recours en tierce opposition devant la Cour de Justice des Communautés Européennes", CahDrE 1969, S. 666 ff.

[84] In Anlehnung an die „tierce opposition" des frz. Rechts, die für die einfachen Verwaltungsgerichte durch Art. 56 des G. v. 22. 7. 1889, für den Staatsrat durch Art. 79 der ordonnance v. 31. 7. 1945 geregelt wird; vgl. dazu *Duez-Debeyre*, Traité, Nr. 502, 512, 592; *A. de Laubadère*, Traité, Nr. 717, 750; *M. Waline*, Droit Adm., Nr. 410, 914.

[85] Vgl. auch *G. Vandersanden*, a.a.O., S. 666: Sie zielt nicht auf Interpretation des Urteils ab, sondern auf seine „modification". Elle „porte atteinte au principe de l'autorité de la chose jugée, dont elle permet, dans une certaine mesure, de corriger l'effet qu'il soit relatif ou absolu". (S. 557).

Der Hinweis von *M. Gutsche*, a.a.O., S. 17 (FN 50), diese Klage habe keinen Devolutiveffekt, ändert daran nichts.

[86] Bd. VIII, S. 330.

[87] Zur Wiederaufnahme des Verfahrens (nach Art. 41, 42 Protokoll-Satzung EGH-EWG) vgl. EGH Bd. XIII, S. 188 ff. (abgewiesen, da keine neue, *entscheidende* Tatsache vorgetragen werden konnte).

auf ein Mindestmaß zu reduzieren und „damit einen Zustand weitestgehender Rechtssicherheit zu garantieren". Zulässig ist die tierce opposition nur, wenn der Kläger im Hauptprozeß nicht beigeladen wurde und auch selbst nicht die Möglichkeit hatte, dem Rechtsstreit beizutreten[88]. In diesem letzteren Erfordernis weicht der EGH vom französischen Recht ab[89]. Die über das französische Recht hinausgehende Einschränkung im Gemeinschaftsrecht, die der EGH „im Interesse einer geordneten Rechtspflege und der Rechtssicherheit" für erforderlich hält[88], wird dadurch gerechtfertigt, daß die Klageerhebung im Amtsblatt der Gemeinschaften veröffentlicht wird und so jeder von der Klageerhebung Kenntnis nehmen kann[90].

Ferner hält der EGH im Gegensatz zu den gewöhnlichen Klagearten, bei denen die Beeinträchtigung der „berechtigten" oder „individuellen" Interessen[91] oder ein „individuelles Betroffensein"[92] ausreicht[93], daran fest, daß bei der Drittwiderspruchsklage gem. Art. 97 § 1 b VerfO GH die Beeinträchtigung von subjektiven *Rechten* dargetan werden muß[94], wobei es in Übereinstimmung mit der Rechtsprechung bei der Anfechtungsklage[95] für die Zulässigkeit genügt, die Rechtsverletzung schlüssig zu behaupten[96].

Gemäß Art. 97 § 1 VerfO muß die Drittwiderspruchsklage schließlich binnen 2 Monaten nach der Veröffentlichung im Amtsblatt der Gemeinschaften eingereicht werden.

---

[88] EGH Bd. VIII, S. 318, 371.

[89] Vgl. *Duez-Debeyre*, Traité, Nr. 592, mit Hinweis auf den Staatsrat, Arrêt „Ville de Cannes"; *M. Waline*, Droit Adm., Nr. 914: Auch den Personen, die dem Hauptprozeß hätten beitreten können, muß die Möglichkeit der tierce opposition offenstehen, da die Klageerhebung keine Publizität besitzt und so dem Widerspruchskläger leicht unbekannt bleiben kann.

[90] So auch *G. Vandersanden*, a.a.O., S. 671 ff. (672).

[91] EGH Bd. VII, S. 39, 155, 409 („Materielles geldwertes Interesse"); Bd. X, S. 493.

[92] Bd. X, S. 869.

[93] GA *Lagrange* spricht (Bd. VIII, S. 993 f.) von einem „die Anfechtungsklage beherrschenden Grundsatz". Vgl. zu dieser Rechtsprechung auch GA *Lagrange*, Bd. VIII, S. 74 ff.

[94] So schon die Formulierung des Art. 97 § 1 b der VerfO; anders noch der Staatsrat im Arrêt „Ville de Cannes"; später verlangt aber auch er die Behauptung der violation d'un droit (und nicht d'un simple intérêt); vgl. dazu *Duez-Debeyre*, Traité, Nr. 592 (S. 401 f.); *M. Waline*, Droit Adm., Nr. 410 — *A. A. G. Vandersanden* (S. 675), mit der unzutreffenden Begründung, im Anfechtungsprozeß gebe es keine Verletzung eines subjektiven Rechts, sondern nur das Interesse an der Einhaltung der Legalität. S. 676 hält er diese Auffassung für die Regelung vor dem EGH für übertragbar.

[95] EGH Bd. VII, S. 39, verlangt nur schlüssige Darlegung.

[96] Unklar insoweit EGH Bd. VIII, S. 374 („Die von der Klägerin behauptete Beeinträchtigung ... besteht also in Wahrheit nicht"). Deutlich aber EGH a.a.O., S. 375; ferner der Text des Art. 97 § 1 b VerfO.

V. Rechtssicherheit im Kartellrecht

Eine besondere Ausprägung der Rechtssicherheit auf dem Gebiete des Kartellrechts, die der EGH entwickelte, blieb nicht ohne Widerspruch[97]. Art. 85 Abs. 1 EWGV verankert das Verbot wettbewerbshindernder Vereinbarungen oder Beschlüsse. Nach Abs. 2 dieser Vorschrift sind solche Vereinbarungen — werden sie ungeachtet des Verbots getroffen — nichtig. Abs. 3 räumt nun die Möglichkeit ein, bestimmte Vereinbarungen, Beschlüsse oder Verhaltensweisen, die der Effizienzsteigerung des gemeinsamen Marktes dienen, vom Verbot des Abs. 1 auszunehmen.

Eine Vereinbarung oder Teile von ihr sind also nur dann nichtig, wenn sie unter Art. 85 Abs. 1 fällt und die Vorschriften des Abs. 3 für sie nicht anwendbar sind. Um das jeweils feststellen zu können, sehen die Durchführungsbestimmungen vor, daß die in Art. 85 Abs. 1 genannten Vereinbarungen oder Beschlüsse bei der Kommission angemeldet werden müssen. Erst nach der Entscheidung darüber, ob die Vereinbarung tatsächlich dem Verbot des Art. 85 Abs. 1 unterfällt und Abs. 3 ihr nicht zugute kommen kann, steht ihre Nichtigkeit fest.

„Da es dem Betroffenen an durchgreifenden rechtlichen Möglichkeiten fehlt, den Erlaß einer Entscheidung nach Art. 85 Abs. 3 zu beschleunigen — was um so folgenreicher ist, je mehr Zeit für den Erlaß der Entscheidung benötigt wird —, würde es dem allgemeinen Grundsatz der Rechtssicherheit widersprechen, daraus, daß die Wirksamkeit der angemeldeten Vereinbarung noch nicht endgültig ist, zu folgern, die Vereinbarungen seien bis zur Entscheidung der Kommission gem. Art. 85 Abs. 3 des Vertrags nicht voll wirksam. Daß diese Vereinbarungen schon voll wirksam sind, kann zwar u. U. zu praktischen Unzuträglichkeiten führen. Die Schwierigkeit, die sich aus der Unsicherheit der auf den angemeldeten Vereinbarungen beruhenden Rechtsverhältnissen ergeben könnte, wäre aber noch weit schädlicher[98].“

Ulmer weist zu Recht darauf hin[99], daß damit die Regelung des Art. 85 EWGV in ihrem Wesen verändert wurde, indem aus einem Verbot mit Freistellungsvorbehalt eine reine Mißbrauchsaufsicht entstand.

---

[97] Vgl. dazu neuestens P. *Ulmer*, Europäisches Kartellrecht auf neuen Wegen?, NJW 1970, S. 193 ff., der dem EGH zu Recht vorwirft, auf diesem Wege das Verbot mit Freistellungsvorbehalt in eine reine Mißbrauchsaufsicht umzugestalten.

[98] EGH Bd. XV, S. 316 (Portelange-Urteil); Bd. XVI, S. 137 (Bilger/Jehle): „Eine andere Lösung würde die Rechtssicherheit ernstlich gefährden“; so auch GA *Roemer*, Bd. XV, S. 28, 326; EGH Bd.

[99] a.a.O., S. 193.

Um die Auswirkungen dieser Rechtsprechung etwas zu mildern, versuchte die Kommission, eine Klarstellung dahin zu erreichen, daß die vorläufige Wirksamkeit solcher Vereinbarungen nicht auf vereinbarte Exportverbote erstreckt werden dürfe, weil hier die verbotene Wettbewerbsbeeinträchtigung auf der Hand läge[100].

Der EGH folgt dem jedoch nicht. Nicht jede Exportklausel sei geeignet, die volle vorläufige Wirksamkeit einer als ordnungsgemäß angemeldet anzusehenden Vereinbarung zu beeinträchtigen[101]. Nur so könne den Erfordernissen der Rechtssicherheit Genüge getan werden.

VI. Zusammenfassung

Mit seiner Rechtsprechung zu Art. 91 Beamtenstatut und zur Frist, innerhalb deren neue Tatsachen vorgebracht werden können, zeigte der EGH, daß der Grundsatz der Rechtssicherheit durchaus dazu geeignet ist, im Einzelfall konkrete Rechtsfolgen herbeizuführen.

In dem Spannungsfeld zwischen Rechtssicherheit und den Bedürfnissen der Gemeinschaften mühte sich der EGH, eigenständige Wege zu gehen und nationale Regelungen dem Gemeinschaftsrechtskreis sinnvoll anzupassen: Das ist in überzeugender Weise gelungen bei der Ausgestaltung der Durchbrechungen der Rechtskraft von Urteilen: Die Drittwiderspruchsklage, in der Konstruktion aus Frankreich entlehnt, erfährt im Gemeinschaftsrecht eine Einschränkung nach der Seite der erforderlichen Beeinträchtigung und der Klageberechtigten hin.

In der Ermöglichung der rückwirkenden Änderung einer Verordnung, ohne daß diese vorhersehbar gewesen wäre, geht der EGH noch über das deutsche und das — strengere — französische Recht hinaus.

In seiner Rechtsprechung zu Art. 85 Abs. 3 EWGV geht der EGH in seinem Bestreben, in der Gemeinschaftsordnung Rechtssicherheit zu gewährleisten, so weit, selbst die Struktur der vertraglichen Regelungen abzuändern. Ob diese Möglichkeit — auch wenn er sie in den Dienst der Sicherheit stellt — dem EGH gegeben ist, erscheint sehr fragwürdig.

---

[100] Vgl. Bd. XVI, S. 531.

[101] EGH Bd. XVI, S. 524 (Rochas/Bitsch, wo zusätzlich die Modifikation mitentschieden wurde, die Anmeldung von *Muster*verträgen begründe auch für nichtangemeldete Vereinbarungen nach diesem Muster volle vorläufige Wirksamkeit); so auch GA *Roemer*, Bd. XVI, S. 532, der es ablehnt, „die klaren und kategorischen Feststellungen des Portelange-Urteils im Hinblick auf den *Inhalt* angemeldeter Absprachen zu modifizieren".
Der EGH festigte so die von Ulmer zu Recht kritisierte Rechtsprechung weiter.

Auch wenn so im einzelnen viele Fragen und Ungereimtheiten bleiben und manches nicht einsichtig erscheint — es ist doch nicht zu verkennen, daß der EGH beachtliche Fortschritte auf dem Wege zur Rechtssicherheit gemacht hat.

C. Der Grundsatz von Treu und Glauben

I. Allgemeines

1. „Alle Maßnahmen öffentlicher Behörden, ob sie sich auf rein administrativem Gebiet bewegen oder im Rahmen der Ausführung eines Vertrages getroffen werden, stehen unter dem Grundsatz von Treu und Glauben[1].“ Damit wendet der EGH den allen Rechtsordnungen der Mitgliedstaaten bekannten Grundsatz von Treu und Glauben auch im Gemeinschaftsrecht an[2].

2. Die Anwendungsfälle dieses Grundsatzes lassen sich teilweise zu Fallgruppen zusammenfassen, die mit den Stichworten „Verwirkung“ und „venire contra factum proprium“ bezeichnet werden können. Darüber hinaus wird der Grundsatz, der letztlich ein redliches Verhalten zur Rechtspflicht macht, in einer Anzahl von Einzelfällen konkretisiert, die jeweils einen Aspekt seines umfassenden Inhalts deutlich machen, sich jedoch weitergehenderen Systematisierungsversuchen entziehen. So versuchte der EGH niemals, den Gehalt dieses Grundsatzes abstrakt auszudrücken. Er wendete ihn jeweils nur im Einzelfall an, ohne auch nur Ansätze zu einer allgemeinen Theorie zu machen.

II. Konkretisierungen des allgemeinen Grundsatzes

1. Venire contra factum proprium

Ein unzulässiges „venire contra factum proprium“ nimmt der EGH dann an, wenn ein Unternehmen jahrelang die Vorteile einer Entscheidung hinnimmt, sich anschließend aber darauf beruft, die Hohe Behörde habe bei Erlaß dieser Entscheidung schuldhaft rechtswidrig ge-

[1] EGH Bd. VI, S. 989.

[2] § 242 BGB; Art. 1124 it. Cc. (Verträge sind nach Treu und Glauben auszulegen); Art. 1134 Abs. 3 frz. Cc.; im frz. öffentlichen Recht als allgemeiner Rechtsgrundsatz: vgl. B. *Jeanneau*, a.a.O., S. 195 (auch im Zivilrecht trotz der Verankerung im Cc. ein allgemeiner Rechtsgrundsatz: S. 203 f.); *M. Waline*, Droit Adm., besonders Nr. 797; auch im *Völkerrecht* ist Treu und Glauben als allgemeiner Rechtsgrundsatz anerkannt: vgl. *B. Cheng*, a.a.O., S. 121 ff.; *B. Jeanneau*, a.a.O., S. 205; *E. Härle*, a.a.O., S. 161.

handelt[3]. Das Unternehmen würde sich so mit seinem früheren Verhalten in Widerspruch setzen[4]. Der EGH schränkt diesen Grundsatz bei Verwaltungsbehörden ein, die im Rahmen ihrer hoheitlichen Tätigkeit handeln. Eine Verwaltungsbehörde ist „nicht immer durch ihr früheres Verhalten gebunden, dergestalt, daß sich die Regel anwenden ließe, wonach im Rahmen der Rechtsbeziehungen zwischen den gleichen Beteiligten ein ‚venire contra factum proprium' unzulässig ist"[5]. In beiden Fällen beriefen sich die Klägerinnen darauf, die Hohe Behörde habe ihren Unternehmensbegriff für den Schrottausgleich zunächst geteilt, später dann aber geändert[6]. Dem hielt der EGH zu Recht entgegen, die Verwaltungsbehörde müsse — soweit nicht eine bindende Zusage vorliegt[7] — dazu befugt sein, ihren Rechtsstandpunkt zu ändern und — jedenfalls für künftige Entscheidungen — von der veränderten Rechtsansicht auszugehen.

Nähere Angaben über eine genaue Abgrenzung dieser „Einschränkung" macht der Gerichtshof nicht.

2. Die Verwirkung als Unterfall des venire contra factum proprium

Gegen die Anfechtungsklage zweier deutscher Stahlunternehmen, die sie mit der Rechtswidrigkeit der zugrunde liegenden allgemeinen Entscheidung[8] begründeten[9], wandte die beklagte Hohe Behörde ein, der Grundsatz der Verwirkung setze der Einrede der Rechtswidrigkeit unter gewissen Umständen eine Grenze[10]. Auf die Entgegnung der

---

[3] EGH Bd. VIII, S. 551: Die Klägerin Hoogovens klagte gegen die Rücknahme der ihr bisher gewährten Freistellung von der Schrottausgleichsumlage. Sie berief sich darauf, die Hohe Behörde habe ihr eigenes Verschulden nicht in Rechnung gestellt. Sie habe nämlich die Klägerin zu Unrecht freigestellt und ihren Irrtum im SNUPAT-Verfahren sogar noch verteidigt.

[4] Dieser Grundsatz ist auch im Völkerrecht anerkannt: vgl. *B. Cheng*, a.a.O., S. 141 ff.: „Allegans contraria non est audiendus"; *W. Friede*, ZaöRVR Bd. V (1935), S. 517 ff. (517, 520 f.; 545: Der Zusammenhang mit dem Rechtsgedanken des venire contra factum proprium und den „pouvoirs apparents" des frz. Rechts zeigt, „daß es sich im Kern um einen den Rechtsordnungen der Kulturstaaten gemeinsamen Rechtsgedanken handelt", um einen allgemeinen Rechtsgrundsatz, der „nach der Rechtsüberzeugung der Kulturstaaten jeder Rechtsordnung immanent ist".)

[5] EGH Bd. VIII, S. 689, 752. Auch im deutschen Verwaltungsrecht gilt der Grundsatz des venire contra factum proprium nur eingeschränkt: vgl. *E. Forsthoff*, a.a.O., 9. Aufl., S. 212; *O. Kimminich*, JuS 1963, S. 268 ff. (270, FN 16).

[6] Der EGH widerlegt auch in der Sache diese Behauptung.

[7] Näheres vgl. dazu unten, S. 103.

[8] ABl. 1959, S. 726 ff.

[9] Angefochten war die Ablehnung der Befreiung von der Umlagepflicht durch die Hohe Behörde; RS 41 u. 50/59, Bd. VI, S. 1025 ff.

[10] So auch GA *Roemer*, Bd. VI—2, S. 1087. Allgemein zu diesem Institut vgl. oben, S. 86 f.

Klägerinnen, dem Recht des Montanvertrages sei das Institut der Verwirkung fremd, und es könne auch nicht „aus einem allgemeinen Rechtsgrundsatz hergeleitet werden, der den Rechtsordnungen aller Mitgliedstaaten der EGKS gemeinsam sei, da sie ein dem deutschen Recht eigentümliches Institut darstelle“[11], brauchte der EGH in dieser Rechtssache nicht weiter einzugehen, da die Klage teils als unzulässig, teils aus anderen Gründen als unbegründet abgewiesen werden konnte[12].

Sowohl ausdrücklich als auch der Sache nach erkennt der EGH aber den Einwand der Verwirkung im Gemeinschaftsrecht in einer Entscheidung zur Rücknahme eines rechtswidrigen begünstigenden Verwaltungsaktes eindeutig an[13]: Der Gerichtshof stellt zunächst fest, der Kläger habe zwar nicht auf den Bestand des Verwaltungsaktes vertrauen können, doch sei unabhängig davon (!) noch zu prüfen, ob sich nicht die Hohe Behörde oder die für sie handelnden Stellen infolge deren mangelnder Sorgfalt und Klarheit an dem Verwaltungsakt festhalten lassen mußten.

„Die Prüfung dieser Frage deckt sich mit derjenigen der Verwirkungseinrede[13].“ Erst „mehr als 5 Jahre nach Zustellung der streitigen Freistellung“ hat die Beklagte der Klägerin unmittelbar mitgeteilt, daß sie ihr diese Freistellung nicht belassen wolle[13].

Die Beklagte hatte die Brüsseler Organe aber schon wesentlich früher aufgefordert, die Lage zu bereinigen. „Wenn auch das Verhalten des deutschen Regionalbüros Kritik hervorruft, so erscheint es andererseits verständlich, daß die Beklagte auf die ordnungsgemäße und unverzügliche Übermittlung ihrer Weisungen vertraut hat. Deshalb kann nicht angenommen werden, die Beklagte habe ihren Anspruch auf den streitigen Betrag durch ihr Verhalten verwirkt[13].“

Diese Auffassung ist anfechtbar. Generalanwalt Roemer folgert unter Verweis auf die deutsche Rechtsprechung und Literatur allein aus der hier ungewöhnlich langen Zeit eine nachlässige Verwaltungsführung, die zur Verwirkung des Widerrufsrechts der Beklagten führt[14].

Darüber hinaus ist diese Entscheidung noch in zweifacher Hinsicht mit einem Fragezeichen zu versehen: Zunächst stellt der EGH fest, die

---

[11] Bd. VI, S. 1035.

[12] Die Einrede der Rechtswidrigkeit scheiterte hier daran, daß die individuelle Entscheidung nicht auf der allgemeinen Entscheidung *beruhte*.

[13] EGH Bd. XI, S. 913; frz. Fassung, S. 854: „l'examen de cette question s'identifie à celui du grief tiré de la déchéance“. Im deutschen Recht vgl. *R. Stich*, DVBl. 1959, S. 234 ff. (mit einem Überblick über die neuere Rechtsprechung); auch im Völkerrecht als allgemeiner Rechtsgrundsatz: vgl. *E. Menzel*, a.a.O., S. 98.

[14] Bd. XI, S. 938.

Klägerin habe keine Vertrauensposition erworben. *Unabhängig* davon prüft er gegebenenfalls eine Verwirkung des Widerrufsrechts. Hierbei läßt der Gerichtshof außer acht, daß der Verwirkungstatbestand lediglich einen Ausfluß des Grundsatzes von Treu und Glauben darstellt, der demgemäß nur dort zur Anwendung gelangen sollte, wo sich auf seine Voraussetzungen ein guter Glaube, ein Vertrauen des *anderen* Partners gründet. (Auf das Vertrauen des Verwirkenden, seine Anordnungen würden von dem beauftragten Organ durchgeführt, kommt es entgegen der Ansicht des EGH nicht an.) Selbst wenn Zeitablauf und andere Umstände auf seiten der Hohen Behörde die Annahme der Verwirkung rechtfertigen, sollte der Grundsatz dennoch nicht angewendet werden, wenn im konkreten Fall der andere daraus keine Vertrauensposition herleiten kann. Zum zweiten erscheint die Aufteilung in ein Recht zur Rücknahme (aufgrund einer Interessenabwägung) und die Verwirkung dieses Rechts unzweckmäßig, ja falsch, da der allgemeine Gesichtspunkt der Verwirkung durch die spezielle Regelung der Abwägung bei der Rücknahme ausgeschlossen wird. Es geht nicht an, zunächst in einem fiktiven Zeitpunkt ein Rücknahmerecht zuzubilligen, das zur Zeit der Urteilsfindung verwirkt ist[15]. Vielmehr ist die Frage der Rücknehmbarkeit einzig und allein im Zeitpunkt der Urteilsfindung zu beurteilen, wobei die Argumente, die der EGH bei der Verwirkung prüft, ihren richtigen Platz bei der zur Rücknahme erforderlichen Interessenabwägung haben.

3. Sonstige Rechtspflichten aus dem Grundsatz von Treu und Glauben

a) Der Grundsatz von Treu und Glauben beinhaltet ein generelles Schikaneverbot[16].

b) Er begründet gewisse Rücksichtspflichten bei der Ausübung von Rechten:

aa) So untersagt es nach Ansicht von Generalanwalt Roemer[17] dieser Grundsatz einem Verkäufer, „in die Handelsbeziehungen zu seinen

---

[15] Jeder Verwaltungsakt wäre sonst unmittelbar nach Erlaß generell rücknehmbar, wobei dieses Recht dann verschieden schnell verwirkt würde. Damit wäre die Problematik lediglich verschoben.

[16] EGH Bd. VIII, S. 67; Bd. XI, S. 747; vgl. § 226 BGB: Der hier erforderliche *ausschließliche* Schädigungszweck schafft gegenüber dem den anderen Mitgliedstaaten gemeinsamen Verbot eines „abus de droit" eine erhebliche Einschränkung (vgl. *E. Härle*, a.a.O., S. 182 f.).

Dafür, daß der EGH diese Einschränkung ins Gemeinschaftsrecht übernimmt, liegen nicht die geringsten Anzeichen vor.

[17] Bd. V, S. 153.

Kunden eine plötzliche Veränderung zu bringen, auf die dieser sich nicht in kurzer Zeit einstellen kann"[18].

bb) Auch eine Kündigung darf nicht gegen Treu und Glauben verstoßen[19]. Daraus folgert der EGH a.a.O., daß die Entlassung z. B. aus einem einstweiligen Anstellungsverhältnis durch Gründe gerechtfertigt sein muß, die „im Zusammenhang mit dem dienstlichen Interesse stehen"[20], so etwa mangelnde Befähigung oder die Aufhebung des Dienstpostens im dienstlichen Interesse[21].

c) Die Behörde muß sich selbst an ihre verbindlichen Äußerungen halten:

aa) Hat die Behörde eine bestimmte Stelle ausgeschrieben, so darf die Einstellung nur in der im Ausschreibungsverfahren bezeichneten Weise erfolgen: „Aus Billigkeit und Treu und Glauben" ergeben sich „gewichtige Gründe" für eine Einhaltung der dahin gehenden Bestimmung[22]. Der EGH sieht in der Mißachtung dieser Bestimmung den Verstoß gegen eine wesentliche Ausschreibungsbedingung und hebt die so zustande gekommene Einstellungsverfügung ohne weitere Begründung auf[23].

bb) Eine eventuelle Zusage der Verwaltung, sie werde den Kläger in jedem Falle in eine Dauerstellung übernehmen, macht — nach Ansicht des EGH — die Entlassung des Bediensteten jedoch nicht rechtsmißbräuchlich, wenn trotz der Zusage gleichzeitig ein lediglich befristeter Vertrag abgeschlossen wurde und der Kläger diesen vorbehaltslos unterschrieb[24]. Daran ändere auch der Umstand nichts, daß die Vertragsbestimmungen über die Kündigungsfrist eventuell als bedeutungslose Floskeln bezeichnet wurden. Eine andere Ansicht liefe nämlich „darauf hinaus, dem eindeutigen und genauen Wortlaut eines Vertrages jede rechtliche Bedeutung abzusprechen, obwohl derjenige, dem der Vertrag angeboten wurde, ihn vorbehaltlos angenommen hat"[24]. Der EGH geht hier sehr weit und läßt dabei außer acht, daß das Treuwidrige gerade darin liegt, daß die Anstellungsbehörde die vorbehaltlose Annahme des Vertrages durch ihre gleichzeitige „Zusage" — die gegebe-

---

[18] Der EGH gab der Klage aus anderen Gesichtspunkten statt und ging hierauf nicht ein.

[19] GA *Roemer*, Bd. VI, S. 1012; EGH Bd. VI, S. 989, 1139.

[20] Ähnlich auch EGH Bd. VIII, S. 63.

[21] Hier kommt der EGH in die Nähe des Ermessensmißbrauchs.

[22] GA *Gand*, Bd. XI, S. 1357.

[23] Bd. XI, S. 1348.
Das Europäische Parlament stufte die für eine B-5-Stelle ausgewählte Bewerberin nach B-4 (höher) ein. Dagegen klagten die abgewiesenen Mitbewerber.

[24] EGH Bd. XI, S. 737.

nenfalls bewußte Irreführung und Täuschung sein kann — herbeiführt. Die Behörde darf sich nicht auf Erklärungen berufen, die sie durch Täuschungen erlangte: Der Bedienstete hätte bei zutreffender Beurteilung der Lage den Vertrag möglicherweise nicht unterschrieben.

Zuzustimmen ist jedoch der früheren Entscheidung des EGH, wonach die Behörde im Einklang mit dem Grundsatz von Treu und Glauben handelt, wenn sie bei rechtlichen Zweifeln bezüglich der Übernahme ins Beamtenverhältnis eine verbindliche Zusage ablehnt[25] und dabei die eventuellen Hinderungsgründe mitteilt. Da der Kläger nach Art. 246 Abs. 3 EWGV und 214 Abs. 3 EAGV noch keinen Anspruch auf eine Dauerstellung hat, kann man nicht von einem unzulässigen Druck auf den Kläger sprechen[26].

III. Zusammenfassung

Der EGH geht zu Recht davon aus, daß der Grundsatz von Treu und Glauben gleichermaßen das öffentliche und das Privatrecht beherrscht. Otto Mayer sah das im deutschen Verwaltungsrecht noch als eine unzulässige Übertragung von bürgerlich-rechtlichen Grundsätzen ins öffentliche Recht an. Forsthoff spricht von einer — allerdings erlaubten — Einführung dieses Grundsatzes ins Verwaltungsrecht[27]. Richtig dürfte hingegen die Ansicht sein, die im „Treu-und-Glauben-Prinzip" einen allgemeinen Rechtsgrundsatz sieht, der alle Rechtsgebiete — auch das öffentliche Recht — umfaßt, gegebenenfalls mit jeweils sachnotwendigen Einschränkungen[28].

In seiner Rechtsprechung zur Verwirkung weicht der EGH allerdings von den deutsch-rechtlichen Vorstellungen ab, indem er sie vom Ausgangspunkt des Vertrauensschutzes ablöst und aufgrund der Gutgläubigkeit des Verwirkenden (!) zur Ablehnung der Verwirkung kommt.

---

[25] Bd. VII, S. 602 f.

[26] Der Kläger berief sich darauf, der Rat habe ihn mit dem Hinweis, ihn nicht ins Beamtenverhältnis übernehmen zu können, treuwidrig gezwungen, zu kündigen und eine vom Rat vermittelte Staatsstellung in seinem Heimatland anzunehmen.

[27] a.a.O., S. 155 (mit Nachweisen in FN 2).

[28] z. B. BVerwG NJW 1958, S. 154 (für die Verwirkung); im frz. Recht: *B. Jeanneau*, a.a.O., S. 195 (Er nimmt schon im Privatrecht neben der ausdrücklichen Vorschrift des Artikels 1131 Cc. die Geltung als allgemeinen Rechtsgrundsatz an, S. 203 f.).

D. Der Grundsatz des Diskriminierungsverbots

I. Allgemeines

Der Gleichheitsgrundsatz gehört zu den in allen Mitgliedstaaten anerkannten allgemeinen Rechtsgrundsätzen[1]. In den Gemeinschaftsverträgen ist er in zahlreichen Einzelvorschriften verankert[2]. Ausgehend von diesen Vorschriften und zum Teil darüber hinaus hat der EGH diesen Grundsatz in zahlreichen Urteilen ausgestaltet und konkretisiert.

II. Ausgestaltung des Grundsatzes im Gemeinschaftsrecht

1. Der Grundsatz des gleichen Zugangs zum Dienst der Gemeinschaften[3]

Um den gleichen Zugang zum Dienst der Gemeinschaften zu gewährleisten, verlangt der EGH die absolute Gleichheit der Gehälter. Den

[1] Vgl. für das frz. Recht: *B. Jeanneau,* a.a.O., S. 5—39, mit ausführlicher Darstellung der Ausgestaltung des Grundsatzes in der Rechtsprechung des Staatsrats; GA *Lagrange,* Bd. IV, S. 363: Im frz. Recht wurde der Gleichheitssatz vom Staatsrat als ungeschriebener Rechtsgrundsatz entwickelt (einzelne Hinweise S. 363 f.); *A. de Laubadère,* Traité, Nr. 382; *M. Waline,* Droit Adm., Nr. 763. Im deutschen Recht: Art. 3 GG, Art. 118 BV; der Gleichheitssatz ist — obgleich er im Grundrechtsteil der Verfassungen geregelt ist — den allgemeinen Rechtsgrundsätzen zuzurechnen. Er ist nicht nur auf die verfassungsrechtliche Sphäre zu beschränken, sondern entfaltet seine Wirksamkeit in *allen* Rechtsgebieten (vgl. zum formellen und materiellen Unterschied zwischen Grundrechten und allgemeinen Rechtsgrundsätzen: *W. Leisner,* a.a.O., S. 306—309. Dem formellen Abgrenzungskriterium anhand der Rechtsgeltung folgt allerdings die vorliegende Arbeit nicht; vgl. dazu Teil I, S. 45 ff.): BVerfGE Bd. 6, S. 71; 7, S. 404 („ein allgemein für die öffentliche Gewalt geltender Rechtsgrundsatz"); weitere Hinweise auf die Rspr. des BVerfGE bei *W. Leisner,* a.a.O., S. 308 FN 58; BayVerfGH NF Bd. 4, S. 51; BGHZ Bd. 11, Anh. S. 52 („Grundsatznorm"), 53, 55 („abstrakter" Grundsatz); weitere Hinweise bei *H. P. Ipsen,* Gleichheit, S. 151 („immanentes Prinzip der Rechtsordnung"). *A. A.: H. P. Ipsen,* a.a.O., S. 113, 128 (auf Seite 196 wendet Ipsen den Gleichheitsgrundsatz allerdings im Wirtschaftslenkungsrecht „kraft ungeschriebenen Rechts" an. Er spricht dort von einem „anerkannten Prinzip des Interventionsrechts"); *Th. Maunz,* a.a.O., S. 106 unten.

[2] z. B. Art. 2 Abs. 2, 3 lit. b, 4 lit. b, c, 60, 70 Abs. 1 EGKSV; Art. 7, 95 Abs. 1 EWGV. Aus der neueren Literatur vgl. v. a. *A. Jerusalem,* Das Diskriminierungsverbot in der Marktordnung des Montanvertrages, 1961; *E. Zimmermann,* Die Preisdiskriminierung im Recht der EGKS, 1962; *M. Hochbaum,* Das Diskriminierungs- und Subventionsverbot in der EGKS und EWG, 1962; *E. Loerke,* Hoheitliche Gewalt und Diskriminierungsverbot nach dem Montanvertrage, 1964; *E. Steindorff,* Der Gleichheitssatz im Wirtschaftsrecht des Gemeinsamen Marktes, 1965; *M. Wybo,* Discrimination et Marché Commun, 1966; *R. Wägenbaur,* Das Verbot steuerlicher Diskriminierung nach dem EWGV im Lichte der Rechtsprechung des Gerichtshofs, EuR 1969, S. 20 ff.

Bezugspunkt für die Vergleichbarkeit liefert der „Grundsatz der Entsprechung von Tätigkeit und Besoldungsgruppe"[4]. Damit soll vermieden werden, „daß Beamte, denen rechtlich vergleichbare Aufgaben übertragen sind, ungleich behandelt werden"[5]. Im einzelnen wird der Vergleich nach der Beschreibung der Tätigkeiten und Aufgabenbereiche vollzogen, die gemäß Anhang I und Art. 5 des Beamtenstatuts erstellt wurde. Hierbei prüft der EGH zunächst das „Rangkriterium"[6], anschließend „wissenschaftliche und individuelle Kriterien"[7], wobei innerhalb der letzteren dem Lebensalter und der Berufserfahrung „eine größere Bedeutung zukommt"[8]. Aus diesem Grunde hielt der EGH eine eventuelle Vereinbarung zwischen der beklagten Kommission der Europäischen Atomgemeinschaft und der Bundesrepublik Deutschland, den deutschen Beamten keine die früheren Inlandsbezüge um mehr als 20 % übersteigende Gehälter zu zahlen[9], für „offensichtlich rechtswidrig". Die Nationalität darf bei der Bezahlung der Bediensteten keine Rolle spielen. Allein die ausgeübte Tätigkeit entscheidet[10]. Der Dienstherr muß sich „bei der Einstellung, Beförderung und Einweisung der Bediensteten" vom dienstlichen Interesse „ohne Ansehen der Staatsangehörigkeit" leiten lassen[11]. Andererseits hat er seine Bediensteten allerdings im Interesse des Funktionierens der Gemeinschaftseinrichtungen „auf möglichst breiter geographischer Grundlage"[11] auszuwählen. Er bringt diese gegenläufigen Erfordernisse dann „miteinander in Einklang, wenn er bei weitgehend gleichwertigen Befähigungsnachweisen der einzelnen Bewerber das Kriterium der Staatsangehörigkeit den Ausschlag geben läßt, um das geographische Gleichgewicht innerhalb des Personals zu erhalten oder wiederherzustellen"[12].

[3] Vgl. Art. 33 Abs. 2 GG; Art. 94, 107, 116 BV als wichtigste Konkretisierung im Dienstrecht; vgl. darüber hinaus neuerdings die Konkretisierung des Gleichheitsgebotes bei den finanziellen Folgen des Ausscheidens aus dem Dienst (EGH Bd. XV, S. 246) und bei der Behandlung von Wanderarbeitnehmern in den Mitgliedstaaten (gleichmäßige Anrechnung des Wehrdienstes auf die Betriebszugehörigkeit für Inländer und Wanderarbeitnehmer, auch wenn deren Wehrdienst im Ausland abgeleistet wurde; EGH Bd. XV, S. 369 f.; dazu auch Bd. X, S. 628 f.).

[4] EGH Bd. X, S. 1506; XI, S. 841; XVI, 282 und 370 (Auf eine Verletzung des Gebots der Gleichwertigkeit von Dienstposten und Besoldungsgruppe kann sich der Bedienstete vor Gericht berufen!).

[5] EGH Bd. X, S. 1506.

[6] Bd. XI, S. 843 f.

[7] Bd. XI, S. 844 f.

[8] Bd. XI, S. 845.

[9] Der Vorwurf konnte nicht bewiesen werden.

[10] EGH Bd. X, S. 78; unter mehreren gleichwertigen Dienstposten kann der Dienstherr dem Bediensteten einen bestimmten Aufgabenbereich zuweisen, auch wenn dieser einen anderen Aufgabenbereich persönlich vorgezogen hätte (vgl. dazu EGH Bd. XVI, S. 282 und 370).

[11] EGH Bd. XIV, S. 203; XV, S. 72.

[12] EGH Bd. XV, S. 72; so auch schon Bd. X, S. 78.

Bei der Beurteilung dieses geographischen Gleichgewichts darf aber die Betrachtung nicht auf jede Rangstufe in jedem Dienst isoliert abgestellt werden. Vielmehr ist hierfür auch die Verteilung bei nachgeordneten Rängen einzubeziehen[13].

Der EGH beschränkt den Grundsatz der absoluten Gleichheit der Gehälter nicht nur auf den Bruttobetrag; er erstreckt ihn auch auf den Nettolohn. So soll eine „tatsächliche Gleichheit der Vergütung“[14] gewährleistet werden. Bei Beamten, die ein zusätzliches steuerpflichtiges Einkommen in einem der Mitgliedstaaten haben, darf das Einkommen aus dem Gemeinschaftsdienst in keiner Weise bei der Besteuerung berücksichtigt werden. Vergleichbar ist hier nicht „Gemeinschaftsbeamter“ — „Gemeinschaftsbeamter mit nationalen Nebeneinkünften“, sondern vielmehr Gemeinschaftsbeamte verschiedener Nationalität mit Nebeneinkommen[15]. Durch die verschiedene Gestaltung der nationalen Steuertarife würde auch eine Berücksichtigung in Form eines Freibetrages indirekt die absolute Besoldungsgleichheit durchbrechen. Damit wäre gleichzeitig „eine Diskriminierung hinsichtlich der den Angehörigen der einzelnen Mitgliedstaaten eröffneten tatsächlichen Möglichkeit des Zugangs zu den öffentlichen Ämtern der Gemeinschaft geschaffen“[16]. Auch eine Beeinträchtigung der Gleichheit der Mitglied*staaten* wäre gegeben, da sie aus der Tätigkeit ihrer Staatsangehörigen bei der Gemeinschaft verschiedene steuerliche Vorteile ableiten würden.

In dieser Regelung sieht der EGH keinen Eingriff der Gemeinschaft in die nationale Steuerhoheit; es geht vielmehr lediglich darum, den nationalen vom Europäischen Bereich abzugrenzen und diskriminierende Auswirkungen aus dem nationalen Recht abzuschirmen.

2. Der Gleichheitsgrundsatz im Preisrecht des Montanvertrags[17]

Mit den Entscheidungen Nr. 1, 2 und 3/54 änderte die Hohe Behörde ihre Entscheidungen Nr. 30 und 31/53 ab, indem sie die Verletzung der Veröffentlichungspflicht und des Diskriminierungsverbots begrifflich trennte. Zuvor war jede Abweichung von der veröffentlichten Preisliste zugleich eine Diskriminierung. Nach den neuen Bestimmungen

---

Dies darf aber nicht dazu führen, daß eine Position für einen Angehörigen einer bestimmten Nation *reserviert* wird (EGH Bd. XIV, S. 203; GA *Roemer*, Bd. XV, S. 83).

[13] EGH Bd. XV, S. 72, GA *Roemer*, S. 83.

[14] GA *Lagrange*, Bd. VI, S. 1225.

[15] EGH Bd. VI, S. 1200.

[16] EGH Bd. VI, S. 1197.

[17] Zur Preisdiskriminierung im Gemeinsamen Markt allgemein: *B. Börner*, a.a.O., S. 40 ff., 51 ff. *M. Wybo*, a.a.O., S. 31 ff. (unter Hinweis auf das Verbot der Preisdiskriminierung in der Gesetzgebung der Mitgliedstaaten).

liegt ein Verstoß gegen das Diskriminierungsverbot nicht mehr vor, wenn die Abweichung bei einem Geschäft *besonderen* Charakters oder bei *allen* vergleichbaren Geschäften vorgenommen wird.

Nach der früheren Regelung konnte es infolge der klaren Rechtslage nur bewußte Verstöße gegen das Diskriminierungsverbot geben. Nach den neuen Bestimmungen dagegen hält es der EGH[18] für „theoretisch denkbar, daß ein Unternehmen im guten Glauben eine Diskriminierung begeht, indem es irrtümlich annimmt, daß es sich um ein nicht vergleichbares oder ein Geschäft besonderen Charakters handle". Beide Begriffe sind nämlich „in einer abstrakten Definition kaum zu erfassen"[18]. Der zeitliche Abstand zwischen zwei Geschäften gibt kein taugliches Kriterium ab. Die Vergleichbarkeit kann lediglich „nach Maßgabe der Marktlage beurteilt werden; ebenso kann der besondere Charakter eines Geschäftes nur aufgrund der Umstände festgestellt werden, die ihn begründen"[19].

Somit sind im Einzelfall reichliche Zweifelsfragen bei der Beurteilung eines Geschäftes gegeben. In Übereinstimmung mit Entscheidungen auf anderen Gebieten[20] stellt der EGH jedoch ausdrücklich klar, daß der Begriff der Vergleichbarkeit nach dem Vertrag „objektiver Natur" ist und es nicht gestattet, „rein subjektive Umstände wie die verwandtschaftlichen Beziehungen zwischen den Beteiligten zu berücksichtigen"[21].

3. Diskriminierungsverbot und die Auferlegung verbotener Sonderlasten[22]

a) Der Rechtsstreit des Groupement des Industries Sidérurgiques Luxembourgeoises gegen die Hohe Behörde der Europäischen Gemeinschaft für Kohle und Stahl[23] warf die Frage der nach Art. 4 lit. c[24]

[18] Bd. I, S. 21, 95.

[19] EGH Bd. I, S. 21 ff.

[20] Etwa zu Art. 95 EWGV (v. a. EGH Bd. XIV, S. 347) oder Art. 70 EGKSV (EGH Bd. VI, S. 501 f.).

[21] EGH Bd. VIII, S. 615; GA *Roemer*, nicht so eindeutig; er meint (S. 629) zunächst, auch gewisse subjektive Elemente berücksichtigen zu müssen, gesteht jedoch zu, daß die subjektiven Verhältnisse in der Regel zur Unterscheidung ungeeignet seien. Was er als subjektive Verhältnisse betrachtet (Händlereigenschaft), wird der EGH wohl als objektives Element ansprechen; auch GA *Roemer* wies darauf hin, daß dieses spezielle Merkmal Auswirkungen auf Absatz und Produktivität der Verkäufer hat und somit „in einem sachlichen Zusammenhang mit dem abgeschlossenen Geschäft" steht.

[22] Von den Mitgliedstaaten auferlegt (*E. Steindorff*, a.a.O., S. 53, spricht hier von innerstaatlichen Differenzierungen), im Gegensatz zu den öffentlichen Lasten, die die Gemeinschaftsorgane auferlegen. Dazu vgl. unten, S. 111 ff.

[23] Bd. II, S. 53 ff.

[24] Zum Diskriminierungsverbot auf dem *Verkehrs*sektor (4 lit. b) vgl. v. a.

untersagten Sonderlasten auf[25]. Die Auferlegung einer Sonderlast bedeutet gleichzeitig eine Diskriminierung[26]. Die Verträge umschreiben den Begriff der Sonderlast nicht näher. Art. 67 § 3 EGKSV bringt lediglich ein Beispiel, in dem belastete und nicht belastete Industrien des gleichen Staates sich zu diesem in einer vergleichbaren Lage befinden[27]. „Die Vergleichbarkeit der Lage gibt aber nur ein relatives und oberflächliches Unterschiedungsmerkmal, da dieses Merkmal von dem Umfang seines Anwendungsbereiches abhängt[27].“ Es ist erforderlich, im Zweifelsfalle neben der vergleichbaren Lage auch einen Vergleich des erreichten mit dem vom Vertrag gewollten Ergebnis zu vollziehen[27]. Das vom Montanvertrag gemäß Art. 2 in Verbindung mit Art. 67 vorwiegend angestrebte Ergebnis ist die rationellste Verteilung der Grundstoffe bei höchstmöglichem Leistungsstand. Der EGH sieht diese Verteilung in einer Staffelung nach den Produktionskosten. Daher ist eine Sonderlast gegeben, wenn die Produktionskosten der Erzeuger vergleichbarer Lage durch eine Maßnahme nicht in gleicher Weise berührt werden und hierdurch produktivitätsunabhängige Verzerrungen bei der Verteilung der Grundstoffe auftreten[28].

Daß trotz alledem eine gewisse Diskriminierung etwa im Verhältnis zu den Verbrauchern anderer Mitgliedstaaten eintreten kann, ist im

---

W. *Klaer,* Die Anwendung von Diskriminierungsverboten im Gemeinsamen Verkehrsmarkt, in: Zur Stellung der Mitgliedstaaten im Europarecht, Bd. 32 der Speyerer Schriftenreihe, 1967, S. 98 ff., mit Darstellung der Rechtsprechung. Der EGH hat inzwischen klargestellt (Bd. XIV, S. 18 f.), daß eine Ausnahmegenehmigung nach Art. 70 Abs. 4 EGKSV auch bei *dauernden* Veränderungen der Wettbewerbslage in Frage kommen kann (vorliegend durch die Mosel-Main-Neckar-Kanalisierung), weil die daraus resultierenden Umstellungsschwierigkeiten der betroffenen Unternehmen durchaus vorübergehender Natur und daher mit Ausnahmetarifen zu beheben sein können.

[25] Die luxemburgische Regierung unterhielt ein Office Commercial du Ravitaillement für die Einfuhr fester Brennstoffe (Monopol). Durch die angegliederte Ausgleichskasse wurde die Industriekohle zugunsten des Hausbrandes belastet. Die Klägerin ist der Ansicht, daß diese über die Sonderlast der Industriekohle finanzierten Zuwendungen an den Hausbrand gegen den Gemeinsamen Markt verstoßen; vgl. auch *M. Hochbaum,* a.a.O., S. 48 ff.

[26] Freilich muß nicht umgekehrt jede Diskriminierung durch Auferlegung einer Sonderlast erfolgen. Insofern prüft der EGH zu Recht den Vorwurf der Diskriminierung getrennt von dem der Sonderlast: Bd. II, S. 94 ff., 91 ff., Bd. V, S. 493 ff., 498.

[27] EGH Bd. II, S. 91; vgl. dazu auch Art. 101, 102 EWGV (dazu *E. Steindorff,* a.a.O., S. 53 ff.).

[28] EGH Bd. II, S. 92; das wäre der Fall, wenn die betreffende Last nur einen Teil der festbrennstoffverbrauchenden Unternehmen Luxemburgs oder nur einen Teil der in der luxemburgischen Wirtschaft verwandten festen Brennstoffe beträfe. Beides war nicht der Fall. So handelte es sich um eine allgemeine Last aller luxemburgischen Verbraucher von festen Industriebrennstoffen, die eine nationale Regierung nach Belieben auferlegen kann; EGH Bd. II, S. 95 (vgl. *E. Steindorff,* a.a.O., S. 10 ff., für die gleichgelagerte Problematik bei Art. 95 Abs. 2 EWGV).

Montanrecht nicht zu verhindern. „Die in Art. 4 lit. 6 EGKSV bestimmte Aufhebung und Untersagung der diskriminierenden Maßnahmen und Praktiken (führt) nicht zu einer absoluten Gleichheit der Wettbewerbsbedingungen für die unter den Zuständigkeitsbereich der Gemeinschaft fallenden Kohle- und Stahlindustrie[29]." Daß ein ungelöster Rest bestehen bleibt, zeigt die Regelung des Art. 67 EGKSV. Hier handelt es sich um eine der unvermeidlichen Folgen der bloßen Teilintegration[30] im Montanrecht, die zur Folge hat, daß die Mitgliedstaaten für ihre allgemeine Wirtschaftspolitik verantwortlich bleiben (vgl. Art. 26 EGKSV) und in diesem Rahmen die volle Handlungsfreiheit bei der Auferlegung allgemeiner Lasten haben[31]. Die Besonderheit des Montanrechts steht einer vollkommenen Berücksichtigung des Gleichheitssatzes in diesem Bereich entgegen.

b) Zunehmend größeren Raum in der Rechtsprechung nimmt das Diskriminierungsverbot des Art. 95 EWGV[32] ein. Diese Vorschrift gehört zu denjenigen Vertragsregelungen, die die Gleichbehandlung der Gemeinschaftsangehörigen durch die innerstaatlichen Rechtsordnungen gewährleisten sollen. Sie bildet auf dem Gebiet des Abgabenrechts „eine unerläßliche Grundlage des gemeinsamen Marktes"[33]: Durch die Beseitigung aller steuerlichen Hindernisse trägt sie dazu bei, einen normalen Wettbewerb[34] zu gewährleisten, indem sie es verbietet, auf Waren aus anderen Mitgliedstaaten höhere inländische Abgaben, als gleichartige inländische Waren zu tragen haben, oder solche Abgaben zu erheben, die geeignet sind, andere Produktionen mittelbar zu schützen[35]. Art. 95 läßt also Abgaben auf Importe nur so weit zu, als „die gleichen Abgaben in gleicher Weise auch auf inländische Waren erhoben werden".

---

[29] EGH Bd. II, S. 96.

[30] Beschränkt auf Kohle und Stahl.

[31] EGH Bd. II, S. 96 ff.

[32] In ständiger Rspr. ist anerkannt, daß diese Vorschrift eine unmittelbare Verpflichtung begründet (vgl. zuletzt ausdrücklich EGH Bd. XIV, S. 230).

[33] EGH Bd. XII, S. 265 (*R. Wägenbaur*, EuR 1967, S. 21, FN 11, verweist auf mehrere Anmerkungen zu diesem Urteil).

[34] EGH Bd. XIV, S. 348; zum Verbot von Abgaben mit *zoll*gleicher Wirkung i. S. von Art. 9 und 12 EWGV vgl. EGH Bd. VIII, S. 867 ff.; XV, S. 222, sowie GA *Gand* hierzu, S. 230, und die bei *R. Wägenbaur*, EuR 1967, S. 20 (FN 2) aufgeführten Urteile.

Art. 7 EWGV verbietet es den Mitgliedstaaten, ihr *Kartellrecht* selbst je nach der Staatsangehörigkeit der Betroffenen unterschiedlich anzuwenden (EGH Bd. XV, S. 16; dieses Verbot erfaßt aber nicht Verzerrungen, die sich für die Unternehmungen aus der Tatsache verschiedener Rechtsordnungen ergeben, sofern diese Rechtsordnungen auf alle ihr unterworfenen Personen nach objektiven Merkmalen und ohne Rücksicht auf die Staatsangehörigkeit der Betroffenen anwendbar sind).

[35] EGH Bd. XIV, S. 345; XII, S. 265.

„Gleichartig“ sind für den EGH Waren dann, wenn sie „normalerweise steuerrechtlich, zollrechtlich oder statistisch, je nach Lage des Falles, unter die gleiche Bezeichnung einzuordnen sind“[36].

Der EGH hat seine bisherige Rechtsprechung[37] in neueren Entscheidungen vor allem in zwei Richtungen vervollständigt:

Auch wenn eine pauschale Umsatzsteuer inländische und eingeführte Waren mit dem gleichen Satz belastet, ist ein Verstoß gegen Art. 95 Abs. 1 EWGV denkbar, wenn nämlich eine unterschiedliche Veranlagung — im vorliegenden Fall verschiedene Bemessungswerte — zu einer höheren Belastung der importierten Ware führt[38].

Zum anderen hat der EGH klargestellt, daß eine unterschiedliche steuerliche Belastung nicht mit dem Hinweis auf Herstellungsverluste oder höhere Produktionskosten des inländischen Artikels gerechtfertigt werden könne[39]. „Der in Art. 95 verankerte Nichtdiskriminierungsgrundsatz gilt unabhängig davon, ob außersteuerliche Faktoren auf die jeweiligen Herstellungskosten der zu vergleichenden Erzeugnisse einwirken.“

4. Der Grundsatz der Gleichheit bei der Tragung öffentlicher Gemeinschaftslasten

Von den verschiedenen finanziellen Ausgleichseinrichtungen der Gemeinschaften[40] und den durch sie auferlegten Lasten beschäftigte die

[36] EGH Bd. VIII, S. 884. Damit wies der EGH die Auffassung der Beklagten zurück, die davon ausging, Art. 95 EWGV lasse eine Abgabe auf Importe dann zu, wenn sie ein Gegengewicht zu anderen inländischen Belastungen — also etwa der Fixierung inländischer Stützpreise — bilde. Damit hätte Art. 95 jede Bedeutung verloren.

EGH Bd. XIV, S. 347; Literaturhinweise bei *R. Wägenbaur*, EuR 1967, S. 29 (FN 50).

[37] Diesbezüglich kann auf Darstellung bei *R. Wägenbaur*, EuR 1967, S. 27 ff., verwiesen werden.

[38] EGH Bd. XVI, S. 242 f.: Belgien hatte den einmaligen Pausch-Umsatzsteuersatz von 14 % für inländisches Holz (am Stamm oder geschlagen) auf importiertes Holz angewandt, bei letzterem aber den Wert nach dem Zeitpunkt der Zollanmeldung berechnet, bei dem das ausländische Holz meist weiterverarbeitet und demnach sein Wert höher war. So ergaben sich trotz äußerlicher Gleichheit des Steuersatzes unterschiedliche Belastungen.

[39] EGH Bd. XVI, S. 194 f. Mit diesem Hinweis wollte es Italien rechtfertigen, aus anderen Mitgliedstaaten importiertes Kakaopulver einer höheren Verbrauchssteuer zu unterwerfen als das gleiche in Italien aus — abgabenfrei — importierten Kakaobohnen hergestellte Erzeugnis.

[40] Hinweise auf weitere Ausgleichskassen und deren Behandlung bei *R. Krawielicki*, Finanzielle Ausgleichseinrichtungen im Recht der Montanunion, in: Festschrift für *O. Riese*, 1964, S. 151 ff.; vgl. ferner *E. Steindorff*, Finanzielle Einrichtungen, in: KSE Bd. 1, S. 437 ff.; *Pinckernelle*, Finanzielle Einrichtungen, in: KSE Bd. 1, S. 456 ff.

Schrottausgleichsregelung des Montanrechts weitaus am häufigsten die Rechtsprechung.

Der EGH betonte mehrfach, das System des Schrottausgleichs sei rein öffentlich-rechtlicher Natur. Die Ausgleichspflicht ist daher für die Unternehmen eine öffentliche Last. Da die hierunter fallenden Unternehmen miteinander im Wettbewerb stehen, ist die Hohe Behörde verpflichtet, „mit ganz besonderer Sorgfalt darauf zu achten, daß der Grundsatz der Gleichheit vor den öffentlichen Lasten jederzeit bis ins letzte gewahrt wurde“[41].

a) „Tragender Zweck der Ausgleichseinrichtung[42] ist die ungefähre Gleichstellung der Verbraucher von Importschrott und der Verbraucher von Inlandschrott[43].“ Diese Gleichstellung wird dadurch erschwert, daß der Zeitraum zwischen Kauf und Empfang des Ausgleichsbeitrages bzw. der Zahlung der Umlage verschieden groß ist[44]. Durch die Zahlung zu verschiedenen Zeitpunkten auftretende Verzerrungen werden durch die Hohe Behörde und den EGH in folgender Weise auszugleichen versucht:

aa) „Im Interesse der gleichmäßigen Lastenverteilung müssen Schwankungen der Währungsparitäten ausgeschaltet werden[45].“

Die Ausgleichsschuld — die wegen der leichteren Umrechnung in Rechnungseinheiten festgesetzt wird — entsteht sofort in der Landeswährung, so daß bei einer nationalen Auf- oder Abwertung zwischen Entstehen der Schuld und Bezahlung von der *alten* Parität ausgegangen werden muß. Würde diese Parität, die beim Zahlungs- oder Vollstreckungszeitpunkt anwendbar ist, zugrunde gelegt, könnten sich Diskriminierungen gegenüber anderen Unternehmen desselben Mitgliedstaates ergeben, die ihre Schuld zu einem früheren bzw. späteren Zeitpunkt beglichen[46].

bb) In der Entscheidung Nr. 7/61[47] geht die Hohe Behörde von einem Verzugs- zum Fälligkeitszinsensystem über. Diese Regelung wurde als

---

[41] EGH Bd. VII, S. 365; zum deutschen Wirtschaftslenkungsrecht: vgl. *H. P. Ipsen*, a.a.O., S. 196, mit Nachweisen in FN 272.

[42] Die Ausgleichsregelung sollte Diskriminierungen, die durch den unterschiedlichen Preis von Import- und Abwrackschrott und inländischem Schrott mit einem System von Umlage und Subventionen ausgleichen und allen Abnehmern einen rechnerisch gleichen Preis gewährleisten.

[43] GA *Roemer*, Bd. XI, S. 984.

[44] Der Zeitraum hängt von der Schnelligkeit der Abrechnung durch die Hohe Behörde ab, die ihrerseits nur in regelmäßigen Abständen erfolgen kann.

[45] EGH Bd. XI, S. 918, 971; zustimmend *P. Weides*, Anmerkung in EuR 1966, S. 70 ff. (72).

[46] EGH Bd. XI, S. 918, 971.

[47] ABl. v. 25. 4. 1961, S. 653 ff.

diskriminierend bezeichnet, da bei verspäteter Zahlung alle Unternehmen gleichbehandelt werden, ohne Rücksicht darauf, ob sie die Verspätung zu vertreten haben oder nicht[48]. Bei normalen Geldleistungen aus allgemeinen Verträgen oder öffentlich-rechtlichen Verhältnissen wäre diese Regelung in der Tat diskriminierend[49]. Trotzdem hält sie der EGH hier für rechtmäßig. Er beweist, daß er das Gleichheitsgebot nicht schematisch versteht. Ziel ist eine materielle Gleichstellung der Unternehmen, die notfalls auch unter Abweichung von „herkömmlichen Vorstellungen" gewonnen wird[50], wenn es die besondere Lage erfordert. Das System des Schrottausgleichs als Lastenausgleich im Schrotteinkauf erforderte die Modifikation: Würde man wie üblich von einem Verzugszinsensystem ausgehen, müßte meist erst ein langwieriger Nachweis der Anspruchsvoraussetzungen erfolgen. Oft bliebe er ganz erfolglos, da die Unternehmen infolge der komplizierten Berechnungen den Zahlungsverzug nicht zu vertreten haben. So haben bei verspäteter Festsetzung des Beitrags die Unternehmen über Jahre hinweg Beträge zur Verfügung, über die eigentlich die Hohe Behörde verfügen sollte. Die Hohe Behörde muß dagegen bei der Verteilung ihrer Ausgleichsbeihilfen die Beträge bis zum Monat des Verbrauchs zurückverzinsen. Da sie ohne Eigenkapital arbeitet, müßte sie dieses Zinsaufkommen, soweit es nicht durch Verzugszinsen gedeckt ist, wiederum auf alle Unternehmen umlegen. Damit wären pünktlich leistende Unternehmen gegenüber den — verschuldet oder unverschuldet — verspätet leistenden zweifach benachteiligt: Erstens haben sie den von ihnen geschuldeten Betrag nicht noch über Jahre hinweg zur Verfügung; zweitens müssen sie den Zinsausfall, der durch die verspätete Zahlung der anderen Unternehmen eintrat, selbst mittragen. „Ein solches Ergebnis würde den Erfordernissen und Zielen der Ausgleichseinrichtung, namentlich dem Grundsatz der möglichst gleichmäßigen Verteilung der durch die angeschlossenen Unternehmen aufzubringenden Leistungen offensichtlich zuwiderlaufen... Eine den herkömmlichen Vorstellungen mehr entsprechende Regelung (hätte) zu (größeren, Verf.) Ungerechtigkeiten und Unsicherheiten in der Arbeitsweise der Ausgleichseinrichtung geführt[51]."

---

[48] Die Ausgleichsschuld wird ab dem Monat des Verbrauchs des ausgleichspflichtigen Schrotts berechnet.

[49] GA *Roemer*, Bd. XI, S. 993; den Urteilen des EGH läßt sich das sinngemäß auf S. 974, 1015 unten entnehmen.

[50] GA *Roemer*, Bd. XI, S. 984; vgl. auch — grundsätzlich — *E. Steindorff*, a.a.O., S. 2, der zu Recht darauf hinweist, der Gleichheitssatz im EGKSV beinhalte nicht ein bloßes Willkürverbot ohne nähere materielle Ausrichtung. Vielmehr konkretisiere gerade die Ausrichtung auf den Schutzzweck „das gemeinschaftsrechtliche" Diskriminierungsverbot.

[51] EGH Bd. XI, S. 974, 1015; insoweit zustimmend *P. Weides* in seiner eingehenden Urteilsanmerkung in EuR 1967, S. 63 ff. (69).

b) In der Einführung eines Ergänzungssatzes[52] durch Art. 3 Abs. 1 b der Entscheidung Nr. 2/57[53] der Hohen Behörde liegt nicht — wie geltend gemacht — eine Verletzung des Gleichheitssatzes. Der EGH hielt diese Regelung für rechtmäßig, denn „der Vorwurf der ungleichen Behandlung kann nicht deswegen erhoben werden, weil sie (die Wirtschaftsgesetze — die Festlegung des Ergänzungssatzes in der strittigen Verordnung) sich für die einzelnen Betroffenen unterschiedlich auswirken oder von ihnen ungleiche Opfer verlangten, sofern dieses Ergebnis auf unterschiedliche Produktionsbedingungen zurückzuführen ist“[54]. Der Ergänzungssatz gilt allgemein und unbedingt.

Ebenso hat die in Art. 9 der angefochtenen Entscheidung geregelte Ermäßigung des Ergänzungssatzes unterschiedliche Auswirkungen lediglich wegen der verschiedenen Produktionsbedingungen[55]. Sie beruht aber — wie der Ergänzungssatz selbst — auf einem ausschließlich objektiven Tatbestandsmerkmal (der Verminderung des Schrotteinsatzes).

c) Die Diskriminierung der Montankonzerne durch die Abgrenzung zwischen Eigenaufkommen[56] und Zukaufschrott:

In der Entscheidung Nr. 2/57[57] der Hohen Behörde, die sie in ihrem Schreiben vom 18. 12. 1957[58] auch ausdrücklich in diesem Sinne auslegt, wird als „Eigenentfall“ (chutes propres) nur der in einem Unternehmen nach Art. 80, d. h. einer selbständigen juristischen Person, anfallende Schrott bezeichnet. Nur dieser Eigenentfall ist von der Umlagepflicht zum Ausgleich des Schrottpreises befreit. Jedes andere Schrottaufkommen gilt als Zukaufschrott und ist ausgleichspflichtig.

Das Problem ist nun, ob durch diese Regelung Konzerne, die eine wirtschaftliche, aber keine juristische Unternehmenseinheit bilden, diskriminiert werden, da ihr Konzernaufkommen der Umlagepflicht unterliegt. Der EGH billigte den Standpunkt der Hohen Behörde: „Der

[52] Bei der Umlageberechnung wird zunächst von dem Schrottverbrauch ausgegangen, den das Unternehmen für eine von ihm zu wählende Bezugszeit angibt und aus dem der „Basissatz“ errechnet wird. Übersteigender Schrottverbrauch wird im Wege eines „Ergänzungssatzes“ höher versteuert, Einsparungen entsprechend honoriert. Durch diese Regelung soll die Einsparung des Schrottverbrauchs gefördert werden.

[53] ABl. der EGKS v. 28. 1. 1957.

[54] EGH Bd. IV, S. 257, 304 f., 408, 445 f., 483 f., 523 f.

[55] EGH Bd. IV, S. 28; einige Unternehmen machten geltend, ihre Betriebsstruktur mache Einsparungen unmöglich, so daß sie nicht in den Genuß einer Ermäßigung der Beitragspflicht kommen könnten.

[56] Der im eigenen Betrieb anfallende Schrott war als „Eigenaufkommen“ von der Umlagepflicht freigestellt.

[57] ABl. der EGKS v. 28. 1. 1957.

[58] ABl. v. 1. 2. 1958, S. 45—48.

Unternehmensbegriff im Sinne es Vertrages deckt sich mit dem Rechtsbegriff der natürlichen oder juristischen Person, denn der Vertrag verwendet jenen Begriff in der Hauptsache zu dem Zweck, die Träger gemeinschaftsrechtlicher Rechte und Pflichten zu bezeichnen. Daß mehrere voneinander verschiedene Gesellschaften ein einziges Unternehmen im Sinne von Art. 80 MV darstellen könnten, ließe sich nur annehmen, wenn der Vertrag eine dahin gehende ausdrückliche Bestimmung enthielte. Da dies jedoch nicht der Fall ist, bleibt kein Raum für die Annahme, daß zwei getrennte, voneinander verschiedene Gesellschaften ein einziges Unternehmen im Sinne des Vertrages sein können; dies um so weniger als sie nach ihrer nationalen Rechtsordnung verschiedene juristische Personen sind[59]." In der Bezugnahme auf den „eigenen" Schrott liege „notwendigerweise" ein Hinweis auf den Begriff des „Eigentümers", der „streng rechtliche Bedeutung hat[60]."

aa) Diese Regelung durch die Hohe Behörde und ihre Bestätigung durch die Rechtsprechung wurde scharf angegriffen. Es wird u. a. geltend gemacht, der EGH stelle bei der Zugrundelegung der juristischen Person auf eine abstrakte, juristische Fiktion, nicht aber auf die tatsächliche wirtschaftliche Lage ab. Der Konzernschrott erscheine wie der Eigenentfall nicht auf dem Markt[61]. Die Rechtsform als solche sei für die Intensität des Verbundes innerhalb des Konzerns nicht ausschlaggebend[62].

bb) Demgegenüber verharrte der EGH auf seinem Standpunkt. Die Unterscheidung nach dem Kriterium der juristischen Person sei ein rechtlicher Gesichstpunkt, der eine objektive Anwendung gestattet[63]. Von Diskriminierung könne nur gesprochen werden, wenn „vergleichbare Sachverhalte in unterschiedlicher Weise behandelt und dadurch bestimmte Betroffene gegenüber anderen benachteiligt (werden), ohne daß dieser Unterschied in der Behandlung durch das Vorliegen objektiver Unterschiede von einigem Gewicht gerechtfertigt wäre"[64]. Das sei bei der angegriffenen Regelung aber nicht der Fall.

---

[59] EGH Bd. VII, S. 164; so auch S. 168; ebenso GA *Lagrange*, Bd. V, S. 199; EGH Bd. V, S. 320 f., 426; Bd. VIII, S. 687, 693, 750, 56; Bd. XII, S. 521.

[60] EGH Bd. VII, S. 168.

[61] Kläger in RS 20/58, Bd. V, S. 175; ebenso Kläger in RS 21/58, Bd. V, S. 229. Den wirtschaftlichen Aspekt betonen die Kläger in RS 22/58, Bd. V, S. 255 und in RS 23/58, Bd. V, S. 279.

[62] Kläger in RS 17 und 20/61, Bd. VIII, S. 673.

[63] EGH Bd. V, S. 177, 230, 253, 277; Bd. VIII, S. 688, 693, 751, 755.

[64] EGH Bd. VIII, S. 692 f. Mit dieser Formulierung geht der EGH über ein bloßes Willkürverbot hinaus, das lediglich „absolut ungeeignete", „zweifellos unsachliche" Kriterien untersagt. Das Gleichheitsgebot bezieht sich — enger — auf die „sachliche Berechtigung" der gewählten Differenzierung (vgl. dazu im deutschen Recht im einzelnen *H. J. Mertens*, JuS 1963, S. 394).

Als diskriminierende Maßnahmen umschreibt der EGH[65] Eingriffe, die geeignet sind, „die Unterschiede in den Produktionskosten in anderer Weise als durch Veränderung der Produktivität wesentlich zu vergrößern“[66]. Aus diesem Grunde wäre die Gleichstellung von Konzernschrott mit Eigenentfall diskriminierend, da sie die Kosten der Nicht-Konzern-Erzeuger wesentlich vergrößern würde, allerdings nicht infolge einer Veränderung der Produktivität, sondern infolge von „zufälligen geographischen, verwaltungstechnischen oder finanziellen Bindungen“, wie sie dem Begriff „Konzern“ zugrunde liegen[67]. „Es stünde zu den Forderungen des Vertrages in offensichtlichem Widerspruch, wenn eine Maßnahme der Hohen Behörde dazu führte, daß die Produktionskosten für Stahl, der ganz oder zum Teil auf Schrottbasis hergestellt wird, von der rechtlichen, organisatorischen oder finanziellen Struktur der Industrie-*Konzerne*[68] abhinge[69]. Der EGH räumt ein[70], daß sich sicherlich für manches Unternehmen die Verwendung eines anderen Kriteriums, das dem Unterschied zwischen den verschiedenen Arten von Industriekonzernen Rechnung tragen würde, günstiger ausgewirkt hätte. „In Anbetracht der zahllosen Abarten, die bei den konzernmäßigen Zusammenschlüssen bestehen oder möglich sind, und der Schwierigkeiten, die sich in zahlreichen Fällen ergeben könnten, wenn man eine scharfe Einteilung der Konzerne in verschiedene Kategorien vornehmen wollte, ist jedoch festzustellen, daß eine solche Regelung in ihrer praktischen Anwendung zu sehr großer Unsicherheit hätte führen können[71].“

Im übrigen sei es Aufgabe der Hohen Behörde, die den Interessen am besten angemessene Regelung zu finden. Der EGH könne die Wahl nur beanstanden, wenn die Hohe Behörde die ihr vom Vertrag gesetzten objektiven Grenzen überschritten habe, was vorliegend nicht der Fall sei[72].

cc) Kritik:

α) Hinsichtlich der Schwierigkeiten der Unterscheidung verschiedenartiger Konzernzusammenschlüsse ist der EGH mit der Hohen Behörde der Ansicht, die mannigfachen tatsächlichen und rechtlichen Formen von Konzernen bedingen die Unmöglichkeit einer näheren Unterschei-

---

[65] Bd. V, S. 287 ff., 399 ff.

[66] Bd. V, S. 319; so auch Bd. VIII, S. 693, 756; XI, S. 1363, 1424.

[67] EGH Bd. V, S. 320, 426.

[68] Hervorhebung vom Verfasser.

[69] EGH Bd. V, S. 321, 426.

[70] EGH Bd. VIII, S. 693, 756.

[71] EGH Bd. VIII, S. 694, 756 f.

[72] EGH Bd. VIII, S. 694, 756 f.

dung. Daher habe sich die Hohe Behörde auf das eindeutige Kriterium der juristischen Person festgelegt.

Dazu ist zunächst festzustellen, daß die Hohe Behörde für Verkaufsorganisationen die ursprünglich einheitliche Behandlung durch eine gewissenhafte Differenzierung ersetzte, um so Preisdiskriminierungen auf der Vertriebsebene zu unterbinden[73]. Auch hier umfaßte der Begriff der Verkaufsorganisationen „sehr unterschiedliche tatsächliche Ausgestaltungen und verschiedenartige Rechtsformen“[74], dennoch und gerade deshalb differenzierte die Hohe Behörde. Art. 60 findet nach ihrer Auffassung für Verkaufsorganisationen Anwendung, wenn drei Voraussetzungen gleichzeitig erfüllt sind:

— abhängige Geschäftsführung: Der Produzent bestimmt aufgrund der tatsächlichen (!) oder rechtlichen Lage die Verkaufspolitik der Organisation.

— ein der Organisation erteilter ständiger Auftrag

— Ausrichtung der Vertriebstätigkeit im wesentlichen (!) auf die Erzeugnisse des „herrschenden“ Produktionsunternehmens.

Eine ähnliche Differenzierung hätte sich auch für den Schrottausgleich verwirklichen lassen, ohne dort wesentlich größere Schwierigkeiten zu verursachen. Dazu bieten sich an die Differenzierungen der §§ 291, 292 AktG, wo zum mindesten bei einem Beherrschungsvertrag (§ 291, Auswirkungen: §§ 308—310 AktG) Eigenaufkommen von Schrott angenommen werden sollte oder die Regel des § 22 GWB.

Einen Anhaltspunkt könnte auch die steuerrechtliche Organschaft[75] liefern, wie sie in den §§ 2 Abs. 2 S. 2 UStG, 17 UStGDB[76], 2 Abs. 2 S. 2 GewStG, 3 DVO GewStG festgelegt ist[77]. Die Bedenken des Bundes-

[73] Vgl. die ausführliche Darstellung im Sachverhalt des Urteils Nr. 3 und 4/64, Bd. XI, S. 600—603; die Klage wurde als *unzulässig* abgewiesen; daher nahm der EGH dazu nicht Stellung.

[74] EGH Bd. XI, S. 602.

[75] Dabei besteht allerdings die Schwierigkeit, daß das frz. Steuerrecht eine vergleichbare Regelung nicht kennt (*P. Ulmer*, a.a.O., S. 115, mit Nachweisen in FN 66). Mit Ausnahme des deutsch-italienischen Doppelbesteuerungsabkommens konnte sich die Organtheorie weder im ausländischen noch im internationalen Steuerrecht durchsetzen (*P. Ulmer*, a.a.O., FN 66). Ob bei einem System der Mehrwertsteuer (taxe sur la valeur ajouté) ein Bedürfnis für die Organtheorie besteht (Zweifel insoweit: *P. Ulmer*, a.a.O., S. 116), ist hier unerheblich, da es hier lediglich auf die Abgrenzungskriterien ankommt, die diese Theorie leisten kann.

[76] i. d. F. v. 1. 9. 1951; vgl. *P. Ulmer*, a.a.O., S. 105, FN 8, mit weiteren Hinweisen. Im Umsatzsteuerrecht werden für Innenumsätze zwischen den Gesellschaften einer Organschaft keine Steuern erhoben. Die Außenumsätze werden gemeinsam veranlagt (*P. Ulmer*, a.a.O., S. 115; Hinweis in FN 61). — Im *Körperschafts*steuerrecht ist die Organtheorie nicht gesetzlich verankert. Sie wurde aber vom RFH aufgrund der Rechtsprechung des preußischen OVG dorthin übertragen (*P. Ulmer*, S. 114).

[77] GA *Roemer* zieht diesen Gesichtspunkt bei der oben erwähnten Ab-

verfassungsgerichts unter dem Gesichtspunkt des Art. 3 GG[78] richten sich gegen das alte deutsche System der „Allphasenbruttoumsatzsteuer" allgemein, nicht aber gegen die spezielle Figur der Organschaft[79], die auch in das neue Umsatzsteuergesetz v. 29. 5. 1967 (Mehrwertsteuer) übernommen wurde.

β) Zum anderen ist nicht einzusehen, warum Träger von Rechten und Pflichten im Vertrag nur eine selbständige juristische Person, nicht aber eine Unternehmenseinheit, bestehend aus verschiedenen rechtlich eigenständigen Teilen, sein sollte. Reuter hält es mit Art. 80 MV durchaus für vereinbar, zu einem wirtschaftlich orientierten Unternehmensbegriff zu kommen[80]. Nach Kiesewetter stellt der Montanvertrag „grundsätzlich nicht auf die Rechtsform der Gesellschaft, sondern auf die wirtschaftliche Tätigkeit ab". Ein wirtschaftlich einheitlicher Konzern sei daher auch als Unternehmen im Sinne des Art. 80 anzusehen[81]. Mit einer derartigen Abgrenzung würde auch den wirtschaftlichen Er-

grenzung der Vertriebsunternehmen heran (Bd. XI, S. 632), unter Verweis auf die steuerrechtliche Literatur. Bei einer steuerrechtlichen Organschaft ist das dienende Unternehmen dem herrschenden derart untergeordnet, daß es keinen eigenen Willen mehr hat und ihm wirtschaftlich, finanziell und organisatorisch eingegliedert ist. Die Bedenken des EGH gegen eine steuerrechtliche Differenzierung (Bd. VIII, S. 688, 751) beruhen auf der Annahme, das Steuerrecht wolle „ausschließlich ... der Staatskasse Einnahmen ... verschaffen", während die Ausgleichseinrichtung „die Wahrung des Gleichgewichts auf dem Schrottmarkt zum Ziel hat". Trotzdem kann eine steuerrechtliche Differenzierung zu dem vorliegenden Zweck besser geeignet sein als ein formaljuristisches Kriterium.

[78] NJW 1967, S. 147 ff.

[79] Vgl. a.a.O., S. 152.

[80] a.a.O., S. 109: „il n'est pas exclu que certaines situations conduisent à élaborer une notion autonome de l'entreprise, qui soit étroitement calquée sur la définition des éléments économiques de la production et qui se détache de ceux qui, sur un plan juridique, sont liés à la notion de personnalité".

[81] Zit. nach *P. Ulmer,* a.a.O., S. 56; so auch *K. Ballerstedt,* (Ulmer, S. 55). *A. A. H. E. Müller,* a.a.O., S. 98, 100 (unter Berufung auf die Praxis der Hohen Behörde und des EGH); *P. Ulmer,* a.a.O., S. 76, wobei auch er seine Auffassung mit der Rspr. des EGH begründet (S. 62). Wenn Ulmer dann zu dem Ergebnis kommt, der Vertrag gehe von einem *einheitlichen* Unternehmensbegriff aus, der in Art. 80 MV geregelt ist, so befindet er sich dabei auch mit dem EGH nicht mehr in Übereinstimmung. Der EGH beschränkt den zum Schrottausgleich von der Hohen Behörde entwickelten Unternehmensbegriff lediglich auf die Ausgleichsregelung: EGH Bd. VIII, S. 688, 751; S. 694, 756 f. (vgl. dazu auch GA *Lagrange,* Bd. V, S. 199: „Das Wort ‚Unternehmen' (wird) im Vertrag in verschiedenem Sinne verwandt"; sowie GA *Roemer,* Bd. XII, S. 501 f. (502) für das Wettbewerbsrecht: „Unternehmen sind demnach, ohne Rücksicht auf die Rechtsform ..., natürliche und juristische Personen, die aktiv und selbständig am Wirtschaftsleben teilnehmen.")

Allgemein zum Unternehmensbegriff vgl. insbes. *V. Emmerich,* Das Wirtschaftsrecht der öffentlichen Unternehmen, 1969; Das Unternehmen in der Rechtsordnung, Festgabe für Heinrich Kronstein, 1967; *M. Miegel,* Der Unternehmensbegriff des AktG 1965 — Unter besonderer Berücksichtigung der allgemeinen Problematik des Unternehmensbegriffs, 1970, jeweils mit weiteren Nachw.

fordernissen besser Rechnung getragen, da die wirtschaftliche Form des Zusammenschlusses meist mehr produktivitätbedingt ist als die Rechtsform. Der EGH geht an der Wirklichkeit vorbei, wenn er meint[82], schon die „bloße Tatsache der Errichtung einer eigenständigen juristischen Person bewirkt infolgedessen, daß die Rechtsordnung dieser eine förmliche Autonomie und eine Eigenverantwortung zuerkennt. Mit der Verleihung der Rechtspersönlichkeit an die einzelnen Tochtergesellschaften ist mithin im Rechtssinne die Übertragung der unternehmerischen Leitung und des unternehmerischen Risikos auf jede von ihnen bezweckt und herbeigeführt worden. Eine solche Änderung der Rechtslage tritt mit der Verleihung der Rechtspersönlichkeit von selbst (!) ein, und es ist unerheblich, ob die wirtschaftlichen Gegebenheiten, die vor der Änderung bestanden, gleichgeblieben sind“[83].

γ) Von dem Ausgangspunkt, der Begriff „Eigenentfall“ knüpfe an den Rechtsbegriff Eigentum an, wäre es konsequent, Übertragungen von Schrott dann auch im juristisch-technischen Rahmen einer Eigentumsübertragung zu prüfen[84]. Der EGH mußte aber sehr bald feststellen daß seine „klare“ Lösung nicht ohne Probleme war und die Unternehmen in zunehmendem Maße über einen Eigentumsvorbehalt wirtschaftlich unerwünschte Ergebnisse (nämlich doch eine faktische Freistellung des Konzernschrotts) anstrebten. So mußte der EGH in der Definition des Eigenentfalls immer mehr Zugeständnisse machen: Obgleich er sich bereits in einer früheren Entscheidung nicht anders zu helfen wußte, als ausschließlich auf den (wirtschaftlichen!, Verf.) *Verbrauch* von Schrott abzustellen[85], versuchte er später doch noch, zwar von den Erfordernissen eines regulären Kaufvertrages abzusehen, aber doch wenigstens an den Voraussetzungen einer wirksamen Übereignung festzuhalten[86]. Auch dies erwies sich aber als undurchführbar[87], so daß schließlich aus dem Begriff des Eigenschrotts ein gemeinschaftsrechtlicher Begriff wurde, der weder auf „Kauf“, noch auf „Eigentum“ abstellt, „sondern im wesentlichen von der fehlenden Entgeltlichkeit des Schrotterwerbs“ ausgeht[88].

---

[82] Bd. VIII, S. 687, 750.

[83] Dafür, daß die Konzernspitze *allein* die wirtschaftliche Unternehmerqualität behält: vgl. Zitate aus der deutschen Kartellrechtsliteratur in Bd. VIII, S. 273 f.

[84] So scheint das EGH Bd. VII, S. 168, zu tun; entsprechend prüft auch GA *Lagrange* (Bd. VIII, S. 712) das Eigentum am Schrott ausschließlich am nationalen deutschen Recht.

[85] EGH Bd. V, S. 318 f.

[86] EGH Bd. VII, S. 171 f. (gleichgültig, ob das auf der Basis eines normalen Kaufvertrages oder von Verrechnungspreisen o. ä. geschieht); bestätigt durch EGH Bd. VIII, S. 686—688, 690, 750 f., 753.

[87] EGH Bd. XI, S. 1424, 1463: Das Fehlen einer Eigentumsübertragung rechtfertige keineswegs stets die Freistellung von der Beitragspflicht.

[88] EGH Bd. XIII, S. 167 und GA *Roemer* hierzu, S. 176—178 (für die Frage,

Obgleich damit der „rechtliche" Ausgangspunkt der Argumentation[89] vollends verlassen ist, wird nicht erkennbar, daß der Gerichtshof auch seine Einstellung zum Unternehmensbegriff für die Abgrenzung des Konzernschrotts geändert hat[90].

Zusammenfassend ist festzustellen, daß keiner der Gründe, die der EGH zur Rechtfertigung der von der Hohen Behörde gewählten Lösung anführt, überzeugen kann. Die Hohe Behörde legte mit ihrer formalen Abgrenzung zwar den einfachsten, keinesfalls aber den sachgerechtesten Weg zugrunde. Zwar ist dem Gerichtshof zuzustimmen, daß nicht *er*, sondern die Hohe Behörde, die den Interessen am besten angemessene Lösung finden müsse[91]; soweit es sich um Fragen der bloßen Zweckmäßigkeit handelt, hat der EGH keine Befugnis, eine Entscheidung aufzuheben[92]. Obgleich das Unterscheidungskriterium des EGH eine objektive Anwendung gestattet, ist aber festzustellen, daß die formal-juristischen Unterschiede nicht von solchem Gewicht sind, daß sie den Unterschied rechtfertigen könnten. In diesem Zusammenhang wird man vielmehr das von der Hohen Behörde gewählte Kriterium als sachfremd ansehen müssen[93]. Damit wäre es Aufgabe des EGH gewesen, die Rechtswidrigkeit der betreffenden Entscheidungen festzustellen, ohne daß er dabei allerdings selbst die beste Ersatzlösung aufzufinden brauchte und dürfte[94].

III. Genereller Gehalt des Diskriminierungsverbots

Über die dargestellten Beispielsfälle hinaus finden sich in der Rechtsprechung zahlreiche weitere spezielle Ausformungen des Gleichheitsgrundsatzes, die den allgemeinen Rechtsgrundsatz je nach den verschie-

---

ob der bei Lohn-Walzarbeiten anfallende Schrott dem Verarbeitungsunternehmen oder dem Auftraggeber zugerechnet werden solle).

[89] Vgl. oben, S. 115.

[90] Vgl. im Gegenteil: EGH Bd. XI, S. 1424 und 1463 (für Lohn-Walzarbeiten): „jede Freistellung, die nicht von der Organisation der Produktion des Unternehmens, sondern von den vertraglichen Beziehungen zu anderen Unternehmen abhängt, ist mit dem Ausgleichssystem unvereinbar"; Bd. XII, S. 521; Bd. XIII, S. 167.

[91] Bd. VIII, S. 694, 756 f.

[92] Vgl. für das deutsche Recht: BVerfGE Bd. 4, S. 7 ff. (18): Das BVerfG darf nicht die Zweckmäßigkeit, sondern nur die Einhaltung der äußersten Ermessensgrenzen prüfen.

H. J. Mertens, JuS 1963, S. 394: Von der Verwaltung wird „nicht die ‚bestmögliche' Gleichbehandlung ... verlangt. Sie soll vielmehr vor allem den ihr aufgetragenen öffentlichen Zweck verwirklichen. Erst wenn sie im Rahmen dieser Zweckverwirklichung die durch den Gleichheitssatz gesetzten Grenzen überschreitet, darf die Rspr. eingreifen".

[93] *E. Loerke*, a.a.O., S. 86—88, lehnt diese Rspr. des EGH gleichfalls ab.

[94] Der EGH meint (Bd. VIII, S. 694, 756 f.), der gewählte Unterschied habe genügend Gewicht, um die differenzierende Behandlung zu rechtfertigen.

denen konkreten Bedürfnissen ausgestalten. Während die Auslegung und konkrete Anwendung vielfältigen und unterschiedlichen Charakter trägt, gilt der Grundsatz als solcher allgemein und für das gesamte Gemeinschaftsrecht verbindlich[95]. Als sein allgemeiner Inhalt im Gemeinschaftsrecht ist festzuhalten:

1. Aus einer ungleichen Behandlung allein ergibt sich noch keine Verletzung des Diskriminierungsverbots. Vielmehr muß zunächst die „Verpflichtung und Möglichkeit" bestehen, „alle in Frage stehenden Beteiligten gleichzubehandeln"[96]. Die Verpflichtung zur Gleichbehandlung ergibt sich nur bei vergleichbaren Objekten. Eine Diskriminierung liegt — allgemein gesprochen — vor, wenn ohne sachliche Gründe gleichgelagerte Sachverhalte ungleich behandelt oder verschiedengelagerte gleichbehandelt würden[97].

2. In dem Erfordernis der Vergleichbarkeit liegt die für den Gleichheitsgrundsatz typische Relativität, die „ganz allgemeiner Art" ist und das Diskriminierungsverbot in allen Rechtsgebieten beherrscht[98]. Es kommt stets auf den gewählten Bezugspunkt an. Hier gilt allgemein, was der EGH auf dem Gebiet der Kohleeinfuhr[99] ausdrücklich aussprach: daß nämlich die Wahl des Bezugspunkts durch einen Blick auf das vom Vertragssystem gewünschte Ergebnis im konkreten Anwendungsfall bestimmt werden muß[100]. So kann die Kommission bei der Genehmigung von Schutzmaßnahmen nach Ländern und nicht nur nach „Unternehmen innerhalb des gemeinsamen Marktes" differenzieren, „wenn sachliche Gründe dies geboten sein lassen"[101] (z. B. das unterschiedliche Preisniveau der einzelnen Mitgliedstaaten). Es müssen bei dem Vergleich auch nicht sämtliche Bedingungen der zu vergleichenden Unternehmen berücksichtigt werden, sondern nur diejenigen Bedingungen, die für die fragliche rechtliche Beurteilung im Vordergrund stehen, andernfalls wäre jedes Unternehmen „nur mit sich selbst vergleichbar", „der Begriff der ‚vergleichbaren Lage' und damit auch der Begriff ‚Diskriminierung' (würde sonst) seines Inhalts beraubt"[102]. Im

---

[95] EGH Bd. IV, S. 257; GA *Lagrange*, Bd. IV, S. 363; Bd. IX, S. 408.

[96] EGH Bd. V, S. 494.

[97] EGH Bd. IX, S. 384; GA *Roemer*, Bd. XII, S. 101; vgl. BVerfGE Bd. 1, S. 14 ff. (52); BVerfG NJW 1967, S. 147 ff. (148), st. Rspr., dabei wird das Diskriminierungsverbot dem Willkürverbot angenähert; vgl. dazu auch BayVerfGH NJW 1966, S. 443, mit weiteren Nachweisen; *Leibholz*, G., a.a.O., S. 146. Art. 3 GG bringt hierbei Kriterien, die i. d. R. einen Unterschied nicht rechtfertigen: BVerfGE Bd. 6, S. 389 ff. (422); Bd. 10, S. 59 ff. (73—75); *H. P. Ipsen*, a.a.O., S. 145.

[98] GA *Lagrange*, Bd. IX, S. 410.

[99] EGH Bd. II, S. 91.

[100] Das soll eine sachgerechte Differenzierung ermöglichen, da der Gleichheitssatz keine schematische Gleichbehandlung beinhaltet.

[101] EGH Bd. IX, S. 385.

[102] EGH Bd. VI, S. 409 f.; vgl. zu der erforderlichen Typisierung, die nicht

Rahmen des Art. 70 MV (vergleichbare Tarife für Unternehmen in gleicher Lage) kommt es nur auf die Lage hinsichtlich des Transports, nicht aber z. B. auf die wirtschaftliche Ergiebigkeit der ausgebeuteten Vorkommen etc. an[103]. Die Vergleichbarkeit kann sich sogar auf das „in Frage kommende Beförderungsmittel" beschränken[104]. Diese Heranziehung des Vertragszieles ist im Wirtschaftsrecht ganz besonders von Bedeutung, wenn Interventionen einer Wirtschaftslenkungsbehörde zu bestimmten Zwecken zu beurteilen sind. Eine eventuelle Diskriminierung der Behörde ist im Rahmen dieser Ziele zu beurteilen[105].

Dem Vergleich müssen allerdings ausschließlich objektive und gleichförmige Kriterien zugrunde liegen, gleichgültig, wie sie im einzelnen aussehen[106] mögen.

3. Ein Anspruch auf Gleichbehandlung ist auch bei Vergleichbarkeit nicht gegeben, wenn der vergleichbare Sachverhalt rechtswidrig geregelt ist. Es kann keinen „Rechts-"Anspruch auf unrechtmäßige Gleichbehandlung geben[107].

4. Die Verursachung eines unmittelbaren Schadens ist nach Ansicht des EGH für den Begriff der Diskriminierung nicht erforderlich. Danach kommt es allein darauf an, „daß für vergleichbare Fälle ungleiche Bedingungen geschaffen werden. Die Anwendung solcher ungleichen Bedingungen mag allerdings u. U. Schäden hervorrufen, die dann als typische Anzeichen für das Vorliegen einer Diskriminierung angesehen werden könnnen. Es wäre jedoch willkürlich, den Begriff der Diskriminierung nur auf diejenigen Fälle ungleicher Behandlung zu beschränken, bei denen die Beteiligten tatsächlich einen Schaden erleiden"[108].

5. Eine *bewußte* Diskriminierung ist nicht Voraussetzung der Verletzung des Gleichheitsgrundsatzes. Dieser auf dem Gebiet des Preisrechts herausgestellte Aspekt wird vom EGH auch für die Ebene der

---

alle Einzelheiten berücksichtigen kann: BVerfGE Bd. 10, S. 59 ff. (73); Bd. 13, S. 331 ff. (341); BVerfG NJW 1967, S. 147 ff. (148); *H. P. Ipsen*, a.a.O., S. 180.

[103] EGH Bd. VI, S. 409 f.; S. 538.

[104] EGH Bd. VI, S. 537.

[105] Wohl in diesem Sinne: GA *Lagrange*, Bd. IX, S. 409.

[106] Außer den schon zitierten Entscheidungen vgl.: EGH Bd. II, S. 321, 368; Bd. IV, S. 532; Bd. VIII, S. 615, 686, 749.

[107] So EGH Bd. VI, S. 322, 427, 495; Bd. VI, S. 1138, Bd. IX, S. 741; ebenso im deutschen Recht; vgl. BVerwGE, Bd. 5, S. 8 f.; BayVerfGE in VerwRspr. Bd. 15, S. 135, mit weiteren Nachweisen; Württ-Bd. VGH in VerwRspr. Bd. 8, S. 70 ff. (73).

[108] EGH Bd. VI, S. 411; *A. A.*: GA *Roemer*, Bd. XII, S. 97, 102; im deutschen Recht: *H. J. Schlochauer*, a.a.O., S. 37 (Voraussetzung einer Diskriminierung ist die aus der ungleichen Behandlung folgende wirtschaftliche Schlechterstellung oder Benachteiligung); *H. P. Ipsen*, a.a.O., S. 159, 179 (erforderlich, aber auch genügend ist die Verletzung von beachtlichen Interessen); im frz. Recht: *B. Jeanneau*, a.a.O., S. 8.

Transporttarife bestätigt[109]. Danach sind nicht nur diejenigen Tarife diskriminierend, die „eigens im Interesse der Unternehmen eingeführt werden, (sondern) sämtliche Ausnahmetarife, welche — unabhängig von den für ihre Einführung maßgebenden Gründen — einem oder mehreren Unternehmen zum Vorteil gereichen"[110]. Diesen Grundsatz wird man allgemein bei Diskriminierungen zugrunde legen können: Es genügt der Nachweis eines objektiven Verstoßes gegen den Grundsatz. Die subjektive Seite ist in diesem Zusammenhang ohne Interesse. Sie bringt den Begriff der Verletzung des Diskriminierungsverbots in unmittelbare Berührung mit dem des Ermessensmißbrauchs[111].

IV. Zusammenfassung

1. Die Ausgestaltung, die der EGH dem Grundsatz des Diskriminierungsverbots im Gemeinschaftsrecht gibt, stimmt in den Grundzügen mit der Regelung in den Mitgliedstaaten überein[112]. Wenn sich auch die Terminologie dem französischen Rechtskreis anlehnt[112], übernimmt der EGH damit noch nicht die gesamte Ausformung des Gleichheitsgrundsatzes aus dem französischen Recht. Die spezielle Ausgestaltung, die es in Frankreich ermöglicht, diskriminierende Maßnahmen im Einzelfall durch das öffentliche Interesse zu rechtfertigen[113], fand bisher keinen Eingang in das Gemeinschaftsrecht.

2. Neu hingegen ist der Versuch des EGH, das Diskriminierungsverbot vom Erfordernis einer Schädigung loszulösen. Über die Beweggründe des EGH läßt sich keine Aussage machen. Der bestimmte Wortlaut der Urteile macht es auch unmöglich, darin lediglich eine Beweiserleichterung zum Nachweis diskriminierender Maßnahmen zu sehen.

---

[109] EGH Bd. VI, S. 411.

[110] EGH Bd. VI, S. 412.

[111] Während im Gemeinschaftsrecht die Tendenz besteht, den Grundsatz des Gleichbehandlungsverbots zugunsten des Ermessensmißbrauchs zu beschränken, ist in Frankreich eine gegenläufige Bewegung innerhalb der Klagegründe zu beobachten. Der Grund für die Entwicklung im Gemeinschaftsrecht mag u. a. darin liegen, daß den Unternehmen gegen allgemeine Entscheidungen nur der Klagegrund des détournement de pouvoir zur Verfügung steht. Somit können Rechtsschutzerwägungen die Abgrenzung beeinflussen.

[112] Vgl. auch GA *Lagrange*, Bd. IV, S. 363, mit Nachweisen in FN 1.

[113] GA *Lagrange*, Bd. IV, S. 363 f.; *B. Jeanneau*, a.a.O., S. 36: „une mesure de discrimination devient légitime si elle est motivée par l'interêt public"... Jeanneau zitiert aus der Rechtsprechung des frz. Staatsrats Fälle, in denen der Staatsrat selbst gar nicht mehr prüft, ob die Verletzung des Gleichheitssatzes durch das öffentliche Interesse wirklich gefordert wird, um nicht auf diese Weise in den Verwaltungsbereich einzudringen (*B. Jeanneau*, a.a.O., S. 37).

Hiergegen erheben sich schwere Bedenken.

In seiner umfangreichen Rechtsprechung zu diesem Grundsatz hat der EGH das Diskriminierungsverbot fest im Gemeinschaftsrechtsbewußtsein verankert, seine Befolgung auf allen Gebieten überwacht und so sein spezifisch-gemeinschaftsrechtliches „Gesicht“ geprägt[114]. Daß in Einzelfällen wie dem des Konzernschrotts die Rechtsprechung nicht zu billigen ist, ändert diese grundsätzliche Beurteilung nicht.

E. Der Grundsatz des rechtlichen Gehörs

I. Grundlegung

Der Grundsatz des rechtlichen Gehörs ist in einzelnen positiven Normen des Gemeinschaftsrechts verankert[1]. In diesen Einzelvorschriften sieht der EGH die Konkretisierung eines allgemeinen Rechtsgrundsatzes, dessen Intensität in der Einzelausgestaltung in den jeweiligen Verfahrensarten unterschiedlich groß ist, der aber als Grundsatz stets zu beachten bleibt[2].

II. Rechtliches Gehör im Personalrecht

Überwiegend[3] beschäftigt sich der EGH dabei mit dem Recht der Bediensteten. Er räumt den Organen der Gemeinschaft bei der Durchführung des Statuts gewisse Freiheiten ein, die jedoch „durch die Verpflichtung begrenzt“ sind, „das rechtliche Gehör der Betroffenen in angemessener Weise zu gewährleisten“[4].

---

[114] *E. Steindorff*, a.a.O., S. 59, bestätigt für das Gemeinschaftsrecht die allgemeine Aussage *Ipsens*, der Gleichheitssatz habe in jeder Rechtsordnung sein eigenes Gesicht.

[1] z. B.: Art. 36 Abs. 1, 88 Abs. 1 EGKSV; Art. 76 der VO über die „Beschäftigungsbedingungen für die sonstigen Bediensteten der Gemeinschaft“ (VO Nr. 31, ABl. v. 14. 6. 1962, S. 1453 ff.), womit diejenigen Bediensteten gemeint sind, die nicht Beamte im Sinne des Statuts sind. Art. 26 Beamtenstatut, wonach Schriftstücke, die dem Beamten nicht mitgeteilt wurden, nicht gegen ihn verwendet werden dürfen; Art. 7 des Anhanges IX zum Beamtenstatut, wonach der Betroffene im Disziplinarverfahren zu hören ist; u. a. m.

[2] Seine Ausgestaltung im *gerichtlichen* Verfahren bleibt unerörtert. Der EGH befaßte sich ausdrücklich damit lediglich in *einem* Urteil (Bd. VII, S. 169). Für das Recht der Mitgliedstaaten vgl. insoweit: Art. 103 Abs. 1 GG und Art. 91 Abs. 1 BV; ferner die Rspr. des frz. Staatsrats, auf die *M. Waline*, Droit Adm., Nr. 381, S. 234, hinweist, sowie neuestens BVerfG, B. v. 17. 2. 1970, BVerfGE Bd. 28, S. 17 ff.

[3] Vgl. daneben die Urteile Bd. XI, S. 261, zu Art. 36 Abs. 1 EGKSV und Bd. VI, S. 717, S. 789 zu Art. 88 Abs. 1, S. 1, H. 1 EGKSV (zu letzterem: GA *Roemer*, Bd. VI, S. 732 f., S. 808 f.), die über die bereits im Vertrag erfolgte Konkretisierung hinaus keine Besonderheit bringen.

[4] EGH Bd. XI, S. 873.

Die Rechtsprechung befaßt sich hauptsächlich mit den Problemen, die im Überleitungsverfahren nach dem Beamtenstatut auftraten.

Bei der Garantie des rechtlichen Gehörs in diesem besonderen Verfahren steht dessen spezifische Aufgabe (Verfahren zur Übernahme in das Beamtenverhältnis), nämlich zu einem Werturteil darüber zu gelangen, ob die Bewerber geeignet sind, die ihrem Dienstrang entsprechenden Aufgaben ständig wahrzunehmen[5], im Vordergrund.

1. Danach ist die Gegenüberstellung der Beteiligten[6] im Rahmen des Überleitungsverfahrens nur dann erforderlich, „wenn es dem Ausschuß andernfalls unmöglich wäre, die umstrittenen Tatsachen in rechtlich hinreichender Form aufzuklären“[7]; sonst ist kein Anspruch auf Gegenüberstellung gegeben[8]. Es genügt vielmehr, daß der Betroffene auf irgendeine Weise — mündlich oder schriftlich — dem Ausschuß seine Meinung zu Gehör brachte. Ebenso kann er nicht verlangen, vom Ausschuß schriftlich über Vorwürfe seiner Vorgesetzten informiert zu werden. Es genügt vielmehr, wenn der Betroffene mündlich vollständig unterrichtet wird und sich dazu äußern kann[9].

2. Dem Betroffenen muß ferner nur dann das Recht eingeräumt werden, sich zu einer Tatsache oder zu einem Vorwurf zu äußern, wenn diese die Entscheidung über die Ernennung beeinflussen kann[10].

Hier besteht allerdings Anlaß zum Zweifel. Der EGH erklärte es für unschädlich, wenn dem Bediensteten nicht alle Zeugenprotokolle vorgelegt werden[11]. Er hält es für ausreichend, wenn der Bedienstete sich zu den Teilen des Berichts[12] äußern konnte, die der Ausschuß seiner Entscheidung[13] zugrunde gelegt und „deren Schlußfolgerungen er sich zu eigen gemacht hat“.

Anders wäre es nach Ansicht des EGH, wenn aufgrund von Zeugenaussagen die Schlußfolgerung des *Berichts* umgestoßen würde. Hierzu müßte sich der Beamte erst äußern. Die Vernehmungen, deren Protokoll dem Beamten nicht zugänglich gemacht wurden, hatten aber im

---

[5] Bd. X, S. 1035.

[6] Des Bediensteten und seiner Vorgesetzten.

[7] EGH Bd. XI, S. 738.

[8] Außer der ersten Entscheidung zu diesem Problem — Bd. IX, S. 442 —, wo der EGH die Frage ausdrücklich offenließ, in st. Rspr.: EGH Bd. X, S. 720, mit der Begründung, eine Gegenüberstellung lasse nichts Neues erwarten; Bd. XI, S. 738, 1035 f.

[9] EGH Bd. XI, S. 738, 875.

[10] EGH Bd. IX, S. 442; Bd. X, S. 762, 810, 869.

[11] Bd. X, S. 762.

[12] Des Dienstvorgesetzten, der in Art. 102 Nr. 1, letzter Abs. des Statuts vorgesehen ist.

[13] Die *negative* Entscheidung des Überleitungsausschusses ist gem. Art. 102 Nr. 1 des Statuts der Beamten für die Anstellungsbehörde bindend.

Entscheidungsfall „keine Einwirkung auf die Schlußfolgerung des Berichts". Solange man den Inhalt der Zeugenaussagen nicht kennt, muß aber angenommen werden, daß sie auch geeignet waren, die Entscheidung zu beeinflussen[14]. Der EGH geht von der Fiktion aus, der Überleitungsausschuß mache sich zunächst die Schlußfolgerung des Beurteilungsberichts zu eigen und prüfe erst danach die einzelnen Zeugenaussagen, die seine Entscheidung dann nicht beeinflussen, wenn der Ausschuß bei der Schlußfolgerung des Berichts bleibt. Diese Darstellung erscheint wirklichkeitsfremd. Der Ausschuß wird vielmehr zunächst das gesamte Material (Bericht, Zeugenaussagen u. a.) zusammentragen und anschließend in einer Gesamtwürdigung seine Entscheidung fällen. Dabei ist „nicht auszuschließen, daß der Überleitungsausschuß in seinem Gesamturteil beeinflußt werden konnte durch eine — sei es kontradiktorische, sei es ergänzende — Stellungnahme des Klägers zu den in der Zeugenvernehmung besprochenen Themen"[15].

In dieser unzutreffenden Ausgestaltung des Kriteriums der Kausalität für die Entscheidung liegt eine Gefahr für das rechtliche Gehör. So berechtigt eine Einschränkung ist — der Begriff des „geeigneten Beweismittels, die Entscheidung zu beeinflussen", muß eindeutiger gefaßt werden. Nur dann ist die Forderung des EGH sinnvoll, daß der Ausschuß „bei Meidung einer Verletzung des rechtlichen Gehörs gehalten (ist), von allen ernst zu nehmenden Auskunftsmitteln Gebrauch zu machen, die dem Betroffenen günstig sein konnten"[16].

III. Rechtliches Gehör im Disziplinarrecht

Die bisher gewonnenen Ergebnisse können nicht unbesehen in das Disziplinarverfahren übernommen werden; vielmehr ist der grundlegende Unterschied zwischen diesen beiden Verfahren zu beachten. Nicht die Beurteilung der Eignung des Beamten, sondern Aufklärung eines Dienstvergehens bildet den Gegenstand des Disziplinarverfahrens. Beim Überleitungsverfahren ist das Hauptgewicht darauf zu legen, daß alle wesentlichen Unterlagen beigezogen wurden, nicht aber, *wie* das geschah[17].

Die Wahrung des rechtlichen Gehörs muß grundsätzlich im Disziplinarverfahren erst recht gewährleistet werden[18]. Der EGH sieht hierin

---

[14] So zu Recht GA *Roemer*, Bd. X, S. 780; ähnlich Bd. X, S. 879 f.

[15] GA *Roemer*, in einer gleichartigen Rechtssache, Bd. XI, S. 832.

[16] Bd. XI, S. 877.

[17] GA *Lagrange*, Bd. IX, S. 454 f. Der EGH stellt den Unterschied zwischen beiden Verfahren in Bd. X, S. 1035, deutlich heraus.

[18] EGH Bd. IX, S. 123, unter Berufung auf einen im Verwaltungsrecht der Mitgliedstaaten allgemein anerkannten Rechtsgrundsatz. Vgl. dazu die §§ 21

ein Erfordernis „einer einwandfreien Verwaltungsführung“[19]. Bei der Ausgestaltung des rechtlichen Gehörs ist die in Betracht kommende Disziplinarstrafe zu berücksichtigen[20].

Ein Unterschied zwischen Beamten und nicht-beamteten Bediensteten der Gemeinschaften in dem Sinne, daß den letzteren ein Zurückgreifen auf einen allgemeinen Rechtsgrundsatz unmöglich ist, wenn eine ausdrückliche Bestimmung fehlt[21], ist nicht zu machen. Auch bei letzteren ist in einem solchen Fall auf den allgemeinen Grundsatz zurückzugreifen und ihnen vor Erlaß einer Disziplinarmaßnahme Gelegenheit zur Stellungnahme zu den erhobenen Vorwürfen zu bieten[22].

Damit ist aber noch nicht gesagt, daß dem Beteiligten in jedem Stadium des Verfahrens Gelegenheit zur persönlichen Stellungnahme gegeben werden muß.

Das Disziplinarverfahren nach Art. 87 Beamtenstatut läuft zunächst vor dem Disziplinarrat ab, der eine mit Gründen versehene Stellungnahme zum Antrag der Dienstbehörde abgibt, über die nun ein Kontrollausschuß binnen einem Monat nach Anhörung des Beamten[23] entscheiden muß. In diesem letzten Stadium des Verfahrens kann auf eine Anhörung nicht verzichtet werden. Sie erscheint dem EGH in Anbetracht der schwerwiegenden möglichen Folgen so wichtig, daß er verlangt, die Anstellungsbehörde selbst müsse den Beamten anhören. „Allenfalls aus dienstlichen Gründen“ könnte die Behörde die Anhörung des Beamten einem oder mehreren ihrer Mitglieder übertragen[24].

Abs. 2, 49, 51, 57, 61 Abs. 5 BDO; im frz. Recht vgl. Art. 65 des Gesetzes v. 22. 4. 1905 und Art. 67 des Beamtenstatuts (Hinweis bei *Duez-Debeyre*, Traité, Nr. 937; *A. de Laubadère*, Traité, Nr. 1377.) Duez-Debeyre (Traité Nr. 929) und de Laubadère (Traité Nr. 1373) sprechen in diesem Zusammenhang von einer „tendance à la juridictionnalisation“.

Im einzelnen ist der Grundsatz in den Mitgliedstaaten nicht gleich ausgestaltet. So billigt der frz. Staatsrat dem Beamten das Recht zur Akteneinsicht nur persönlich und an Ort und Stelle zu, wobei er keine Notizen nehmen darf. (Hinweis bei *Duez-Debeyre*, Traité, Nr. 937, letzter Absatz) Das deutsche Recht gestattet es dem Beschuldigten, Abschriften zu machen (§ 57 BDO), und gibt dem Verteidiger im selben Maße wie dem Angeschuldigten das Recht zur Akteneinsicht (§ 30 lit. e BDO).

[19] Bd. IX, S. 123.

[20] „Im besonderen Maße ist seine (= des Grundsatzes des rechtlichen Gehörs) Beachtung dargeboten, wo die Vorwürfe ... zur Entlassung des Betroffenen führen können“. EGH Bd. IX, S. 123 f.

[21] So GA *Lagrange*, Bd. IX, S. 135. Die VO Nr. 31 war bei Dienstantritt der Hilfskraft noch nicht in Kraft getreten.

[22] EGH Bd. IX, S. 123; der frz. Staatsrat weitet den erwähnten Art. 65, der formell nur für Beamte gilt, generell auf *alle* Bedienstete aus; vgl. Hinweis bei *Duez-Debeyre*, Traité, Nr. 937.

[23] Die Anhörung schreibt Art. 7 Abs. 3 des Anhangs IX zum Statut vor.

[24] EGH Bd. XIV, S. 513.

Der Betroffene kann dieses Recht aber verwirken[25]. Im Verfahren vor dem Disziplinarrat hat der Betroffene keinen *Anspruch* auf persönliche Stellungnahme[26]. Eine dahin gehende ausdrückliche Vorschrift existiert nicht[27], und aus dem Grundsatz des rechtlichen Gehörs kann lediglich abgeleitet werden, daß „im Disziplinarverfahren nur Ermittlungsergebnisse verwertet werden können, zu denen sich der Betroffene äußern konnte"[28]. Jedenfalls soweit — wie im zur Entscheidung stehenden Fall — die Ermittlungen in der Prüfung von Dokumenten bestanden, genügte es, dem Betroffenen diese Urkunden vollständig bekanntzugeben und ihn im übrigen über den Gang der Ermittlungen auf dem laufenden zu halten. „Die Anwesenheit des Betroffenen bei der Prüfung dieser Unterlagen durch den Berichterstatter des Disziplinarrats" oder bei seinem Bericht an die übrigen Mitglieder dieses Rates, ist nicht erforderlich[29].

IV. Rechtliches Gehör als allgemeiner Grundsatz des Verwaltungsverfahrens

In einer Reihe früherer Urteile wiesen Formulierungen des EGH darauf hin, daß der Gerichtshof den Grundsatz des rechtlichen Gehörs über diese Sonderfälle aus dem Personal- und Disziplinarrecht hinaus ganz allgemein auf das Verwaltungsverfahren angewandt sehen will[30].

---

[25] EGH Bd. XV, S. 115: Der Kontrollausschuß hatte die Anhörung dreimal vertagt: zweimal wegen seines Gesundheitszustandes, einmal wegen Verhinderung seines Beistandes. Zum vierten Termin war der Kläger nicht erschienen.

[26] EGH Bd. XIV, S. 511; GA *Roemer*, Bd. XIV, S. 523.

[27] Art. 6 Abs. 1 des Anhangs IX zum Statut geben dem Disziplinarausschuß das Recht, Ermittlungen anzuordnen, bei denen dem Betroffenen Gelegenheit zur Stellungnahme eingeräumt werden kann. Er *verpflichtet* ihn aber nicht dazu (EGH Bd. XIV, S. 511).

[28] GA *Roemer*, Bd. XIV, S. 523. Aus diesem Grunde ließ der EGH (Bd. II, S. 24) den Vorwurf der mangelnden Eignung in einem Disziplinarverfahren unberücksichtigt, da die Personalakten keine Beurteilungen enthielten und der Kläger dazu demnach auch keine Stellung nehmen konnte. Vgl. dazu auch GA *Roemer*, Bd. VI, S. 1013 f.

[29] EGH Bd. XIV, S. 511, sowie GA Lagrange in seinen Schlußanträgen dazu, S. 523 f.

[30] EGH Bd. IX, S. 123: „Dieser Rechtssatz entspricht den Erfordernissen einer geordneten Rechtspflege und einer einwandfreien Verwaltungsführung". — Im Rechtsstreit der Italienischen Republik gegen die Kommission der EWG, die Frankreich ermächtigt hatte, zum Schutz der eigenen Industrie auf aus Italien eingeführte Kühlschränke eine Einfuhrabgabe zu erheben, wies der EGH (Bd. IX, S. 378) die Rüge der Verletzung des rechtlichen Gehörs nicht generell zurück. Er räumte es vielmehr mit dem Hinweis aus, der Klägerin sei Gelegenheit zur Stellungnahme geboten worden, die sie aber nicht benutzt habe. — EGH Bd. VI, S. 789, 717 zu Art. 88 EGKSV (GA *Roemer*, S. 808 f.).

In einer neueren Entscheidung zu Art. 85 EWGV[31] ist das jetzt ausdrücklich klargestellt. Der Gerichtshof nennt das Verfahren nach Art. 85 EWGV vor der Kommission „ein Verwaltungsverfahren, in welchem den Beteiligten vor Erlaß der Entscheidung Gelegenheit gegeben werden muß, sich zu den Beschwerdepunkten zu äußern, die die Kommission gegen die fragliche Vereinbarung in Betracht ziehen zu müssen glaubt"[32].

Eine Modifikation dieses Grundsatzes scheint jedoch darin zu liegen, daß im Rahmen eines allgemeinen Verwaltungsverfahrens nicht verlangt werden kann, *sämtliche* Unterlagen mitgeteilt zu bekommen. Es genügt vielmehr eine deutliche Zusammenfassung ihres Inhalts[33].

Auch eine Anhörung Dritter, die durch die Entscheidung eventuell betroffen werden, ist *nicht* erforderlich[34].

Im Recht der Mitgliedstaaten ist die generelle Anwendbarkeit des Grundsatzes des rechtlichen Gehörs im Verwaltungsverfahren[35] — über einzelgesetzliche Konkretisierungen hinaus — nicht unbestritten[36].

---

[31] EGH Bd. XII, S. 385 (auf die Rüge, die Kommission habe im Verfahren nach Art. 85 EWGV den Klägerinnen nicht alle Unterlagen zugänglich gemacht sowie nicht alle ihre Schreiben berücksichtigt).

[32] EGH Bd. XII, S. 385 f. GA *Roemer* verweist in seinen Schlußanträgen zu diesem Urteil darauf (S. 426), das Kartellverfahren sei kein Gerichtsverfahren. „Im Verwaltungsverfahren gilt allein das Prinzip, daß nur solche Tatsachen gegen einen Betroffenen verwendet werden dürfen, zu denen er in einer angemessenen Frist hat Stellung nehmen können." — Damit ist aber nichts anderes umschrieben als der Grundsatz des rechtlichen Gehörs (vgl. *E. Forsthoff*, a.a.O., S. 217: der „Anspruch, gehört zu werden mit Angriff und Verteidigung und zu hören, was die Gegner vorbringen").

[33] EGH Bd. XII, S. 386; GA *Roemer*, S. 426.

[34] EGH Bd. XII, S. 395: „Es ist zwar allgemein wünschenswert, daß die Kommission ihre jeweiligen Ermittlungen nach Möglichkeit auf alle Personen erstreckt, die durch ihre Entscheidungen betroffen werden können. Das Interesse der übrigen Vertriebsberechtigten von Grundig an der Rechtswirksamkeit der zwischen den Klägerinnen Lousten und Grundig getroffenen Vereinbarung, die ihnen zwar tatsächliche Vorteile verschafft, an der sie aber nicht beteiligt sind, konnte jedoch keinen Anspruch dieser Unternehmen darauf begründen, in dem Verfahren, das die Kommission im Hinblick auf diese Vereinbarung eingeleitet hat, von Amts wegen gehört zu werden."

[35] Vgl. immerhin auch im Tatbestand bei EGH Bd. XII, S. 321 ff. (333): Die beklagte Kommission sah in der Rüge der Verletzung des rechtlichen Gehörs die Berufung auf einen „gerichtlichen Verfahrensgrundsatz" (S. 333). Auch die Klägerin Consten spricht a.a.O. vom „Justizcharakter" des Verfahrens nach Art. 85 EGKSV.

[36] Vgl. den Streit im deutschen Verwaltungsrecht: Anwendung des Grundsatzes im Verwaltungsverfahren *a)* nur, wenn er in einem einschlägigen Verwaltungsgesetz geregelt ist: Bd.-Württ. VGH VerwRspr., Bd. 8, S. 478; BayVerfGH NJW 1966, S. 445 (Die eventuelle Ableitung aus dem Rechtsstaatsprinzip läßt der VerfGH offen); weitere Nachweise bei *H. G. König*, DVBl. 1959, S. 391; b) wenn in die Rechtssphäre des Bürgers eingegriffen wird: BVerwG DÖV 1965, S. 489; VGH Kassel NJW 1956, S. 1940 („soweit keine sachlichen Gründe — wie Gefahr im Verzuge — entgegenstehen); OVG Münster, Entscheidungen der OVGe Münster und Lüneburg, Bd. 13,

V. Wirkung der Verletzung des rechtlichen Gehörs

Die Wirkung einer Verletzung des Grundsatzes des rechtlichen Gehörs unterscheidet sich wiederum nach den einzelnen Verfahrensarten. Im Disziplinarverfahren sind sie schärfer als z. B. beim Überleitungsverfahren. In der Regel führt der Verstoß gegen den Grundsatz des rechtlichen Gehörs zur Fehlerhaftigkeit der Entscheidung[37]. Nicht immer hat aber die Fehlerhaftigkeit auch die Aufhebung zur Folge. Der EGH prüft vielmehr, wenn er die Möglichkeit hat, selbst die Frage, bei deren Erörterung der Grundsatz verletzt worden war, und er kann trotz eines Verstoßes gegen diesen Grundsatz des rechtlichen Gehörs im Verwaltungsverfahren zur Aufrechterhaltung der Entscheidung kommen, wenn sich in der Verhandlung ihre materielle Richtigkeit ergibt[38].

Bei einer Entlassung im Disziplinarverfahren dürfen Argumente, zu denen der Bedienstete nicht Stellung nehmen konnte, bei der Prüfung der angefochtenen Entscheidung allerdings nicht berücksichtigt werden[39].

VI. Zusammenfassung

Zusammenfassend läßt sich sagen, daß der EGH, um im Recht der Gemeinschaften den einzelnen Unternehmen möglichst weitgehenden Rechtsschutz zu gewährleisten, grundsätzlich bei jeder Verwaltungstätigkeit, die eine Beschwer zur Folge haben kann, die Beachtung des Gebotes des rechtlichen Gehörs fordert.

Dem Gebot der Effektivität der Verwaltung wird durch die variable Ausgestaltung seines Inhalts Rechnung getragen. Nicht bei jeder Maßnahme geht das Recht auf vorherige Anhörung gleichweit. Je nach zu

S. 310 ff. (330) mit weiteren Nachw.; c) generell anwendbar: *H. G. König*, DVBl. 1959, S. 190 (weitere Nachw. S. 189, FN 3), 191; *Maunz - Dürig*, RN 92 zu Art. 103 GG mit zahlreichen Nachw. in FN 3 unter Berufung auf die h. M. Während *Obermayer* (a.a.O., S. 57) es ablehnt, das verfassungsmäßige Recht des Art. 91 BV auf das Verwaltungsverfahren anzuwenden, weist *Forsthoff* zutreffend darauf hin (a.a.O., S. 217), der Anspruch auf rechtliches Gehör bestehe auch vor den Verwaltungsbehörden, auch wenn ihn kein Gesetz ausdrücklich gewährt. Es ist unverzichtbarer Bestandteil eines rechtlich geordneten Verfahrens.

[37] So auch das deutsche Recht; nur bei sehr schweren Fehlern ist Nichtigkeit anzunehmen: BGH DÖV 1954, S. 438; *H. G. König*, DVBl. 1959, S. 194 f.; *Maunz - Dürig*, RN 95 zu Art. 103 GG (Nachw. FN 7—9); *P. Weides*, JuS 1964, S. 67.

[38] So EGH Bd. IX, S. 124; Heilung im gerichtlichen Verfahren anerkennt auch das BVerwG DVBl. 1958, S. 174 f. (175), unter Verweis auf das Bundesverfassungsgericht.

[39] EGH Bd. II, S. 24: Die Personalakten enthielten keine Beurteilungen, so daß der Kläger zu der Qualifizierung durch seine Vorgesetzten nicht Stellung nehmen konnte.

erwartender Schwere des Eingriffs in die Sphäre des Betroffenen variieren auch die Erfordernisse des rechtlichen Gehörs. So sind in einem abgestuften System die gegenläufigen Interessen von Bürger und Verwaltung sachgerecht verknüpft: Bei schwersten Sanktionen gegen den Betroffenen muß das Interesse am reibungslosen Ablauf der Verwaltung zurücktreten; bei leichteren Maßnahmen steht es über dem pedantischen Beharren darauf, zu allem und jedem selbst persönlich Stellung nehmen zu können. Die Möglichkeit, u. U. sogar im Gerichtsverfahren zur Heilung des Verstoßes zu kommen, bildet den Schlußpunkt in diesem System.

Man hat dem Gerichtshof — nicht ganz ohne Grund — häufig übertriebenen Formalismus vorgeworfen. Die Rechtsprechung zum Schutz des rechtlichen Gehörs bildet jedenfalls eine deutliche Ausnahme.

F. Der Grundsatz der Verantwortlichkeit der öffentlichen Gewalt für Amtspflichtverletzungen ihrer Organe und Bediensteten

I. Grundlegung in den Verträgen

1. Im Montanvertrag

Im Montanvertrag regeln Art. 34 und Art. 40 die Haftung der öffentlichen Gewalt für zugefügte Schäden. Beide Vorschriften beinhalten bereits verschiedene Präzisierungen (so verlangt Art. 34 Abs. 1 einen „préjudice direct et spécial"; Art. 40 geht von der „faute de service" aus), aber keine umfassende Regelung. Es bleibt vor allem offen, was als Amtsfehler anzusehen ist.

Die Grundlegung des allgemeinen Haftungsgrundsatzes der Europäischen Gemeinschaft für Kohle und Stahl sieht der EGH in Art. 40 EGKSV[1]. Art. 34 und Art. 40 schließen sich gegenseitig aus[2]. Art. 34 ist dem Bereich der Nichtigkeitsklagen zugeordnet, die sich von der Schadensersatzklage nach Art. 40 „sowohl nach ihrem Gegenstand als auch nach den möglichen Klagegründen"[3] unterscheidet.

---

[1] Bd. II, S. 21; GA *Roemer*, sah die „Anerkennung des allgemein in den Mitgliedstaaten geltenden Grundsatzes von der Verantwortlichkeit der öffentlichen Gewalt auch für das Recht der Gemeinschaft" in Art. 34 und 40 EGKSV.

[2] GA *Lagrange*, Bd. VII, S. 380, hält Art. 34 EGKSV für die lex specialis zu Art. 40 EGKSV für den Sonderfall der für nichtig erklärten Entscheidung.

[3] EGH Bd. VII, S. 463.

Im Verfahren nach Art. 40 kann sich der Kläger nur auf einen Amtsfehler und nicht auf die Klagegründe des Art. 33 EGKSV berufen. Dieser Unterschied wird durch den Vorbehalt in Art. 40 bestätigt[4].

Weiterhin steht der Art. 40 nicht nur dem beschränkten Personenkreis der Art. 33 und 35 EGKSV zu Gebote, sondern auch den natürlichen und juristischen Personen, die nicht der Hoheit der Gemeinschaft unterliegen, wenn ihnen bei der Durchführung dieses Vertrages durch einen Amtsfehler ein Schaden zugefügt wurde[5]. Generalanwalt Roemer sieht[6] hierin den notwendigen Ausgleich dafür, daß trotz der Teilintegration im Montanrecht Maßnahmen nicht ausgeschlossen sind, „die über den integrierten Bereich hinausreichen und Außenstehende unmittelbar oder mit ihren Folgen treffen".

Eine „responsabilité pour risque" kennt der Montanvertrag nicht. Da allerdings der französische Begriff der faute de service[7] unter der Vorstellung der faute *du* service bis weit an die objektive Haftung heranführt[8], bleiben mit der fehlenden responsabilité sans faute nur die „objektiven Spitzen" aus dem Raum des „verschwindenden organisatorischen Verschuldens der faute de service"[9] aus der Montanregelung ausgespart.

2. Grundlegung in den römischen Verträgen

In den römischen Verträgen regeln die Art. 215 Abs. 2 EWGV und 188 Abs. 2 EAGV die außervertragliche Haftung der Gemeinschaft. Art. 176 EWGV und Art. 149 EAGV, die hier den gleichen Spezialfall betreffen wie Art. 34 im Montanrecht, beschränken sich auf eine generelle Verweisung auf die allgemeinen Vorschriften der Art. 215 Abs. 2 EWGV und 188 Abs. 2 EAGV. Die Bestimmungen[10] verweisen dann ihrerseits, nachdem sie den allgemeinen Grundsatz der Haftung selbst noch einmal ausgesprochen haben, pauschal auf die „allgemeinen Rechtsgrundsätze, die den Rechtsordnungen der Mitgliedstaaten gemeinsam sind"[11].

---

[4] EGH Bd. VII, S. 464.
[5] EGH Bd. VII, S. 465.
[6] Bd. VII, S. 490.
[7] Für das Montanrecht leitet die allgemeine Meinung aus Art. 100 EGKSV die Alleinverbindlichkeit des frz. Textes ab.
[8] Zur Besonderheit der faute de service vgl. unten, S. 136 f.
[9] *W. Leisner*, VVdStL H. 20, S. 217.
[10] Vgl. dazu insbesondere EGH Bd. IX, S. 211 ff. (passim), Bd. XIII, S. 332 ff. (mit Anm. von *J. Jurina*, Die Auslegung von Art. 215 Abs. 2 EWGV durch den Gerichtshof der Europäischen Gemeinschaften, ZaöRVR Bd. 28 (1968), S. 365 ff. / 374 ff.); Bd. XV, S. 335 f.; GA *Gand*, Bd. XV, S. 340 f.; *G. Jaenicke*, in: Staatshaftung, S. 866 ff.
[11] Zu Recht betont GA *Roemer*, Bd. IX, S. 258, daß hierunter ein Verweis auf das nationale *Staatshaftungs*recht, nicht aber auf das allgemeine Scha-

Diese ausdrückliche Verweisung an einer Stelle, an der die Rechtsordnungen der Mitgliedstaaten in der Konstruktion nicht unerheblich voneinander abweichen, erscheint nicht sehr glücklich und trägt zur Lösung des Problems einer sachgerechten Gemeinschaftshaftung wenig bei. Während in Frankreich die Grundsätze der Amtshaftung ausdrücklich als verwaltungsrechtliche Grundsätze (mit eigenständigem, öffentlichrechtlichem Verschuldensbegriff) angesehen werden[12], legt die Regelung des Art. 28 der italienischen Verfassung, der eine unmittelbare Haftung der Beamten den geschädigten Dritten gegenüber bestimmt, den Schluß nahe, es handele sich bei der Amtshaftung lediglich um eine einfache mittelbare zivilrechtliche Haftung. Auch das belgische Recht stützt sich auf die zivilrechtliche Haftung des Handelnden gemäß Art. 1382 ff. (1384) C. c. und bezieht diesen zwingend in den Prozeß mit ein[13]. Das ist zwar im deutschen Recht nicht erforderlich[14], dort wird vielmehr die unmittelbare Klage gegen die Behörde zugelassen[15]. Die Klage führt aber nur bei Vorliegen des Verschuldens eines einzelnen Bediensteten zum Ziel[16].) Demgegenüber kennt das französische Recht die „faute du service public“, die in einem Schlecht-, Nicht- oder verspäteten Funktionieren der öffentlichen Gewalt selbst gesehen wird[17].

Weiter besteht in Frankreich die Besonderheit, daß die Haftung in den einzelnen Verwaltungstätigkeiten eine unterschiedliche gravité de la faute erfordert.

---

densersatzrecht zu verstehen ist. So auch *Groeben - Boeckh*. Anm 9 und 10 zu Art. 215 EWGV: *Wohlfahrt - Everling*, Anm. 6 zu Art. 215; *A. A.*: *A. Heldrich*, a.a.O., ab S. 17.

[12] *Duez-Debeyre*. Traité, Nr. 625 und allg. M.; seit dem Arrêt Blanco des Tribunal des conflits v. 8. 2. 1873 (Rec. S. 61; cit. nach *W. Much*, a.a.O., S. 27) ständige Rechtsprechung.

[13] Nachweise — auch für die entsprechende Konstruktion in Luxemburg und den Niederlanden — bei *G. Jaenicke*. Staatshaftung, S. 867 (FN 16).

[14] BGH in WPM 1960, S. 1304 ff. (1305): „Die Revision hat Recht, daß ‚Behörden und Dienststellen‘ Schadensersatzansprüche auslösende Amtspflichtverletzungen nicht begehen können, sondern daß der Tatbestand einer Amtspflichtverletzung immer nur von bestimmten einzelnen Personen ... verwirklicht werden kann“. „Wenn in Entscheidungen gelegentlich von ... Amtspflichtverletzungen einer Behörde oder Dienststelle die Rede ist, so ist das lediglich eine vereinfachende Bezeichnung für die verantwortlichen Beamten ... dieser Behörde und es soll damit keineswegs gesagt werden, eine Behörde oder Dienststelle könne als solche sich einer Amtspflichtverletzung schuldig machen.“ Wo aber nur ein Beamter als Schädiger in Frage kommt, kann das Gericht eine Einzelfeststellung der konkret verantwortlichen Person unterlassen.

[15] Vgl. § 839 BGB, Art. 34 GG.

[16] Eine verantwortliche Einzelperson muß vorhanden sein; sie braucht allerdings im Einzelfall nicht konkret ausfindig gemacht zu werden: BGH in WPM 1960. S. 1305; *W. Leisner*, VVdStL H. 20, S. 214; *W. Much*, a.a.O., S. 39 f.; RGZ Bd. 100, S. 102 f.

[17] *A. de Laubadère*, Traité, Nr. 885.

Im Umfang des Ersatzes immateriellen Schadens bestehen zwischen den einzelnen Mitgliedstaaten tiefgreifende Unterschiede[18].

Selbst nach diesem kurzen Blick in die verschiedenen Rechtsordnungen der Mitgliedstaaten wird klar, daß in der grundsätzlichen Ausgestaltung des allgemeinen Haftungsgrundsatzes erhebliche Abweichungen bestehen, die es unmöglich machen, ohne weiteres auf „gemeinsame Grundsätze" zurückzugreifen, will man sich nicht auf die Feststellung der Tatsache der grundsätzlichen Staatshaftung selbst zurückziehen[19]. Daß der Vertrag nicht auf die positivrechtlichen Lösungen in den Mitgliedstaaten verweist, sondern auf deren Grundgedanken, ist allgemein anerkannt[20]. Aber auch der Umfang einer so verstandenen Verweisung bleibt zweifelhaft[21]. Jedenfalls ist damit weder der größte Nenner noch etwa die Synthese der in den Mitgliedstaaten jeweils anerkannten Prinzipien gemeint[22]. So kommt der EGH zwangsläufig und folgerichtig zu dem Schluß, trotz der ausdrücklichen Verweisung auf die nationalrechtlichen Grundsätze sei in diesen Bestimmungen über die außervertragliche Haftung eine „eigenständige, gemeinschaftsrechtliche Regelung" zu sehen, „kraft deren die Gemeinschaften die von ihren Organen verursachten Schäden nach einer einheitlichen Rechtsnorm zu ersetzen haben"[23]. Diese Einheitlichkeit sieht der Gerichtshof durch seine Zuständigkeit gewährleistet.

3. Einheitliche Rechtsprechung für alle Verträge

Der EGH macht in der bisherigen Rechtsprechung keinen Unterschied zwischen den einzelnen Verträgen. Seine bisher erarbeiteten Grundsätze gelten sowohl im Montanrecht als auch im Recht der römischen Verträge. Der Wortlaut dieser Verträge schließt zwar eine responsabi-

---

[18] So läßt die h. M. in den Niederlanden keinen Ersatz immateriellen Schadens zu, Nachw. bei *A. Heldrich*, a.a.O., S. 95 FN 2; das ital. Recht gewährt für immateriellen Schaden Geldersatz gem. Art. 2059 C. c. nur in den vom Gesetz bestimmten Fällen, Nachw. *A. Heldrich*, a.a.O., S. 97 und FN 9. In Deutschland ist der Streit um die Ausweitung des Ersatzes immateriellen Schadens über § 253 BGB hinaus noch nicht entschieden: vgl. zu diesem Streit: *K. Fromm*, NJW 1965, S. 1201 ff.; ferner die Beratungen des 20. Deutschen Juristentages in Karlsruhe, NJW 1964, S. 2098, Den Ersatz immateriellen Schadens lehnt der RGRK (Anm. 1 zu § 253 BGB) ab, allerdings unter Hinweis auf die weitergehende Rechtsprechung des BGH. Unbestritten ist der Ersatz immateriellen Schadens lediglich in Frankreich, Nachw. bei *A. Heldrich*, a.a.O., S. 94, FN 6, 7, 8.

[19] So GA *Lagrange*, Comm. MLR 1965/66, S. 32; vgl. auch GA *Gand*, Bd. XV, S. 340.

[20] GA *Gand*, Bd. XV, S. 340; *ders*. Bd. XIII, S. 367; *J. Jurina*, ZaöRVR Bd. 28 (1968), S. 374 f.; *G. Jaenicke*, Staatshaftung, S. 863 f.

[21] Ausdrücklich GA *Gand*, Bd. XV, S. 340 und allg. M.

[22] GA *Gand*, Bd. XV, S. 340.

[23] EGH Bd. XV, S. 336.

lité pour risque (Gefährdungshaftung) nicht aus; es wurde jedoch dem EGH bisher noch kein derartiger Fall unterbreitet, so daß die Darstellung ausschließlich auf die Grundsätze der responsabilité pour faute beschränkt werden kann.

II. Die Voraussetzungen eines Amtshaftungsanspruchs

Der EGH stellt für einen Amtshaftungsanspruch folgende Voraussetzungen auf[24]:

— in Durchführung des Vertrages verursacht.

— Amtsfehler.

— Verletzung eines Schutzgesetzes.

— ursächlicher Zusammenhang zwischen Amtsfehler und Schaden.

1. Die Verursachung durch einen Bediensteten in Durchführung des Vertrages

Der Schaden muß von einem Bediensteten in Durchführung des Vertrages verursacht[25] worden sein. Der Bedienstete (nicht notwendig nur Beamte, auch Hilfskräfte!) bzw. das Organ der Gemeinschaft muß hoheitlich handeln, um die Haftung der Gemeinschaft auszulösen[26]. Dabei hat die hoheitliche Tätigkeit in Ausübung der dienstlichen Obliegenheiten des Bediensteten oder des Organs zu liegen[27], d. h. sie muß sich „aufgrund einer unmittelbaren inneren Beziehung notwendig aus den Aufgaben der Organe ergeben“[28]. Der handelnde Bedienstete muß einem Gemeinschaftsorgan unterstellt, also an dessen Weisungen gebunden und in seinen Dienstbetrieb eingegliedert sein[29]. Daran ließ der EGH[29] die Amtshaftungsklagen in den Fällen scheitern, in denen

---

[24] Bd. XI, S. 1205; im vorliegenden Fall für eine Klage nach Art. 40 EGKSV. Dieses Prüfungsschema liegt aber auch den Urteilen zum EWGV zu Grunde. Hinweise auf die gemeinschaftsrechtliche Literatur finden sich bei *E. W. Fuß*, Grundfragen der Gemeinschaftshaftung, EuR 1968, S. 353 ff.

[25] Kausalität wird in st. Rspr. gefordert; vgl. EGH Bd. IX, S. 640; XVI, S. 340, 562; GA *Gand* umschreibt den erforderlichen Zusammenhang negativ: „Eine die Haftung begründende Ursächlichkeit besteht nicht, wenn der gleiche Erfolg auf dieselbe Art und Weise auch eingetreten wäre, ohne daß die Verwaltung ihre Pflichten verletzt hätte“ (Bd. XIII, S. 375).

[26] EGH Bd. VIII, S. 417.

[27] EGH Bd. II, LS. S. 14.

[28] GA *Gand*, Bd. XV, S. 343; abgelehnt für die Verwendung eines Privatfahrzeuges bei einer Dienstreise, auch wenn das private Kfz. im Auftrag erwähnt war; anders nur, wenn der Auftrag nicht ohne privates Fahrzeug zu erfüllen gewesen wäre (EGH Bd. XV, S. 336).

[29] EGH Bd. V, S. 536; Bd. VIII, S. 784, 858.

die Hohe Behörde für Schäden verantwortlich gemacht werden sollte, die aus den betrügerischen Ursprungszeugnissen für Schrott eines niederländischen Ministerialbeamten erwuchsen, der weder einem Gemeinschaftsorgan eingegliedert, noch dessen Weisungen unterworfen war.

2. Der Amtsfehler

a) Beispielhafte Amtsfehler aus der Rechtsprechung

aa) Der EGH hält einen Amtsfehler für möglich, wenn bei der Berechnung der Bemessungsgrundlage der Schrottausgleichsumlage Fehler auftreten, für deren Nicht-Beseitigung im konkreten Fall die Hohe Behörde zwar nicht getadelt werden könne, die aber generell durch eine einwandfreie Verwaltungsführung hätten vermieden werden müssen[30]. Der Vorwurf liegt hier in der unzulänglichen Verwaltungsführung.

Die Amtshaftungsklagen wegen der Betrügereien eines niederländischen Ministerialbeamten weist der EGH zwar wegen der fehlenden Eingliederung in ein Gemeinschaftsorgan ab; er sieht aber zuvor eine „fehlerhafte und unzureichende Organisation“[31] als einen an sich zur Begründung einer Amtshaftung ausreichenden Vorwurf an[32].

Von Ausnahmen abgesehen, stellt eine unrichtige Auslegung einer Vorschrift für sich allein allerdings keinen Amtsfehler dar[33]. Verzögert die Behörde aber ohne rechtfertigenden Grund die Berichtigung ihrer unrichtigen Auskünfte, dann ist in dieser Unterlassung ein Amtsfehler zu sehen[34]. Ebenso stellt die *bewußte* Falschanwendung von Recht einen Amtsfehler dar[35].

Infolge mangelhafter Überwachung der Hohen Behörde konnten die „Brüsseler Organe“ auch dann noch laufend Zusagen über die Zahlung von Transportparitäten machen, als die Hohe Behörde sich nicht mehr nur auf eine Kontrolle der Ausgleichseinrichtung beschränkte, sondern

---

[30] EGH Bd. VII, S. 366.

[31] EGH Bd. V, S. 536, Bd. VIII, S. 784, 858.

[32] So hält auch GA *Roemer*, Bd. VII, S. 677, den Vorwurf der mangelhaften Arbeitsweise an sich für ausreichend. GA *Lagrange* warf den „Brüsseler Organen“ Organisationsmängel — Bd. VIII, S. 809 —, der Hohen Behörde den Verzicht auf jegliche Kontrolle über die Ausgleichseinrichtung — Bd. VIII, S. 809 — vor.

[33] Die Kommission hatte Bediensteten unrichtige Auskünfte über ihre Ansprüche nach dem Ausscheiden aus dem Dienst erteilt.

[34] EGH Bd. XVI, S. 339, 561.

[35] EGH Bd. XIII, S. 354, 401; die Kommission hatte ein Schutzverfahren mißbräuchlich auf einen — wie sie wußte! — nicht passenden Sachverhalt angewandt.

deren Leitung und Verwaltung wieder selbst übernommen hatte. Da diese Zusagen insgesamt eine halbe Million Dollar ausmachten, hätten sie nach Ansicht des EGH der Hohen Behörde nicht verborgen bleiben dürfen. Sie (die Behörde!) hat somit „die bei Anlegung normaler Sorgfaltsmaßstäbe gebotene Aufsichtspflicht schwer vernachlässigt; hierin liegt ein ihre Haftung begründendes schuldhaftes Verhalten“[36].

Ebenso zu der Gruppe des mal-fonctionnement du service public ist die Entscheidung zu rechnen, in der der EGH in einem mangelhaften Überleitungsverfahren (Verstoß gegen das rechtliche Gehör) den haftungsbegründenden Amtsfehler sieht[37].

Ein Amtsfehler der beklagten gemeinsamen Versammlung der Gemeinschaften wurde bejaht[38], als die Beklagte ihren Bediensteten Erlässe über ihre künftige Rechtsstellung aushändigte, obgleich der Präsidentenausschuß in einer Sitzung am gleichen Tag in Gegenwart des Präsidenten der gemeinsamen Versammlung die Notwendigkeit einer vorherigen Angleichung zwischen den einzelnen Organen einstimmig beschlossen hatte. Der Amtsfehler wird nicht im Verschulden eines bestimmten einzelnen Beamten, sondern in der „überstürzten, leichtsinnigen und leichtfertigen“ Handlungsweise der *Beklagten* gesehen[39].

bb) Auf rechtswidrige Verwaltungsakte zur Stützung einer Amtshaftungsklage kann sich der Kläger im Grundsatz solange nicht berufen, wie der betreffende Verwaltungsakt nicht für unwirksam erklärt worden ist. Vor der Aufhebung kann ein Verwaltungsakt als solcher keinen Amtsfehler darstellen[40]. Eine Ausnahme von diesem Grundsatz läßt der EGH nur dann zu, wenn die Maßnahme „überflüssige kritische Bemerkungen über den Betroffenen enthält“[41]. Trotz der Kritik von Generalanwalt Roemer[42] beharrt der EGH auf seiner Meinung[43], wobei

---

[36] EGH Bd. VII, S. 647. GA *Roemer*, kam auf Seite 677 ff. zu dem Ergebnis, wegen der anfallenden Arbeitsfülle könne im konkreten Fall von der Hohen Behörde nicht sofort nach der Übernahme der Ausgleichseinrichtung eine Klarstellung verlangt werden. Ein Amtsfehler liege somit *nicht* vor.

[37] EGH Bd. XI, S. 793 f., 800, *802*.

[38] EGH Bd. III, S. 133.

[39] GA *Lagrange*, Bd. III, S. 185; in der Sache ebenso, EGH Bd. III, S. 133.

[40] EGH Bd. IX, S. 240, 485. In Bd. VII, S. 463 ließ der EGH die Frage noch ausdrücklich offen.

[41] Es handelte sich um eine Ablehnung der Übernahme in das Beamtenverhältnis und einer Kündigung, EGH Bd. IX, S. 446; i. d. S. ebenso: EGH Bd. X, S. 722 f., 1038, 1097; Bd. XI, S. 747.

[42] Bd. XI, S. 592. Der Hinweis, ein solches Erfordernis der vorherigen Nichtigerklärung gelte nicht „im Recht aller Mitgliedstaaten“, überzeugt nicht. Der EGH selbst verwahrt sich mehrmals gegen die Unterstellung, er habe seine Rechtsprechung in Form einer mechanischen Rechtsvergleichung zu vollziehen. Der Einwand widerspricht auch der von *Roemer* kurz vorher — Bd. IX, S. 258 — vertretenen Ansicht, der EGH sei bei der dogmatischen Ausgestaltung der Amtshaftung weitgehend frei; ablehnend auch E. W. *Fuß*, DÖV 1964, S. 577 ff. (579), sowie die oben, S. 134, FN 19, angeführten Autoren.

[43] Bd. XI, S. 678, 747.

er die ausdrückliche Zustimmung von Generalanwalt Gand fand[44]. Deutschland und Frankreich kennen diese Einschränkung allerdings nicht[45].

cc) Auf Grund der faute personnelle eines Bediensteten hatte der EGH noch nicht zu entscheiden. Die grundlegende Unterscheidung des Art. 40 EGKSV zwischen faute de service und faute personnelle entstammt dem französischen Recht[46]. Bei Vorliegen einer faute personnelle haftet nach Art. 40 Abs. 2 EGKSV die Gemeinschaft lediglich subsidiär. Zur Erfassung dieses Begriffs bietet die bisherige Rechtsprechung keinen Anhaltspunkt. In Frankreich haftet auch bei einer faute personnelle der Staat — und zwar primär —, solange die faute personnelle „ne soit pas dépourvue de tout lien avec le service"[47]. Erst in diesem Fall scheidet jegliche Staatshaftung aus.

b) *Verschulden als Voraussetzung*

Der EGH sieht in der Amtshaftungsklage des Gemeinschaftsrechts keine Haftung für lediglich rechtswidrig zugefügte Schäden, sondern er hält ausdrücklich am Verschuldensprinzip fest[48]. In den früheren Urteilen[49] stellt der EGH die Amtshaftung ausdrücklich der — vertraglichen oder gesetzlichen — Gewährleistungspflicht gegenüber, „aus der sich eine *objektive* vertragliche oder gesetzliche Haftung entnehmen ließe, welche die Hohe Behörde selbst dann zu übernehmen hätte, wenn sie kein Verschulden trifft"[50].

---

[44] Bd. XI, S. 763.

[45] *L. Duguit*, spricht a.a.O., Bd. III, S. 463 f. davon, daß dem Kläger die Anfechtungsklage und die Amtshaftungsklage wahlweise nebeneinander zur Verfügung stehen; *M. Waline*, Droit. Adm. Nr. 1510 ff. geht davon aus, jeder der vier Klagegründe der Anfechtungsklage könne — unabhängig von einer etwa erfolgten Nichtigerklärung — einen Amtsfehler darstellen; *W. Much*, a.a.O., S. 60.

[46] *Duez-Debeyre*, Traité, S. 420; *L. Duguit*, a.a.O., Bd. III, S. 272, 461; *A. de Laubadère*, Traité, Nr. 884, wobei allerdings die Abgrenzungskriterien auseinander gehen. Waline betrachtet — Nr. 1365 — die Unterscheidung als veraltet und ersetzt sie durch das Begriffspaar „faute détachable — faute non détachable du service public", wobei er aber in den Nr. 1367 ff. i. d. Hauptsache die gleichen Kriterien verwendet, die die klassische Lehre zur Kennzeichnung der faute personnelle verwandte.

[47] Vgl. die Entwicklung bis zu diesem Punkt bei *Duez-Debeyre*, Traité, Nr. 960; *M. Waline*, Nr. 1449.

[48] Bd. V, S. 536; Bd. VII, S. 647; Bd. VIII, S. 784, 858; Bd. XIII, S. 354 f., 402; Bd. XVI, S. 339, 561. Die von *B. Becker*, a.a.O., S. 112 angeführte Entscheidung des EGH Bd. VI, S. 991 betrifft einen Fall der *Vertrags*haftung und betont auch für diesen das Erfordernis des Verschuldens. So auch GA *Roemer*, Bd. II, S. 46, und GA *Lagrange*, Bd. VI, S. 547.

Die deutsche Fassung der Entscheidung Bd. III, S. 133 ist unklar; im französischen Text findet sich — S. 129 — zusätzlich das Wort „imputable", so daß die korrekte Übersetzung lauten müßte: der „von der Beklagten zu vertretende Amtsfehler".

[49] Bd. V, S. 536; Bd. VII, S. 647; Bd. VIII, S. 784, 858.

[50] EGH Bd. V, S. 535; Bd. VIII, S. 783, 857.

Der Begriff der faute *du* service schließt für den EGH die Vorstellung des Verschuldens nicht aus; nur knüpft er das Verschulden nicht an eine handelnde Person, wie es Zivilrecht und Strafrecht tun, sondern er geht von einem eigenständigen öffentlich-rechtlichen Verschuldensbegriff aus, nach dem auch ein Verwaltungsorgan sein mangelndes Funktionieren vertreten muß. Diese Rechtsprechung folgt dem französischen Recht, das den Begriff der faute vom zivilrechtlichen Verschulden unterscheidet[51]. Allerdings wird mit dieser Loslösung des Verschuldens von einer Person das subjektive Schuld-Element zugunsten einer größeren Sachnähe (Leisner) abgewandelt und eine weitgehende „Annäherung" an die objektive Schadenshaftung erreicht[52]. In der französischen Literatur wies Duguit darauf hin, daß die responsabilité de l'Etat letztlich immer eine responsabilité pour risque sei[53]. Da auch die jüngere Lehre in der faute nicht den Grund, sondern nur die Bedingung der Staatshaftung sieht[54], ist die Unterscheidung zwischen Haftung „conditionnée par une faute" und Haftung „pour risque" nur noch aus praktischen Gründen verständlich[55].

Die Schwierigkeit dieser Abgrenzung gewinnt im Montanrecht besondere Bedeutung, da eine Haftung pour risque dort ausdrücklich ausgeschlossen ist.

c) Das Problem des abgestuften Verschuldens

Die Verträge geben keine Auskunft darüber, ob *jede* faute ausreichend ist, oder ob in den Anforderungen an die gravité der faute je nach den Verwaltungstätigkeiten variiert werden kann, bzw. muß. Die Generalanwälte halten dies für vertretbar[56]. Generalanwalt Roemer forderte (a.a.O.) insbesondere für Fehler in der Überwachung eine faute *lourde*. Der EGH wies die Klage aber aus anderen Gründen ab. In einem kurz darauf ergangenen Urteil stellt der Gerichtshof bei der Prüfung des Amtsfehlers eine *schwere* Vernachlässigung der Aufsichtspflicht fest[57]. Allerdings wird nicht klar, ob nicht auch schon bei *leich-*

---

[51] *Duez - Debeyre*, Traité, Nr. 625 mit Hinweis — S. 421 — auf den Arrêt Blanco. *W. Leisner*, VerwA Bd. 54 (1963), S. 3 (neuer Schuldbegriff für das öffentliche Recht), S. 28 („Ansatz sui generis"), S. 34 (neue Sonderform).

[52] Vgl. *W. Leisner*, VVdStL H. 20, S. 215 f.

[53] a.a.O., Bd. III, S. 269, 270. Die Amtshaftung sei immer nur aus dem Gesichtspunkt der assurance sociale zu verstehen, die das notwendige Korrelat des „risque social" ist, „c'est à dire le risque provenant de l'activité sociale" (S. 434; ebenso S. 458 f., 472 f.).

[54] *A. de Laubadère*, Traite, S. 472; *M. Waline*, Droit Adm. Nr. 1485 spricht von einer responsabilité conditionnée par une faute et non d'une responsabilité pour une faute.

[55] Vgl. dazu *A. de Laubadère*, Traité, Nr. 882, S. 472 f.

[56] GA *Roemer*, Bd. VII, S. 511; GA *Gand*, Bd. XI, S. 442.

[57] Bd. VII, S. 647.

tem Verschulden ein Amtsfehler angenommen worden wäre, wenn auch manche Formulierungen des Urteils dagegen sprechen[58].

In zwei Entscheidungen[59] umgeht der EGH das Problem dadurch, daß er nicht der Einlassung der Beklagten folgt, sie habe lediglich Aufsichtspflichten verletzt, so daß leichtes Verschulden nicht genügend sei, sondern die Verletzung einer eigenen Handlungspflicht der Beklagten konstatiert.

Die Haltung des EGH ist in dieser Frage also nicht zweifelsfrei[60].

Im französischen Recht konnte Duguit[61] noch schreiben, in dieser Frage sei eine „jurisprudence ferme" nicht zu erkennen. Inzwischen variierte die Rechtsprechung unter Billigung der Lehre eindeutig den erforderlichen Schweregrad des Fehlers nach den jeweiligen Tätigkeitsbereichen der Verwaltung (services). So sind bei Polizei, Feuerwehr, Heilbehandlung, Finanzen und anderen Bereichen erhöhte Anforderungen an die haftungsbegründende (bzw.-bedingende) faute zu stellen[62]. Damit tritt die faute in eine enge Beziehung zu den einzelnen services der öffentlichen Verwaltung und versucht, deren Besonderheiten gerecht zu werden. Mit bloßer Billigkeitsrechtsprechung hat das nichts zu tun[63]. In dieser verwaltungsnahen Variabilität der faute erscheint die Zuständigkeit von *Verwaltungs*gerichten besonders gerechtfertigt.

3. Verletzung eines Schutzgesetzes

Einen Schadensersatz billigt der EGH nur zu, wenn durch die fehlerhafte Handlung Rechtsnormen verletzt werden, die nicht nur im Interesse der Gemeinschaften bestehen, sondern auch das einzelne Unternehmen schützen wollen[64]. Aus diesem Grunde wies der EGH den Schadensersatzantrag im Vloebergh-Urteil ab[65], weil sich die Klägerin

[58] Ebenso verhält es sich auch in einem späteren Urteil zur Überwachung der Ausgleichseinrichtung durch die Hohe Behörde: GA *Roemer* fordert — S. 1252 f. — eine faute lourde bzw. einen außergewöhnlichen Amtsfehler; der EGH nimmt in seinem Urteil, S. 1232, ein „zunehmendes Offenbarwerden" und damit einen Amtsfehler an.

[59] EGH Bd. XIII, S. 354, 401.

[60] GA *Gand*, Bd. XIII, S. 373: Der Gerichtshof ist der Ansicht des nach Tätigkeiten abgestuften Verschuldens weder beigetretenen noch hat er ihr je widersprochen. Auch GA *Gand* läßt die Frage ausdrücklich offen.

[61] a.a.O., Bd. III, S. 462.

[62] Näher dazu *Duez - Debeyre*, Traité, Nr. 628, 638 ff.; *M. Waline*, Nr. 1489 ff.

[63] Vgl. *W. Leisner*, VerwA. Bd. 54 (1963), S. 39.

[64] EGH Bd. VII, S. 467—469; ebenso GA *Roemer*, Bd. IX, S. 267 mit rechtsvergleichenden Hinweisen.

[65] Bd. VII, S. 427 ff.

auf die Verletzung des Grundsatzes des freien Verkehrs für *Drittländer*-Waren berief. Der EGH erkennt zwar den Grundsatz des freien Warenverkehrs im Gemeinsamen Markt an, erstreckt ihn direkt aber nur auf die Gemeinschaftserzeugnisse. Drittländer-Waren werden nur von einer Reflexwirkung erfaßt; ein subjektives Recht auf freien Verkehr wird ihnen nicht gewährt[66].

Der Umstand, daß die beeinträchtigten Interessen *allgemeiner* Art sind (freier Handelsverkehr!), „schließt nicht aus, daß sie auch die Interessen einzelner Unternehmen — wie der Klägerin — mit umfassen“ (die am freien Handel teilnimmt)[67].

4. Der Schaden

a) Gegenwärtiger und bestimmter Schaden

Der Schaden, der die Voraussetzung des Amtshaftungsanspruches erfüllt, muß gegenwärtig und bestimmt sein[68]. Eine im Einzelfall schwierige Bestimmbarkeit des Schadens darf den Richter allerdings nicht von der Entscheidung abhalten: „Die Unmöglichkeit, einzelne Schadensfaktoren mit völliger Sicherheit abzuschätzen, (ist) kein ausreichender Grund, jede Wiedergutmachung zu versagen[69].“ So muß sich der EGH (nach Generalanwalt Lagrange) gerade bei der Beurteilung eines hypothetischen Kausalverlaufs mit Näherungswerten zufrieden geben. Der EGH schließt sich dem an und kommt mit dem „üblicherweise angewandten Stichprobenverfahren“ zu „annehmbaren Näherungswerten“[70].

b) Immaterielle Schäden

In ständiger Rechtsprechung billigte der EGH auch für immaterielle Schäden Geldersatz zu[71]. Obgleich nur der französische Rechtskreis den uneingeschränkten Ersatz immateriellen Schadens kennt[72] und in den Niederlanden[73], Italien[74] und Deutschland[74] zum Mindesten erheblicher

[66] Hier wird wiederum der Unterschied zwischen dem recours de pleine juridiction (Unterfall: Amtshaftungsklage) und der Anfechtungsklage deutlich: bei dieser ist die Verletzung eines subjetiven Rechts nicht erforderlich.

[67] EGH Bd. XIII, S. 354 f., 402; GA *Gand*, Bd. XIII, S. 369 f.

[68] EGH Bd. II, S. 27; Bd. VII, S. 367.

[69] GA *Lagrande*, Bd. XI, S. 1240.

[70] EGH Bd. XI, S. 1234.

[71] EGH Bd. III, S. 135; Bd. IV, S. 900 f., 1140; Bd. XI, S. 80.

[72] Vgl. *A. Heldrich*, a.a.O., S. 94; Nachw. in FN 6—8.

[73] In den Niederlanden gewährt die neuere Rechtsprechung gegen die h. L. den Geldersatz für immateriellen Schaden: *A. Heldrich*, a.a.O., S. 95; Nachw. in FN 2.

[74] Vgl. oben, S. 134, FN 18.

Streit darüber besteht, macht der EGH keine generelle Einschränkung in der Zubilligung einer Entschädigung für immaterielle Schäden.

In den Einzelheiten ist die Rechtsprechung des EGH zu dieser Frage allerdings schwer zu systematisieren. Während zunächst für den immateriellen Schaden nur ein symbolischer Betrag zuerkannt wurde, ging der EGH dann dazu über, den Betrag so zu bemessen, daß man von einem echten Schadensersatz sprechen konnte. Hinsichtlich der Höhe des Betrages gebrauchte der EGH sein „billiges Ermessen", das es ausschließt, seine Erwägungen nachzuvollziehen. In einem späteren Urteil versagt der EGH dann überhaupt den Ersatz des immateriellen Schadens[75], da der durch die Versetzung entstandene Schaden mit der Aufhebung der Verfügung ausgeglichen sei. Mit dieser Entscheidung setzt sich der EGH in Widerspruch zu seiner ganzen bisherigen Rechtsprechung[76].

c) Problem des „besonderen" Schadens

Der EGH läßt die Frage, ob Art. 40 EGKSV und die Amtshaftungsklage der römischen Verträge einen „besonderen Schaden"[77] voraussetzen, ausdrücklich offen[78]. In Art. 34 EGKSV ist er nur für den dort geregelten Spezialfall gefordert, weil der gewöhnliche Schaden, den eine für nichtig zu erklärende Verwaltungsmaßnahme verursacht, durch das stattgebende Urteil als ausgeglichen gilt.

Es ist nun die Frage, ob diese Voraussetzung des Art. 34 im Wege der Interpretation auch in Art. 40 hineinzulesen ist[79]. Generalanwalt Lagrange verneint das bei einer Schädigung durch fehlerhaftes Verwaltungshandeln[80] unter Hinweis auf die französische Rechtsprechung und auf Odent, der einen besonderen Schaden nur bei der Gefährdungshaftung zum Ausgleich für das nicht erforderliche Verschulden annimmt[81]. Es ist jedenfalls nicht auf das gemeinsame oder besondere Betroffensein von der rechtlichen Regel, sondern auf die gemeinsame

[75] Bd. XII, S. 179; als immaterieller Schaden wurden die mit einer ungerechtfertigten Versetzung verbundenen Aufregungen geltend gemacht.

[76] Unter Berufung auf die st. Rspr. des EGH hatte GA *Roemer* in dieser Rechtssache — Bd. XII, S. 202 — einen Geldersatz beantragt.

[77] Der nur ein einzelnes oder eine eng umgrenzte, feststellbare Gruppe von Unternehmen trifft, im Gegensatz zur öffentlichen Last, die *allen* den Gemeinschaften unterstellten Unternehmen auferlegt wird.

[78] Bd. VII, S. 382.

[79] So GA *Roemer*, unter Hinweis auf gewisse Fälle des frz. Verwaltungsrechts.

[80] Bd. VII, S. 380 f.

[81] Auch im deutschen Recht wird Ersatz für Schäden aus der Gefährdungshaftung nur bei einer besonderen Gefährdung einzelner Gruppen zugestanden.

(charge public, keine réparation!) oder besondere Schädigung abzustellen. So kommt Generalanwalt Roemer im Vloebergh-Fall[82] zu dem Ergebnis, durch die Weigerung der Hohen Behörde seien nur die Beteiligten einer „kleinen, feststellbaren Gruppe das Opfer eines schadensstiftenden Ereignisses geworden“[83], damit sei der besondere Schaden nachgewiesen.

Das Gleiche verlangt Generalanwalt Roemer für das Planmann-Urteil[84], da die Entscheidung der Kommission „ihren rechtlichen Auswirkungen nach“ *gesetzlichen* Regeln „gleichgestellt“ wird.

Der EGH äußert sich hierzu nicht. Bei Klagen gegen materielle Gesetzgebungsakte[85] vermag allein die Forderung eines „besonderen“ Schadens sachgerechte Ergebnisse zu gewährleisten.

d) Unmittelbarer Schaden

Der Schaden muß durch den Amtsfehler *unmittelbar* verursacht werden[86]. Die hier zu Grunde liegende Unterscheidung spielt im deutschen Recht keine Rolle[87]. Mittelbarer Schaden der gleichen Person wird wie direkter Schaden ersetzt. Lediglich Ersatz des Drittschadens bleibt in der Regel ausgeschlossen. Der Begriff des „préjudice direct“ spielt vielmehr eine Rolle unter anderem im französischen Recht[88], das von der Bedingungstheorie ausgeht, dann aber in Beschränkung auf eine „relation incontestable“ *(Duez-Debeyre)*, bzw. eine Kausalbeziehung, die „avec certitude“ *(Waline)* feststellbar ist, sich im Ergebnis dem deutschen Recht nähert[89].

III. Zusammenfassung

1. In der Ausgestaltung des Amtsfehlers folgt der EGH dem französischen Rechtskreis. Dabei hat er sich allerdings noch nicht eindeutig entschieden, ob nach den einzelnen Verwaltungszweigen — wie im französischen Recht — unterschiedliche Anforderungen an den Grad

---

[82] Bd. VII, S. 427 ff.

[83] Bd. VII, S. 517.

[84] Bd. VII, S. 266.

[85] Allgemeine Entscheidungen der Hohen Behörde und Verordnungen der Kommissionen.

[86] EGH Bd. III, S. 134; GA *Roemer*, Bd. VII, S. 517 mit Hinweis auf das frz. Recht; EGH Bd. VII, S. 366, 648.

[87] Vgl. *Enneccerus - Lehmann*, a.a.O., § 15 III 3; § 249. RGRK, Anm. 18 zu § 249 BGB.

[88] Vgl. *Duez - Debeyre*, Traité, Nr. 659; *M. Waline*, Droit Adm., Nr. 1437, 1480.

[89] Vgl. dazu auch *H. Heldrich*, a.a.O., S. 101 f., 154.

des Fehlers zu stellen sind. Da der EGH von einem Verschulden der Gemeinschaftsorgane selbst spricht, erschiene das sinnvoll. Den verschiedenartigen Anforderungen in den einzelnen Aufgabenbereichen könnte dadurch besser Rechnung getragen werden.

Sollte in der weiteren Rechtsprechung des EGH auch insoweit die französische Regelung ins Gemeinschaftsrecht übernommen werden, so könnte das auch im deutschen Recht Anlaß dazu geben, die Vorteile einer derart variablen Regelung zu bedenken. Es erscheint leicht einsehbar, daß die Betrachtung der durchschnittlichen Anforderungen an den Beamten eines bestimmten Verwaltungsbereiches zu sinnvolleren Ergebnissen kommt als es die in Deutschland übliche Rückführung auf das ordnungsgemäße Verhalten „des Beamten" schlechthin ermöglicht[90]. Mit der zunehmenden Spezialisierung der öffentlichen Verwaltung wird es in fortschreitendem Maße sinnlos, auf den „Durchschnittsbeamten" schlechthin abzustellen. An einer formalen Gleichbehandlung der einzelnen Verwaltungszweige gewaltsam festhalten, hieße die offenkundigen materiellen Unterschiede zwischen ihnen leugnen. In Deutschland kommt allerdings als Hindernis hinzu, daß die Amtshaftung traditionell den ordentlichen Gerichten unterfällt, ein Umstand, der eine verwaltungsnahe Lösung nicht gerade fördert.

2. Unklar ist die Rechtsprechung des EGH noch zum Ersatz immateriellen Schadens und zur Voraussetzung des besonderen Schadens bei Klagen gegen materielle Gesetzgebungsakte. Besonders die Motivierung der unterschiedlichen Zubilligung immateriellen Schadensersatzes ist kaum zu erschließen. Die verschiedene Rechtslage in den Mitgliedstaaten kann allein nicht der Grund für die schwankende Rechtsprechung sein, da der EGH auch in anderen Fragen aus national unterschiedlichen Regelungen zu einer einheitlichen Rechtsprechung kam.

Mit dem Erfordernis der vorherigen Nichtigerklärung eines Verwaltungsaktes führt der EGH eine Klagevoraussetzung ein, die dem Recht der Vertragspartner fremd ist. Das ist besonders schwer verständlich, wenn man bedenkt, daß im Gemeinschaftsrecht bei der Amtshaftungsklage wie bei der Anfechtungsklage das gleiche Gericht tätig wird, lediglich mit dem Unterschied, daß bei der ersteren Klageart die Befugnisse des EGH weiter reichen als bei der Anfechtungsklage.

In den einzelnen Voraussetzungen des Amtshaftungsanspruchs bleiben so noch viele Unklarheiten und Lücken, die der weiteren Rechtsprechung umfangreiche Aufgaben stellen.

---

[90] Vgl. dazu W. *Leisner*, VerwA. Bd. 54 (1963), S. 55.

Zweites Kapitel

Die spezifisch gemeinschaftsrechtlichen allgemeinen Rechtsgrundsätze

Mit den folgenden Grundsätzen bleibt der nationale Raum zurück, der Boden wird schwankender: Die Darstellung speziell gemeinschaftsrechtlicher Grundsätze kann sich nicht fortlaufend an den gesicherten Grundsätzen bewährter nationaler Rechtssysteme ausrichten. Parallelen zum nationalen Recht werden nur in wenigen Ausnahmen möglich sein[1], und auch da nur zu einzelnen Mitgliedstaaten[2].

Über die Rechtsnatur der Gemeinschaften besteht nach wie vor keine Einigkeit, obgleich die Literatur zu dieser Frage schon ins Uferlose angeschwollen ist. Noch immer stehen sich die Befürworter der Rechtsnatur als eines partiellen Bundesstaates mit staats-, nicht völkerrechtlicher Grundlage[3] und die Vertreter einer eigenartigen, zwischen Völkerrecht und nationalem Recht angesiedelten „supranationalen" Gemeinschaftsordnung[4] mit erst präföderalen Zügen[5] gegenüber[6].

---

[1] Etwa bei der Untersuchung einer „europ. Bündnistreue" der Grundsatz der Bundestreue im deutschen Verfassungsrecht.

[2] Eine derartige Parallele bietet sich in Anbetracht der verfassungsrechtlichen Situation der Mitgliedstaaten nur in Deutschland an.

[3] C. E. *Ophüls*, NJW 51, S. 289 ff.; *ders.*, NJW 63, S. 1697 ff.; *E. Steindorff*, EA 1951, S. 359; *F. Cardis*, Fédération et intégration européenne, insbes. S. 239 ff.; weitere Nachw. bei *P. Badura*, Verfassungsstruktur in den internationalen Gemeinschaften, VVdStRL H. 23 (1966), S. 49, FN 59.

[4] Vgl. *R. Schuman* im Vorwort zu *P. Reuter*, La Communauté Européenne du Charbon et de l'Acier, 1963, S. 7: „le supranational se situe à égale distance entre, d'une part, l'individualisme international qui considère comme intangible la souveraineté nationale et n'accepte comme limitation de la souveraineté que des obligations contractuelles, occasionelles et revocables; d'autre part le fédéralisme d'Etats" ...; *F. Rosenstiel*, Supranational, 1962; *Friedländer*, Das Wesen des Übernationalen, Diss. Hamburg, 1954; *H. Steiger*, Staatlichkeit und Überstaatlichkeit, 1966, insbes. S. 143 ff.; *W. Hallstein*, Der unvollendete Bundesstaat, S. 41; Weitere Nachweise bei *J. Scherer*, Die Wirtschaftsverfassung der EWG, 1970, S. 71 FN 13 und 14; zum Begriff „supranational" s. auch *Badura*, a.a.O., S. 57 ff. und *H. P. Ipsen*, Verfassungsperspektiven der Europ. Gemeinschaften, 1970, S. 11 ff.

[5] *E. Bülow*, Das Verhältnis des Rechts der europ. Gemeinschaften zum nationalen Recht, in: Aktuelle Fragen des europ. Gemeinschaftsrechts, 1965, S. 42; weitere Nachw. bei *J. Scherer*, a.a.O., S. 71.

[6] *W. Wengler*, Völkerrecht, Bd. 2, 1964, S. 1257 ordnet die Gemeinschaften noch im herkömmlichen Rahmen des Völkerrechts ein (vgl. aber S. 1279!); weitere Nachweise bei *K. Zweigert*, Der Einfluß des europ. Gemeinschaftsrechts auf die Rechtsordnungen der Mitgliedstaaten, Rabels Z Bd. 28 (1964), S. 601 ff. (603, FN 5). — Kritisch zu allen bisher unternommenen Versuchen äußert sich *E. Heinz* in: Integration, 1970, S. 109 ff. (111). Für ihn bleibt letztlich nur die Feststellung, es handle sich bei nationalen und übernationalen Gebilden um unterschiedliche Typen juristischer Ordnungen, die sich nicht vergleichen lassen, da ihnen jede gemeinsame Basis fehlt.

Ohne auf den Streit um die Rechtsnatur der Gemeinschaften ausdrücklich einzugehen, macht der EGH aber doch deutlich, daß er die Gemeinschaften nicht als Bundesstaat versteht, indem er es ablehnt, die Praxis der amerikanischen „Interstate Commerce Act" zur Auslegung des Art. 70 EGKSV heranzuziehen. Der EGH begründet das damit, daß die „Interstate Commerce Act" eine umfassende und weitergehende Kontrolle der Beförderungstarife sowie eine echte Verkehrspolitik auf Bundesebene vorsieht.

Derartige Befugnisse stehen der Hohen Behörde aber keineswegs zu. „Sie hat lediglich die Aufgabe, den Gemeinsamen Markt für Kohle und Stahl gegen Einwirkungen und Verzerrungen zu schützen, die von den Mitgliedstaaten oder den Verkehrsträgern ausgehen[7]."

Aber auch der EGH versteht die Gemeinschaften nicht im ausschließlichen Rahmen des herkömmlichen Völkerrechts. Er ist vielmehr der Ansicht, mit der Gründung der Gemeinschaften sei etwas geschaffen, das weit über das bisherige Völkerrecht hinausgeht[8].

Die Darstellung von Ansätzen speziell gemeinschaftsrechtlicher Grundsätze im Selbstverständnis dieser Gemeinschaften, ausgedrückt durch die Rechtsprechung ihres Gerichtsorgans, kann zwar die rechtliche Typisierung der Gemeinschaften nicht leisten. Sie kann aber deutlicher machen, was sich hinter dem theoretisch nicht genau faßbaren Begriff der Gemeinschaftsrechtsordnung verbirgt. Dabei wird festzustellen sein, daß der EGH hier weit mehr als bei den Prinzipien des ersten Kapitels im wirklich Grundsätzlichen bleibt, ohne damit allerdings vom unmittelbaren Rechtscharakter dieser Grundsätze abzugehen.

Den Ausgangspunkt bildet das Prinzip der Eigenständigkeit der Gemeinschaftsordnung (I), mit dem diese ihren eigenen Platz im Raum zwischen Völkerrecht und nationalem Recht beansprucht. Das Verhältnis der drei rechtlich selbständigen Gründungsverträge wird von dem Grundsatz der funktionalen Einheit (II) geprägt. Ihre spezielle Begrenzung erfährt die Eigenständigkeit des Gemeinschaftsrechts durch den Rechtsgrundsatz seiner unmittelbaren Wirkung im nationalen Raum (III), wo er ihm entgegenstehendes nationales Recht nach dem Grundsatz des absoluten Vorranges des Gemeinschaftsrechts (IV) verdrängt.

---

[7] EGH Bd. VI, S. 411.

[8] EGH Bd. VI, S. 718, 785; Bd. IX, S. 24; Bd. XIV, S. 215 ff. (230). (Der EWG-Vertrag ist „*mehr* als ein Abkommen, das nur wechselseitige Verpflichtungen zwischen den vertragsschließenden Staaten begründet".); Bd. X, S. 1269; vgl. dazu *P. Pascatore* in „10 Jahre Rechtsprechung des Gerichtshofs", S. 210: ... „dans notre cas, nous avons tout de même fait davantage (als übliche Verträge! Verf.), nous avons même fait tout autre chose. Nous avons entrepris, six Etats ensemble, une oeuvre commune. Nous avons institué un Marché Commun" ...

Im Grundsatz der begrenzten Zuständigkeit von Gemeinschaftsorganen (V) soll die nötige Garantie und Sicherung des bei den Mitgliedstaaten verbliebenen Souveränitätsbereiches gewährleistet werden.

Im Verhältnis zu Drittländern schließlich kommt dem Prinzip der Gemeinschaftspräferenz (VI) die Aufgabe zu, sicherzustellen, daß eine gleichmäßige und einheitliche Entwicklung zu einem homogenen Wirtschaftsraum möglich ist.

Alle diese Rechtsgrundsätze sind nicht einfach aus den Vertragstexten ablesbar, sondern sie bedurften der Ausformung durch den EGH. Ihre eingehende Darstellung bietet sich daher im Rahmen einer Analyse der Rechtsprechung besonders an. Demgegenüber blieben v. a. die Grundsätze der wirtschaftlichen Freizügigkeit und der Wettbewerbsfreiheit in den Gemeinschaften außer Betracht. Diese Beschränkung fällt um so leichter, als hierzu auf neueste Literatur verwiesen werden kann[9].

Beiseite bleiben soll auch der Versuch, bei dem ich an anderer Stelle[10] zusammenzutragen suchte, welche Anhaltspunkte in der Rechtsprechung des EGH zur Kennzeichnung der Pflichten-Bindung zwischen den Mitgliedstaaten und den Gemeinschaftsorganen zu gewinnen seien[11], und ob sie einen Vergleich mit der Bundestreue rechtfertigten. Angesichts der unbestreitbaren Tatsache, daß der EGH die Verknüpfung enger sieht, als dies bei herkömmlichen internationalen Verträgen der Fall ist[12], war die Versuchung groß, zu prüfen, ob etwa die Rechtsprechung allen theoretischen Streit über die Rechtsnatur der Gemeinschaften längst unterlaufen hatte, indem sie im wesentlichsten Punkt

[9] *J. Scherer*, Die Wirtschaftsverfassung der EWG, Würzburg 1969 (S. 121—155); *E. Grabnitz*, Europäisches Bürgerrecht, Köln, 1970; *J. Mestmäcker*, Die Vermittlung von europäischem und nationalem Recht im System unverfälschten Wettbewerbs, Bad Homburg v. d. H. ... 1969; *P. Ulmer*, Europäisches Kartellrecht auf neuen Wegen? AWD 1970, S. 193 ff. An der von *Ulmer* dort kritisierten Rechtsprechung hielten der EGH im Urteil Bd. XVI, S. 515 ff. (523 f.) und GA *K. Roemer* in seinen Schlußanträgen dazu (S. 526 ff.) ausdrücklich fest.

[10] *H. Lecheler*, Die allgemeinen Rechtsgrundsätze..., Diss. Erlangen 1967, S. 133 ff.; *ders.*, Der Fortgang der Europäischen Integration im Spiegel der Rechtsprechung des EGH und der nationalen Gerichte — mögliche Ansatzpunkte für eine Europäische Bundestreue, EA 1968, S. 403 ff.

[11] Vgl. dazu auch *H.-J. Schulze-Eggert*, Die Verletzung von Vertragspflichten durch Mitgliedsstaaten der Europ. Gemeinschaften und die Gegenmaßnahmen der supranationalen Instanzen, Diss. Bonn, 1966.

[12] Insbesondere die Verweigerung des Rücktrittsrechts bei einer Vertragsverletzung durch einen Vertragspartner oder ein Gemeinschaftsorgan (EGH Bd. X, S. 1344; XII, S. 237; GA *K. Roemer*, Bd. XV, S. 387) sowie die Verpflichtung der Mitgliedstaaten, ihr Recht — auch das ihrer Verfassungen — mit den Erfordernissen der Gemeinschaft in Einklang zu bringen (*K. Zweigert*, in *P. v. Dijk*, a.a.O; *E. Steindorff*, 1964, S. 50, FN 29 sowie Art 192 EAGV), erinnern an die Pflicht zur Bundestreue.

— nämlich der Inpflichtnahme der Mitglieder — Bundesstaatlichkeit praktiziere und das eventuell mit Billigung der Signatarstaaten.

Das Ergebnis war aber damals schon — und heute muß es erst recht dabei bleiben —, daß von einem voll entfalteten Rechtsgrundsatz der Bundestreue nicht gesprochen werden kann. Auf die Dauer kann nicht Bundestreue wirksam sein, wenn der politische Wille zum Bundesstaat fehlt und so notwendige organisationsrechtliche Voraussetzungen nicht geschaffen werden. Eine Überprüfung der Prozeß*materien* — und weniger der Formulierungen in den Entscheidungsgründen — wird ohnedies der wenig ermutigenden Analyse Hellmanns[13] zustimmen müssen, daß nicht einmal der vom EGH angemeldete Anspruch — und er ist noch ein gutes Stück von der Bundestreue entfernt — im Falle lebenswichtiger Konflikte gesichert ist.

I. Der Grundsatz der Eigenständigkeit der Gemeinschaftsrechtsordnung[14]

Grundlegendstes Rechtsprinzip ist die Trennung von Gemeinschaftsrecht und nationalem Recht: innerstaatliches Recht und das Recht der Gemeinschaften sind „zwei selbständige, voneinander verschiedene Rechtsordnungen“[15].

Aus diesem Rechtsprinzip leitet der Gerichtshof eine ganze Reihe konkreter Rechtsfolgen ab:

1. Zur Anwendung nationaler Grundsätze — selbst solcher des nationalen Verfassungsrechts — sind die Gemeinschaftsorgane in der Regel nicht verpflichtet und auch gar nicht berechtigt[16].

Die Organe der Gemeinschaften haben auch nicht das Recht, in den Hoheitsbereich der Mitgliedstaaten einzugreifen und selbst gemein-

[13] EA 1970, S. 678 ff. (683); so auch *J. H. Kaiser*, EuR 1966, S. 4 ff. — Demgegenüber vermag der neueste Versuch, Parallelen zur Bundestreue zu ziehen (*B. van der Esch*, CahDE 1970, S. 303 ff. (307 ff.), nicht zu überzeugen. Er klassifiziert seine Überlegungen selbst als „exploration *intellectuelle* d'une issue possible aux problèmes“ . . ., also eher als einen Wunschtraum denn als Realität.

[14] *J. Rideau*, a.a.O., S. 275, nennt den Grundsatz „Principe de Separation“.

[15] EGH Bd. VIII, S. 110; IX, S. 24; X, S. 1269, XIV, S. 230; XV, S. 14; GA *Roemer* für das Montanrecht in Bd. VI, S. 1101: „Die EGKS stellt ein neuartiges Gebilde im internationalen Raum dar, für das vergleichbare rechtliche und ökonomische Organisationen nicht vorhanden sind“. So auch *E. Steindorff*, 1964, S. 46 f. mit zahlreichen Nachw. in FN 21 (S. 46).

[16] EGH Bd. V, S. 63 f.: Prüfung von Beschlüssen lediglich auf ihre Vereinbarkeit mit Art. 65 EGKSV ohne Rücksicht auf die nationale Gültigkeit; EGH Bd. VI, S. 921: Bei Nachprüfung der Rechtmäßigkeit von Entscheidungen im Gemeinschaftsrecht; EGH Bd. VI, S. 1192; Bd. VII, S. 21. Schließlich st.Rspr. bei dem Antrag auf Vorabentscheidung: Der EGH darf die Gründe, aus denen das vorlegende Gericht die vorgelegte Frage im nationalen Rechtsstreit für erheblich hält, nicht nachprüfen.

schaftswidrige Gesetzgebungs- oder Verwaltungsakte zu beseitigen[17]. Das ergibt sich u. a. auch aus den Art. 171 EWGV und 143 EAGV, die die bloße Feststellung einer Vertragsverletzung durch die Mitgliedstaaten vorsehen. Der jeweilige Staat ist vielmehr nach Art. 86 EGKSV, 5 EWGV und 192 EAGV verpflichtet, selbst die entsprechenden Maßnahmen zu ergreifen[18]. Dafür sieht der EGH in dem Verfahren nach Art. 88 EGKSV — der „ultima ratio zum Schutz gegen die Untätigkeit oder den Widerstand der Mitgliedstaaten" — einen Weg „zur Durchsetzung der Erfüllung der Pflichten der Mitgliedstaaten, welcher bei weitem über das hinausgeht, was nach den bisher anerkannten Sätzen des klassischen Völkerrechts galt"[19]. In diesem Verfahren ist eine gewisse Ähnlichkeit zu der Mängelrüge als einem der Mittel der Bundesaufsicht zu sehen. Auch dort kann im Streitfalle zunächst der Bundesrat angerufen werden, der dann den Mangel feststellt, bevor ein Verfassungsstreit eingeleitet wird[20].

Die Anwendung geschriebenen nationalen Rechts ließ der EGH nur zu, soweit die Verträge darauf verweisen oder eine Lücke anders nicht sinnvoll geschlossen werden kann[21].

Bereits in diesem Hinweis auf die Funktion des nationalen Rechts, Lücken des Gemeinschaftsrechts zu füllen, wird aber deutlich die Grenze — um nicht zu sagen: Widersprüchlichkeit — dieses Grundsatzes sichtbar: Handhabt der EGH selbst diese Lückenfüllung auch noch vorsichtig, seine Generalanwälte und andere Organe der Gemeinschaften teilen diese Zurückhaltung nicht. Immer wieder greifen sie auf das nationale Recht zurück[22], ohne daß die bei der Verwendung von

---

[17] EGH Bd. VI, S. 1184.

[18] Diese „allgemeinen Loyalitäts- und Gehorsamsklauseln" erinnern zwar an die Bundestreue (vgl. *F. Münch*, Föderalismus, Völkerrecht und Gemeinschaften, DÖV 1962, S. 649 ff. (651)); *C. F. Ophüls*, Quellen und Aufbau des Europ. Gemeinschaftsrechts, NJW 1963, S. 1701), es darf aber nicht übersehen werden, daß der Grundsatz der Eigenständigkeit der Rechtsordnungen selbst einer solchen bundesstaatlichen Betrachtung entgegensteht. So offensichtlich auch GA *K. Roemer*, EGH Bd. 15, S. 24: „Solange also (wegen der Eigenständigkeit der ROen; Verf.) von einer bundesstaatlichen Ordnung noch nicht gesprochen werden kann" ...

[19] Bd. VI, S. 713, 785.

[20] Vgl. *H. Schäfer*, Bundesaufsicht und Bundeszwang, AöR Bd. 78 (1952/3), S. 31 f.

[21] Vgl. Art. 83 EGKS, 215 EWGV, 188 EAGV; in Bd. V, S. 111 schließt der EGH aus der Fassung des Art. 20 der Satzung des GH EGKS — die bei den formellen Klageerfordernissen lediglich die Zulassung des Prozeßbevollmächtigten zur Anwaltschaft fordert — auf eine konkludente Verweisung auf das nationale Recht, wenn festzustellen ist, ob ein gegen den Rechtsanwalt verhängtes Vertretungsverbot auf die Zulassung Einfluß hat. Auf Seite 110 prüft der EGH die Frage der Parteifähigkeit einer Gesellschaft in Liquidation nach dem nationalen Recht.

[22] Vgl. u. a.: EGH Bd. XIV, S. 80 f., S. 459 f., S. 520 f., S. 626 f.; Bd. XV, S. 158, S. 122, S. 251 (Kommission).

Rechtsregeln aus einer anderen Rechtsordnung angebrachte Zurückhaltung zu spüren wäre.

Die Formulierungen bleiben selbstverständlich: „es liegt nahe", in dieser Frage auf das nationale Recht zurückzugreifen; das Problem „stellt sich in allen Mitgliedstaaten" ...; „sieht man sich zur Lösung des Problems im nationalen Raum um", so ...; die Richtigkeit einer Ansicht „zeigt ein Blick auf das nationale Recht"; eine Versetzung von Amts wegen aus dienstlichen Gründen „ist überall geläufig"; „es ist normal", daß man sich an die Grundsätze hält, „die den nationalen entsprechen".

Diese Widersprüchlichkeit der Konstruktion einer eigenständigen Rechtsordnung wird auch in der Rechtsprechung des EGH selbst deutlich, wenn er die EWG zwar nach wie vor als eine „eigenständige Rechtsordnung" deklariert, dann aber fortfährt, diese Rechtsordnung sei „in die Rechtsordnungen der Mitgliedstaaten aufgenommen worden und von ihren Gerichten anzuwenden"[23].

Im Grundsatz der unmittelbaren Wirkung des Gemeinschaftsrechts wird so das Prinzip der Eigenständigkeit seinen Widerpart finden[24].

2. Diese „eigenständige" Rechtsordnung der Europäischen Gemeinschaften ist nach fast allgemeiner Meinung[25] durch einen begrenzten Souveränitätsverzicht der Mitgliedstaaten entstanden[26]. Die Organe der EWG üben Hoheitsgewalt aus, „deren sich die Miigliedstaaten zugunsten der von ihnen gegründeten Gemeinschaft entäußert haben"[27]. Die Gerichtsbarkeit selbst ist nicht ihr geringster Teil[28].

Diese „neue öffentliche Gewalt", die aus der Übertragung auf die Gemeinschaftsorgane entstanden ist, ist gegenüber der Staatsgewalt der Mitgliedstaaten „selbständig und unabhängig"[29]. Die Gemeinschaftsorgane üben ihre Kompetenzen demnach autonom aus, ohne an eine Beeinflussung seitens der Mitgliedstaaten gebunden zu sein[30].

---

[23] EGH Bd. XV, S. 1 ff. (14); XIII, S. 608; XIV, S. 232.

[24] Dazu näher unten, S. 160 ff.

[25] a. A. *H. Krüger*, DÖV 1959, S. 721 ff. (724 f.); *H. J. Glaesner*, DÖV 1959, S. 653.

[26] EGH Bd. XIII, S. 608.

[27] BVerfGE Bd. 22, S. 293 ff. (296).

[28] *O. Riese* belegt die Charakterisierung der Justizhoheit als eines der wesentlichen Elemente der staatlichen Souveränität mit dem Hinweis auf den Bundesbrief von 1291 beim Zusammenschluß der schweizerischen Urkantone zur Eidgenossenschaft, in dem sich der Satz findet: „Wir wollen keine fremden Richter in unseren Landen dulden." (EuR 1966, S. 24 ff. (25))

[29] BVerfGE Bd. 22, S. 293 ff. (296).

[30] GA *Lagrange*, EGH Bd. VII, S. 83 f.: Im Bereich der Gemeinschaften haben die Mitgliedstaaten „ihre Zuständigkeit verloren", EGH Bd. X, S. 1269 f.; XIII, S. 607 f.; XVI, S. 459.

Damit ist es auch staatlicher Gesetzgebung verwehrt, im Bereich der Gemeinschaftsorgane tätig zu werden[31].

Die Hoheitsgewalt der Gemeinschaftsorgane ist so zwar nicht originär, sie ist jedoch in ihrem Fortbestand nach Ansicht des EGH vom Willen einzelner Mitgliedstaaten unabhängig. Die den Gemeinschaftsorganen übertragenen Befugnisse sind den Mitgliedstaaten „verloren" in dem Sinne, daß es ihnen „unmöglich" ist, in diesem Bereich noch einseitige Maßnahmen zu treffen[32].

Diese Konsequenz hat der EGH ausdrücklich auch für Maßnahmen gezogen, die aufgrund Art. 235 EWGV ergehen[33]. Diese Vorschrift gibt dem Rat die Befugnis, zur Zielerreichung der Verträge notwendige Maßnahmen zu treffen, wenn „in diesem Vertrage die hierfür erforderlichen Befugnisse nicht vorgesehen" sind. Auf dieser Bestimmung beruhte die Beschleunigungsentscheidung des Rates vom 26. 7. 1966[34], mit der die Verwirklichung der Zollunion auf den 1. Juli 1968 vorverlegt wurde. Italien berief sich auf seiner Ansicht nach gültige Vorbehalte, da das Land davon ausging, die Entscheidung gehe auf Verhandlungen zurück, in denen die vertragsschließenden Parteien ihre volle Autonomie behielten. Seiner äußeren Form nach eine Entscheidung des Rats, handle es sich hier trotzdem um ein internationales Abkommen mit gleichem Rang wie der Vertrag selbst, den die „Entscheidung" in einigen Punkten ergänze.

Der Gerichtshof stellt demgegenüber nachdrücklich fest, die Befugnis zum Erlaß von Vorschriften gem. Art. 235 EWGV stehe „nicht der Gesamtheit der Mitgliedstaaten, sondern dem Rat als Organ der Gemeinschaften zu"[35]. Diese Vorschriften wirken zwar in mancher Hinsicht wie Ergänzungen des Vertrags, ergehen aber doch im Rahmen der Zielsetzung der Gemeinschaften und sind so keine internationalen Abkommen[36].

Der Standpunkt des Gerichtshofs ist klar: Ungeachtet der nationalen Hoheitsakte nimmt das Gemeinschaftsrecht kraft eigener Hoheit seine selbständige Entwicklung. Die Übertragung der Machtbefugnisse ist eine echte Delegation im Sinne Triepels[37], die die Aufgabe einer Zu-

---

[31] EGH Bd. XIV, S. 230.

[32] GA *Lagrange*, EGH Bd. VII, S. 84; EGH Bd. X, S. 1269 f.; XVI, 80, 459.

[33] EGH Bd. XVI, S. 47 ff.

[34] ABl. Nr. 165 v. 21. 9. 1966, S. 2971.

[35] Bd. XVI, S. 57.

[36] Vgl. auch GA *J. Gand*, EGH Bd. XVI, S. 63 f.: Die Maßnahmen nach Art. 235 EWGV haben die gleichen Wirkungen wie Entscheidungen nach Art. 189 EWGV. Die Rechtsform dieser Maßnahmen kann verschieden sein. Das ist unerheblich; (Beispiele).

[37] *H. Triepel*, Delegation und Mandat im öffentlichen Recht, 1942, S. 51;

ständigkeit kraft eigenen Entschlusses zugunsten eines anderen Subjektes herbeiführt; und sie ist *endgültig*[38]. Es liegt auf der Hand, daß hier der eigentliche Grund für das vom EGH vertretene Prinzip des Vorrangs des Gemeinschaftsrechts zu suchen sein wird[39].

Diese Auffassung des EGH findet nur zum geringen Teil Zustimmung in der Literatur[40]. Überwiegend geht man vielmehr davon aus, dieser neu geschaffenen Rechtsordnung seien zwar gewisse Hoheitsrechte „zur Ausübung" übertragen worden. Eine solche Übertragung könne aber jederzeit und auch einseitig rückgängig gemacht werden. Das Ende der Gemeinschaftsrechtsordnung müsse sich — wie ihr Beginn — ganz nach allgemeinem Völkerrecht richten[41]. Diese Ansicht vertreten selbst Autoren, die den Verträgen Verfassungscharakter zuschreiben.

Seine davon abweichende Auffassung[42] unterstreicht der EGH ausdrücklich anhand der Hauptfälle außerordentlicher völkerrechtlicher Vertragsbeendigung: Der Berufung auf die clausula rebus sic stantibus, den Notstand und der Kündigung wegen Pflichtverletzungen der Mitgliedstaaten.

Auch das allgemeine Völkerrecht verpflichtet die Vertragsstaaten zu vertragstreuem Verhalten (Grundsatz pacta sunt servanda)[43]. Diese Verpflichtung steht aber unter dem Vorbehalt der clausula rebus sic stantibus[44], auch wenn sie normalerweise aus den Motiven der eigenen Interessenverfolgung eingehalten werden[45].

O. Riese spricht dagegen von Übertragung „zur Ausübung" (EuR 1966, S. 24 ff. (25)). (Zu diesem Begriff vgl. Triepel, S. 36 ff.).

[38] EGH Bd. X, S. 1271 ausdrücklich; so wohl aber auch: Bd. XVI, S. 80, 459.

[39] Näher dazu unten, S. 164 ff.

[40] *H. J. Glaesner*, Übertragung rechtssetzender Gewalt auf internationale Organisationen in der völkerrechtlichen Praxis, DÖV 1959, S. 653 ff.; *H. Krüger*, Über die Herkunft der Gewalt an Staaten und den sog. supranationalen Organisationen, DÖV 1959, S. 721 ff. (724 f.); *L. Delvaux*, a.a.O., S. 12; *Maunz - Düring*, RN 8 zu Art. 24 GG.

[41] *F. Berber*, Völkerrecht, Bd. III, S. 254; *P. Badura*, VVdStRL H. 23, 95 f.; *C. L. Hammes*, EuR 1968, S. 1 ff. (4) sowie alle Autoren, die die Gemeinschaftsverträge als bloße internationale Vereinbarungen charaktisieren, denen ein Verfassungscharakter nicht zukomme.

[42] *E. Steindorff*, 1964, S. 56, nennt sie petitio principii.

[43] *H. Wehberg*, AJIL Bd. 53 (1959), S. 775 ff.; *G. Dahm*, Völkerrecht, Bd. I (1958), S. 12 f.; vgl. die Präambel der UN-Charta; *P. Guggenheim*, Bd. I, S. 8 ff., 55; *E. Menzel*, a.a.O., S. 269; mit Einschränkungen *Oppenheim - Lauterpacht*, Bd. I, S. 880 f., besonders FN 1; *G. Schwarzenberger*, Bd. I, S. 447; *F. Berber*, Bd. I, S. 414, sieht den Verpflichtungscharakter im Konsens; *A. Verdross* weist — S. 106 — darauf hin, daß erst eine Norm bestimmen kann, daß der Konsens bindend ist. Diese Norm sieht er nicht in dem Grundsatz „pacta sunt servanda" sondern er verweist auf ein „Gefüge von Rechtsgrundsätzen", das vom Völkerrecht schon vorausgesetzt wurde.

[44] *E. Kaufmann*, Das Wesen des Völkerrechts und die Clausula rebus sic stantibus, 1911; *P. Guggenheim*, Bd. I, S. 110 ff.; *Oppenheim - Lauterpacht*,

Die Verletzung einer Vertragspflicht durch den einen Partner gibt dem anderen ein Rücktrittsrecht[46].

Vor allem aber im Falle eines Staatsnotstandes, aus dem heraus kein anderer Ausweg führt, gibt das allgemeine Völkerrecht dem betreffenden Staat das Recht zu einer einseitigen Loslösung von einem Vertrag oder doch wenigstens den Anspruch auf Befreiung vom Vertrag durch Richterspruch[47]. Der Staat ist somit zu einseitigen Handlungen berechtigt, wenn ihm kein anderer Ausweg bleibt.

Alldem stellt der EGH ausdrücklich die lapidaren Sätze gegenüber, im Falle tiefgreifender Schwierigkeiten in einem Mitgliedstaat sei die Gemeinschaftsbehörde allein dazu berufen, „zwischen den besonderen Interessen dieses Staates und den allgemeinen Interessen der Gemeinschaft einen schiedsrichterlichen Ausgleich herbeizuführen und nach geeigneten Maßnahmen zu suchen“[48]. Generalanwalt Roemer begründet das damit, daß der EWG-Vertrag (durch Einführung eines Dringlichkeitsverfahrens) wie der Montanvertrag alles vorhersehen wollte, auch das Unvorhergesehene[49]. Der EGH bekräftigt das ausdrücklich: „Gerade der Umstand, daß ein Dringlichkeitsverfahren vorgesehen ist, schließt *jede* einseitige Handlung der Mitgliedstaaten aus[50].“

Bd. I, S. 938 ff.; *G. Schwarzenberger*, Bd. I, S. 543 ff.; *kritisch* v. a.: *Kelsen*, Principles of International Law, N. J. 1959, S. 358 ff., der die Unvereinbarkeit der Klausel mit der Sicherungsfunktion des Völkerrechts dartut und ihre Geltung daher überhaupt zurückweist.

[45] *E. Kaufmann*, a.a.O., S. 220 f. mit Beispielen.

[46] Wobei streitig ist, ob zwischen wichtigen und weniger wichtigen Vertragsverpflichtungen zu unterscheiden ist: vgl. *Oppenheim - Lauterpacht*, Bd. I, S. 947; *A. Verdross*, a.a.O., S. 178. Ebenso fordert die Verletzung einer wesentlichen Vertragspflicht: *F. Berber*, Bd. I, S. 456, *E. Menzel*, spricht — S. 270 — von dem „offenen Vertragsbruch und gewährt für diesen Fall ein Leistungsverweigerungsrecht. *G. Schwarzenberger* scheint — Bd. I, S. 537 — diesen Unterschied nicht zu machen. Die Abgrenzung erscheint auch problematisch. So sagt bereits *Hugo Grotius* (liber III, caput XX, § XXXV): „neque admittam hic discrimen capitum pacis quae maioris, quae minoris momenti sint. Satis enim magna ut serventur videri debent quae pace comprehensa sunt“ ... Ähnlich auch liber II, caput XV, § XV.

[47] *F. Berber*, Bd. I, S. 201, 458; Berber faßt auf Seite 458 dieses Recht als einen Rechtfertigungsgrund auf und gründet es auf dem Recht der Selbsterhaltung. Auch B. *Cheng*, a.a.O., S. 29, greift auf das „principle of self-preservation“ zurück: „The *right* of a State to adopt the course which it considers best suited to the exigencies of its security and to the maintenance of its integrity, is so essential a right, that in case of doubt, treaty stipulations cannot be interpreted as limiting it, even though these stipulations do not conflict with such an interpretation“, mit weiteren Nachweisen; *G. Schwarzenberger*, Bd. I, S. 573, gründet dieses Recht speziell auf das Recht zur „self-defendence in circumstances in which the rules of self-defence come into operation, these prevail any other rule of international law“.

[48] Bd. VII, S. 309.

[49] Bd. VII, S. 740.

[50] Bd. VII, S. 719.

Die Mitgliedstaaten könnnen sich auch nicht auf eine angebliche Pflichtverletzung der Kommissionen berufen, um sich so von ihren eigenen Vertragspflichten zu entbinden, da die Vertragspflichten im Gemeinschaftsrecht keinen synallagmatischen Charakter haben. Der Vertrag „schafft nicht nur wechselseitige Verpflichtungen zwischen den verschiedenen Rechtssubjekten, für die er gilt, sondern er stellt eine neue Rechtsordnung auf"[51]. Nach der Gesamtkonzeption des Vertrages ist es den Mitgliedstaaten verboten, sich selbst ihr Recht zu verschaffen.

Bei all diesen Ausführungen trägt der EGH eine ungeheuere Beweislast, will man seine Darlegungen nicht schlicht als petitio principii und politische Wunschträume abtun[52]. Mit wenigen formelhaften Sätzen konnte der Gerichtshof dieser Argumentationslast nicht genügen. Zu viele Fragen bleiben offen, als daß man sich mit der Existenz eines Rechtsgrundsatzes der eigenständigen Rechtsordnung mit solch weitgehenden Konsequenzen abfinden könnte:

Ist nationale Souveränität überhaupt teilbar[53]? Wenn ja — ist es den Mitgliedstaaten verfassungsrechtlich erlaubt, in solchem Maße praktisch unwiderruflichen Verzicht auf eigene Hoheitsgewalt zu leisten? War das wirklich der Wille der Staaten bei Abschluß der Verträge? Wenn man schon annehmen könnte, die verfassunggebende Gewalt der Nationalstaaten wäre im Rahmen der neuen verfassunggebenden Hoheit der Gemeinschaften verdrängt — wer ist dann Träger dieser verfassunggebenden Macht in der Gemeinschaft, wenn nicht doch wiederum die Völker der in der Gemeinschaft zusammengeschlossenen Staaten[54], die damit die entscheidende Kontrollbefugnis über die Gemeinschaftsorgane behalten[55]?

Welche wirkliche Bedeutung hat so die Floskel von der „eigenständigen Rechtsordnung" in diesem Zusammenhang noch? Erschiene es

---

[51] EGH Bd. X, S. 1344; XII, S. 237.

[52] So wollen etwa *F. Rosenstiel*, a.a.O., S. 59 und *R. Bindschedler*, Rechtsfragen der Europ. Einigung, Basel, 1954, S. 39 ff., auch die Gemeinschaften ausdrücklich an die Clausula rebus sic stantibus binden; *Bindschedler* unterwirft a.a.O. die Gemeinschaften darüber hinaus auch den Rücktrittsregelungen des klass. Völkerrechts.

[53] Bei der Tagung zum 5. Jahrestag der Cahiers de Droit Européen im Mai 1970 in Brüssel verteidigte insbesondere Prof. *Quadri* die Unteilbarkeit staatlicher Souveränität mit der Konsequenz, die einzigen echten Hoheitsträger im Gemeinschaftsraum seien die Mitgliedstaaten (Integration, 1970, Heft 2, S. 127).

[54] Auch unabhängig von der ausdrücklichen Vorschrift des Art. 137 EWGV. Vgl. dazu auch *J. H. Kaiser*, EuR 1966, S. 4 ff. (23) und in VVdStRL H. 23 (1966), Verfassungsstrukturen in den internationalen Gemeinschaften, S. 1 ff. (19).

[55] Der im Hinblick auf die noch völlig unzureichende rechtsstaatliche Struktur der Gemeinschaft besondere Bedeutung zukommt (vgl. etwa auch *v. Simson*, a.a.O., S. 256), ohne daß freilich die demokratische Struktur der Gemeinschaften entsprechend ausgeformt wäre.

nicht besser, bescheidener von bloßen Zuständigkeitsabgrenzungen zu reden, ohne sogleich eine „Rechtsordnung" zu zimmern, die ohnehin so unvollständig ist, daß sie fortwährend Anleihen im nationalen Raum nehmen muß?

Man wird den Stimmen in der Literatur beipflichten müssen, die der Ansicht sind, der Gerichtshof könne froh darüber sein, noch nie in einem wirklich wesentlichen Interessenkonflikt beim Wort genommen worden zu sein. Die seinen Urteilen zugrundeliegenden Sachverhalte waren keine Konflikte, um derentwillen ein Mitgliedstaat ernstlich den Eclat gesucht hätte.

„Souverän ist, wer über den Ausnahmezustand entscheidet." An diesem Wort Carl Schmitts[56] gemessen, bedeutet der Anspruch des EGH Usurpation von Souveränität für die Gemeinschaftsrechtsordnung. Die allgemeine Meinung im Schrifttum geht aber davon aus, daß die Gemeinschaften die Souveränität der Mitgliedstaaten zwar in vielfacher Weise beschränken[57], selbst aber keine Souveränität besitzen. Das ist auch richtig: Bei aller historischen Wandlung des Begriffes bleibt die Idee der Souveränität dem Staat verknüpft, ist sie eine Eigenschaft der Staatsgewalt: frei zu sein nämlich von Fremdbestimmung; positiv gewendet verlangt sie — klassisch — die Fähigkeit zur ausschließlichen Eigenbestimmung. Angesichts der unleugbaren mannigfachen Abhängigkeiten im Rahmen der Gemeinschaften kann aber diese alte Vorstellung von Souveränität nur noch mit methodischen Kunstgriffen ungetrübt erhalten werden[58]. Den Veränderungen der modernen Welt ist mit einem Neubedenken der Souveränität Rechnung zu tragen. Es hat keinen Sinn, nationalstaatliche Begrifflichkeit wahren zu wollen, wo der Nationalstaat alter Form den traditionellen Aufgaben nicht mehr gewachsen ist. Von diesen Veränderungen der gesellschaftlichen Umwelt hat der Staat und mit ihm auch die Souveränitätslehre Kenntnis zu nehmen[59]. Wenn der Staat zur Erfüllung seiner

---

[56] Politische Theologie, S. 9.

[57] Eine Zusammenstellung der Beschränkungen findet sich bei *A. Sattler*, Das Prinzip der „funktionellen Integration" und die Einigung Europas, S. 31 ff.

[58] Nur indem *H. G. Koppensteiner*, Die Europäische Integration und das Souveränitätsproblem, die Souveränität in eine politische und eine rechtliche Komponente trennt, kann er zu dem Schluß kommen (S. 70), die Übertragung einzelner, selbst bedeutsamer Herrschaftsbefugnisse nehme den Staaten nichts von ihrer — rechtlichen — Souveränität. *Koppensteiner* räumt aber (S. 70/1) selbst ein, daß damit der Kern des Problems nicht getroffen ist.

[59] Vgl. hierzu *H. Steiger*, Staatlichkeit und Überstaatlichkeit, insbes. S. 39 ff., und — v. a. — *W. v. Simson*, Die Souveränität im rechtlichen Verständnis der Gegenwart; zu letzterem Besprechung von *P. Badura* in EuR 1967, S. 179 ff.; *C. F. Ophüls*, Staatshoheit und Gemeinschaftshoheit — Wandlungen des Souveränitätsbegriffs, in: Festschrift 150 Jahre C. Heymanns-Verlag, Köln, 1965, S. 519 ff.

Aufgaben heute allein nicht mehr fähig ist, vielmehr dazu überstaatlicher Organisationsformen bedarf, dann liegt hierin die Konsequenz, seine ausschließliche Eigenbestimmung aufzugeben[60] und die Notwendigkeit einer „institutionellen überstaatlichen Ergänzung der Staatlichkeit" anzuerkennen „mit der Folge einer eingeschränkten Souveränität der Mitgliedstaaten"[61]. Der nationalstaatliche Souveränitätsbegriff erfährt so eine tiefgreifende Wandlung; über die Souveränität der zwischenstaatlichen Gemeinschaften ist damit aber noch nichts gesagt. Sie ist auf diesem Wege auch nicht zu begründen.

Zudem ist auch der nationalstaatliche Einstieg in das Problem, Art. 25 und vor allem 24 GG, alles andere als unproblematisch[62]. Es ist sehr die Frage — und überdies wohl zu verneinen — ob das GG die dauernde Entäußerung von Hoheitsbefugnissen gestattet[63]. Rupp fragt mit Recht „wie es zu erklären und zu rechtfertigen sei, daß sich das festgefügte demokratisch-rechtsstaatliche Haus, das sich nationale Gemeinschaften in nationalen Verfassungsordnungen gegeben haben, öffnet und Herrschaftskompetenzen aus dem Schutzbereich der staatlichen Verfassungsordnungen in einen fremden Bereich entlassen werden, in welchem ganz andere Spielregeln herrschen und ganz andere Herrschaftsstrukturen gelten"[64].

Eine ganz radikale Trennung des Gemeinschaftsrechtskreises vom nationalen Rechtsraum und so eine Übernahme der dualistischen Theorie aus dem Völkerrecht für die Abgrenzung des Gemeinschaftsrechts in einer Zeit, in der die überwiegende moderne Völkerrechtsliteratur die Antithese zugunsten vermittelnder Ansichten aufgibt[65], scheint aber auch der EGH mit der Errichtung einer „eigenständigen Rechtsordnung" nicht zu meinen.

War schon für das Völkerrecht die berühmte Ausgangsthese Triepels, Völkerrecht und Landesrecht stellten nicht verschiedene Rechtsteile, sondern verschiedene Rechtsordnungen dar, zwei Kreise, „die sich höchstens berühren, niemals schneiden"[66], mit der zunehmenden wirtschaftlichen Verflechtung der Völkergemeinschaft unhaltbar geworden

---

[60] So. *H. Steiger*, a.a.O. S. 43, 39.

[61] *P. Badura*, a.a.O., S. 182.

[62] Vgl. hierzu *H. H. Rupp*, Die Grundrechte und das Europäische Gemeinschaftsrecht, NJW 1970, S. 353; *K. Vogel*, Die Verfassungsentscheidung des Grundgesetzes für eine internationale Zusammenarbeit, in: Recht und Staat, H. 292/3 mit zahlreichen Nachweisen, sowie *A. Ruppert*, Die Integrationsgewalt — eine staatstheoretische und verfassungsrechtliche Studie zu Art. 24 Abs. 1 GG, 1969.

[63] Statt aller: *Maunz - Düring*, RN 7 zu Art. 24 GG.

[64] NJW 1970, S. 353.

[65] Nachweise bei *K. Vogel*, a.a.O., S. 22.

[66] *H. Triepel*, Völkerrecht und Landesrecht, 1899, S. 111.

— um wieviel mehr muß das erst für die viel engere Bindung unter den Gemeinschaftsstaaten gelten. „Eigenständige Rechtsordnung" darf also nicht Überschneidungen ausschließen.

Dies hat der EGH auch dadurch klargestellt, daß er die Europäische Wirtschaftsgemeinschaft als eine eigenständige Rechtsordnung bezeichnete, „die in die Rechtsordnungen der Mitgliedstaaten aufgenommen worden und von ihren Gerichten anzuwenden ist"[67]. Anders wäre auch die unmittelbare Wirkung von Gemeinschaftsnormen nicht erklärbar. Sie hat ihren Grund eben darin, daß die eigenständige Gemeinschaftsordnung eine Rechtsordnung darstellt, „deren Rechtssubjekte nicht nur die Mitgliedstaaten, sondern auch die einzelnen sind"[68].

Auch diese reduzierte „Eigenständigkeit" hat durchaus noch praktische Bedeutung für die Auslegung, die Stellung der Gemeinschaftsorgane sowie die Position der Gemeinschaften selbst (als selbständige Völkerrechtssubjekte). Die Gemeinschaftsordnung bildet so einen eigenständigen Kern, dem Macht zuwachsen kann. Die zwischenstaatlichen Organe könnten Kristallisationspunkte im weiteren Erosionsprozeß nationalstaatlicher Souveränität bilden. All dies bedingt aber keineswegs notwendig Endgültigkeit und Unabänderlichkeit.

Die Schwierigkeiten, die der Durchsetzbarkeit auch nur des Grundprinzips einer relativen Eigenständigkeit entgegenstehen, sind groß. Daran ändern auch feierliche Zugeständnisse höchster Gerichte[69] nur wenig.

Bedeutsamstes Beispiel des Aufbegehrens nationaler Gewalt gegen die Eigenständigkeit bildet die französische Lehre vom „acte clair"[70], die das Gemeinschaftsrecht insofern als innerstaatliches Recht ansieht, als das dieser Lehre folgende nationale Gericht Interpretationsfragen gemeinschaftsrechtlicher Vorschriften dem EGH nicht vorlegt, wenn es den Text für „clair" hält und bezüglich der Auslegung keine Zweifel hegt[71].

Unabhängig davon, wie schwer es ist, wirklich zu sagen, wann ein Text „klar" ist, bekommt so das nationale Gericht die Möglichkeit,

---

[67] EGH Bd. XV, S. 1 ff. (14); so auch schon Bd. XIV, S. 232.

[68] EGH Bd. XIV, S. 215 ff. (230).

[69] Vgl. BVerfG, B. v. 13. 10. 1970, BayVBl. 1970, S. 18; BVerfGE Bd. 22, S. 293 ff. (296: „eigene Rechtsordnung, deren Normen weder Völkerrecht noch nationales Recht der Mitgliedstaaten sind"); italienischer VerfGH, U. v. 16. 12. 1965, Nr. 98, EuR 1966. S. 146 ff. (148).

[70] Vgl. dazu *E. Schober*, Die Lehre vom „acte clair" im französischen Recht, NJW 1966, S. 2252 ff.; *H. W. Daig*, Aktuelle Fragen der Vorabentscheidungen nach Art. 177 EWGV, EuR 1968, S. 259 ff. (285 ff.).

[71] Conseil d'Etat, U. v. 19. 6. 1964, AWD 1964, S. 261; weitere Hinweise auf die frz. Rspr. finden sich in EuR. 1967, S. 245 ff.

durch die Erklärung einer höchst strittigen Vorschrift als „klar" die unerwünschte überstaatliche „Einmischung" fernzuhalten. Daig gibt einige Beispiele[72], die deutlich machen, wie so oft Vorlagen zu Unrecht unterbleiben[73]. — Der Ausbildung eines gemeinschaftlichen Europarechts erweist diese Ansicht einen schlechten Dienst, weil sie es jedem Staat gestattet, seine eigenen Rechtsbegriffe in die Verträge hineinzulesen und die Angelegenheit dann als „clair" abzutun.

II. Der Grundsatz der funktionellen Einheit der Gemeinschaften

Vom „Prinzip der Einheit" im Gemeinschaftsbereich zu sprechen, gibt leicht zu Mißverständnissen Anlaß. Einheit kann in zweifacher Weise gemeint sein, unnd nach beiden Richtungen bildete sie den Gegenstand der Rechtsprechung: Einheit nach innen, innerhalb *einer* der drei Gemeinschaften, die Voraussetzung für einen freien Warenverkehr ist[74]. Diese Einheit ist hier nicht gemeint.

Es wird vielmehr auf das Verhältnis der drei „europäischen Gemeinschaft*en*" (EGKS, EWG, EAG) zueinander abgezielt. Die *rechtliche* Einheit der Gemeinschaften scheitert an der Tatsache, daß sie auf drei voneinander unabhängigen Verträgen mit unterschiedlicher Dauer[75] beruhen, die der jeweiligen Gemeinschaft eigene Rechtspersönlichkeit[76] zuerkennen. Die formalrechtliche Trennung ist in Art. 232 EWGV ausdrücklich bestätigt.

Dessen ungeachtet können weitestgehende Übereinstimmungen in Absicht und Ziel der Verträge nicht geleugnet werden. Den rechtlichen

---

[72] EuR 1968, S. 259 ff. (288 f.).

[73] In der „Süddeutschen Zeitung" vom 12. 8. 1970 findet sich der Hinweis auf eine Vorlageentscheidung des BVerwG (Az: VII C 35/69) an den EGH, wonach das Gericht „bei Streitigkeiten um die Praktizierung von EWG-Recht höchstinstanzliche Entscheidungen fällen" könne, da das Gemeinschaftsrecht Bundesrecht sei. — Der Hinweis ist aber zu ungenau, um eine Würdigung zuzulassen.

[74] In Bd. VII, S. 427 ff. (466) bezieht sich der EGH billigend auf ein Schreiben der Hohen Behöde, in dem es heißt: „Die Gemeinschaft beruht in ihrem eigenen Bereich auf dem Prinzip der Einheit, nämlich dem des gemeinsamen Marktes, der den ungehinderten Warenverkehr aller der Jurisdiktion der Gemeinschaft unterstehenden Kohle- und Stahlerzeugnisse zur Voraussetzung hat." — Zum Prinzip des gemeinsamen Marktes *J. Scherer*, a.a.O., S. 87 ff., der dieses Prinzip sowohl für den EGKSV (S. 97) als auch für den EWGV (S. 99) zutreffend als *Rechtsprinzip* einordnet. (Die Frage nach einer Einheit unter den Gemeinschaften stellt er sich — vom Thema her kosequent — nicht.) Ferner *B. van der Esch*, L'unité du marcheé commun dans la jurisprudence de la Cour, Cah. Dr. E 1970, S. 303 ff. mit weiteren Nachweisen.

[75] Art. 97 EGKSV: Geltungsdauer 50 Jahre; Art. 240 EWGV, 209 EAGV: „auf unbegrenzte Zeit".

[76] Art. 6 EGKSV, 210, 211 EWGV, 184, 185 EAGV.

Konnex zwischen ihnen vermitteln die gemeinsamen Organe, selbst wenn sie — wie etwa der EGH selbst — noch unterschiedliche Vorschriften anwenden, je nachdem für welche Gemeinschaft sie tätig werden[77]. Ob es zulässig ist, daraus und aus der Intention der Verträge den Schluß zu ziehen, diese Verträge seien „nichts anderes als die teilweise Verwirklichung eines großen Gesamtprogrammes, das getragen wird von der beherrschenden Idee einer weitergehenden Integration der europäischen Staaten"[78], sie bildeten also eine „ideelle Einheit, die auf eine weitere rechtliche Vereinheitlichung" drängt[79], erscheint zweifelhaft — heute mehr als zu den Tagen, an denen diese Worte gesprochen wurden.

Der EGH legt allerdings dem ersten Urteil, in dem er diese für die europäischen Gemeinschaften zentrale Frage entscheidet, eindeutig eine bestehende *funktionelle* Einheit zugrunde: Bei der Prüfung einer Vorschrift der Personalordnung der EGKS führt der Gerichtshof aus, diese Bestimmungen seien „im Sinne einer innerhalb der europäischen Gemeinschaften und der angegliederten Organe bestehenden funktionellen Einheit auszulegen"[80].

In einem späteren Urteil, dem ein ähnlicher Sachverhalt zugrunde lag, beschränkte sich der EGH darauf, lediglich von der „Einheit der Laufbahn bei den Gemeinschaften" zu sprechen[81]. Ob hierin eine Beschränkung der funktionellen Einheit der Gemeinschaften oder lediglich eine von mehreren möglichen Auswirkungen liegt, kann aus dem Urteilstext nicht erschlossen werden.

---

[77] So judiziert der EGH jetzt zwar aufgrund einer einheitlichen Verfahrensordnung; nach wie vor gelten für ihn aber 3 Satzungen. Auch die Ausgestaltung des Rechtsschutzsystems in den Verträgen selbst weicht deutlich voneinander ab.

[78] GA *K. Roemer*, Bd. VI, S. 873.

[79] GA *K. Roemer*, Bd. VI, S. 874, der in der Folge aus der „idellen" Einheit reale Konsequenzen für die Auslegung des Gemeinschafts-Dienstrechts zieht.

[80] EGH Bd. VI, S. 849. Der Kläger beanspruchte bei seinem Wechsel von der EGKS zur Europäischen Investitionsbank eine Wiedereinrichtungsbeihilfe, die in der Personalordnung der EGKS den beamteten Bediensteten zugestanden wurde, die aus dem Dienst der Gemeinschaften in den eines anderen Dienstherrn traten. Der Gerichtshof wies im vorliegenden Urteil die Klage aufgrund der funktionellen Einheit der Gemeinschaftorgane ab.

[81] EGH Bd. XIV, S. 538 ff. (550): Dieser Gedanke der Einheit der Laufbahn liegt — neben dem EGKS-Statut — auch EAG- und EWG-Statuten zugrunde.

III. Der Grundsatz der Möglichkeit unmittelbarer Wirkung von Gemeinschaftsrechtsnormen

Die ausdrückliche Aufnahme des einzelnen als Rechtssubjekt in die eigenständige Rechtsordnung des Gemeinschaftsrechts deutet die Möglichkeit, ja Notwendigkeit unmittelbarer Wirkung innerhalb des Hoheitsraums der nationalen Mitglieder an.

Art. 189 Abs. 2 S. 2 EWGV und Art. 161 Abs. 2 S. 1 EAGV bestimmen die unmittelbare Geltung der Gemeinschaftsverordnungen „in jedem Mitgliedstaat". Es bedarf also keiner irgendwie gearteten Transformation in innerstaatliches Recht.

Der EGH hat die unmittelbare Wirkung mehrerer Vertragsartikel[82] ausdrücklich festgestellt[83]. Es ist das Ziel der Verträge, einen gemeinsamen Markt zu errichten, „dessen Funktionieren die der Gemeinschaft angehörigen einzelnen unnmittelbar betrifft"[84]. Das vom staatlichen Gesetzgeber unabhängige Gemeinschaftsrecht gewährt dabei dem einzelnen Rechte, wie es ihm auch Pflichten auferlegt. Solche Rechte einzelner ergeben sich aus den ausdrücklichen Pflichten, die der Vertrag sowohl den Mitgliedstaaten wie auch anderen einzelnen auferlegt[84].

Kriterium für die unmittelbare Anwendbarkeit bildet die Antwort auf die Frage, ob die betreffende Vorschrift an eine Bedingung geknüpft ist oder ob sie zu ihrer Durchführung oder Wirksamkeit einer weiteren Maßnahme der Gemeinschaftsorgane oder der Mitgliedstaaten bedarf[85]. Ist das nicht der Fall, so ist die Verbotsnorm vollständig, rechtlich vollkommen und infolgedessen geeignet, unmittelbare Rechtsbeziehungen zwischen den Mitgliedstaaten und den ihrem Recht unterworfenen Personen zu erzeugen[86].

---

[82] Z. B.: Art. 95 EWGV (Bd. XIV, S. 346; Bd. XV, S. 179); Art. 31, 32 Abs. 1 EWGV (Bd. XIV, S. 691); Art. 37 II, 53 EWGV (Bd. X, S. 1273 ff.); Art. 12 (Bd. IX, S. 24 ff.).

[83] U. a. EGH Bd. IX, S. 24; X, 1271; XII, 259 ff.; XIV, 230, 346, 691, XV, S. 179, 425; mit Ausnahme der Entscheidung im X. Band ist Gegenstand des Streits jeweils die Rüge nationaler Importeure, ihr Heimatstaat habe nationale Normen unter Verletzung von EWG-Recht (v. a. Handelsfreiheit) erlassen oder aufrechterhalten.

[84] EGH Bd. XVI, S. 215 ff. (230); vgl. dazu neuestens *H. W. Daig*, Die Rechtsprechung des Gerichtshofs der Europ. Gemeinschaften zur unmittelbaren Wirkung von EWG-Bestimmungen auf die Rechtsbeziehungen zwischen Mitgliedstaaten und Gemeinschaftsbürgern, Eu R1970, S. 1 ff.

[85] Zu geringe Bestimmtheit steht der unmittelbaren Wirkung von Art. 33 Abs. 1 und Abs. 2, Unter-Abs. 1, entgegen, da sie den Mitgliedstaaten einen Entscheidungsspielraum gewähren (EGH Bd. XVI, S. 692). Ebenso ist es bei Art. 97 EWGV (Bd. XIV, S. 234). — Die bloße Notwendigkeit zur Beurteilung wirtschaftlicher Sachverhalte, wie sie etwa Art. 95 Abs. 2 EWGV enthält, steht der unmittelbaren Wirkung nicht im Wege (Bd. XIV, S. 346).

[86] EGH Bd. XIV, S. 333 ff. (346); GA *Gand*, Bd. XIV, S. 237 ff. (242).

Inwieweit damit eine Besonderheit gegenüber dem allgemeinen Völkerrecht gegeben ist, kann hier dahinstehen[87]. In der Möglichkeit der Gemeinschaftsorgane, auf dem Gebiete der Mitgliedstaaten Rechtsvorschriften mit unmittelbarer Wirkung für die Mitgliedstaaten zu erlassen, liegen aber schwere Probleme für das nationale Verfassungsrecht. Es stellt sich die Frage, ob das Zustimmungsgesetz nach Art. 59 Abs. 2 GG unter diesen Umständen als verfassungsmäßig angesehen werden kann, liegt doch ein Verstoß gegen Art. 20 und 129 Abs. 3 GG nicht außerhalb jeder Wahrscheinlichkeit[88].

Ein einziges — freilich entscheidendes — Problem sei hier herausgegriffen: Die Frage nach dem Rechtsschutz des einzelnen gegenüber solchen unmittelbaren Eingriffen, eingeengt auf die Frage nach dem Schutz der Grundrechte[89].

Die unmittelbare Wirkung des Gemeinschaftsrechts im innerstaatlichen Raum, im Zusammenhang mit der Eigenständigkeit der Gemeinschaftsrechtsordnung — also auch ihres Rechtsschutzsystems — gesehen,

---

[87] In der Möglichkeit einer direkten Einwirkung auf die Staatsbürger sieht *E. Steindorff*, 1952, S. 14, eine der wesentlichen Besonderheiten des Gemeinschaftsrechts gegenüber dem Völkerrecht. Zur abweichenden Regel im allgemeinen Völkerrecht vergleiche BGH NJW 1963, S. 823 (für das Auslieferungsrecht); *J. Seidl-Hohenveldern*, JuS 61, S. 15; *Wegner* in Festschrift für *F. Laun*, 1953, S. 341; *Menzel*, JuS 1963, S. 47; *D. Heise*, a.a.O., S. 5; *F. Berber*, Bd. I, S. 11 f.; *P. Guggenheim*, Bd. I, S. 4—6, wobei darauf hingewiesen wird, daß an der Regel, ein einzelner könne kein völkerrechtliches Rechtssubjekt sein, nicht mehr streng festgehalten wird. Der Grundsatz gilt heute nur noch mit gewissen Einschränkungen. — Freilich gab es von dieser Regel auch schon vor Gründung der Gemeinschaften Ausnahmen: So die Donaukommission bis zu ihrer Änderung durch den Vertrag von Sinai 1938 (vgl. dazu *H. E. Müller*, Die Rechtsfragen zur Stellung der Unternehmen im Recht der EGKS, S. 22, mit Nachw. in FN 37 und *W. Much*, S. 13), die man damals als „Flußstaat" bezeichnen wollte (Nachw. bei *Müller*, a.a.O., S. 23, FN 38) und andere Vereinigungen (vgl. Much, a.a.O.). — Kritisch — zur traditionellen Auffassung — schon *H. Kelsen*, Völkerrecht und Souveränität, S. 166 f., wo er den Satz, Völkerrecht verpflichte nur Staaten, als nicht haltbar zurückweist. In dieser Frage ist *H. Steiger*, Staatlichkeit und Überstaatlichkeit, S. 144, zuzustimmen, nachdem das Besondere im Gemeinschaftsrecht weniger in den Mitteln als vielmehr in deren Umfang und in ihrer Verwendung liegt.

[88] So die Verlagebeschlüsse des FinG Rheinland-Pfalz v. 14. 11. 1963 (AWD 1964, S. 26 ff.) und des FinG Saarbrücken NJW 1964, S. 376 ff.; ersterer vom BVerfG (NJW 1967, S. 1707 ff.) als unzulässig zurückgewiesen (Anmerkung von *Meier*, NJW 1967, S. 2109 ff.).

[89] *G. Zieger*, Das Grundrechtsproblem in den Europ. Gemeinschaften, Recht und Staat, H. 384/5; *L. Constantinesco*, Die unmittelbare Anwendbarkeit der Gemeinschaftsnormen und der Rechtsschutz von Einzelpersonen im Recht der EWG, 1969; *J. Kropholler*, Die Europ. Gemeinschaften und der Grundrechtsschutz, EuR 1969, S. 128 ff.; *H. v. d. Groeben*, Über das Problem der Grundrechte i. d. Europ. Gemeinschaft, in Festschrift für *W. Hallstein*, S. 226 ff.; *H. P. Meibom*, Der EWG-Vertrag und die Grundrechte des Grundgesetzes, DVBl. 1969, S. 437 ff.; *H. H. Rupp*, Die Grundrechte und das Europ. Gemeinschaftsrecht, NJW 1970, S. 353 ff.; *P. Pescatore*, Les droits de l'homme et l'integration europèenne, CahDrE 1968, S. 629 ff.).

legt die Möglichkeit eines von der Norm des nationalen Rechts abweichenden Schutzes des Grundrechtsraumes nahe[90]. So bestimmt etwa Art. 222 EWGV[91], der Vertrag lasse „die Eigentumsordnung in den verschiedenen Mitgliedstaaten unberührt". Damit ist aber keineswegs der Schutz individuellen Eigentums im Umfange des nationalen Rechts garantiert: Die Rüge, Art. 222 EWGV sei durch eine VO verletzt, die unzulässigerweise in die Ausübung gewerblicher Schutzrechte — als solche des Eigentumsschutzes teilhaftig — eingreife, weist der EGH wiederholt[92] mit dem Hinweis zurück, die angegriffene Bestimmung greife die Eigentumsordnung nicht an. Sie lasse diese Rechte vielmehr unberührt und beschränke lediglich ihre Ausübung, soweit dies zur Durchsetzung des allgemein formulierten Verbotes des Art. 85 Abs. 1 EWGV erforderlich ist.

GA Roemer ergänzt diese Interpretation in seinen Schlußanträgen zu einer dieser Entscheidungen[93] mit dem Hinweis, Art. 222 EWGV diene offensichtlich nur dem „Zweck, die Freiheit der Mitgliedstaaten in der Ausgestaltung ihrer Eigentumsordnungen im allgemeinen zu sichern, nicht dagegen eine Garantie dafür zu geben, daß die Gemeinschaftsorgane in keiner Weise in subjektive Eigentumsrechte eingreifen[94]. Angesichts des außerordentlich weitgespannten Eigentumsbegriffs der nationalen Rechtsordnungen würde eine andere These weithin auf eine Blockierung der Gemeinschaftskompetenzen hinauslaufen ... Gewisse Eingriffe in subjektive nationale Schutzrechte will demnach der Vertrag mit Sicherheit nicht ausschließen."

Deutlicher kann die Meinung Ipsens nicht widerlegt werden, das Gemeinschaftsrecht sei „nicht grundrechtsintensiv"[95], Grundrechtsverletzungen seien also kaum zu erwarten.

---

[90] Die Probleme der von den Grundrechten notwendig gesetzten Grenzen werden in der Literatur üblicherweise bei der Darstellung der Verhältnisse von nationalem zum Gemeinschaftsrecht miterörtert. Davon wird hier abgegangen, da die eigentliche Brisanz des Themas eher mit der Tatsache der unmittelbaren Wirkung des Gemeinschaftsrechts verknüpft ist. — Wie hier: *H. Wagner*, Grundbegriffe des Beschlußrechts der Europ. Gemeinschaften, 1965, S. 252.

[91] Vgl. dazu v. a. *G. Burghardt*, Die Eigentumsordnungen in den Mitgliedstaaten und der EWG-Vertrag — Zur Auslegung von Art. 222 EWGV, 1969.

[92] Bd. XII, S. 321 ff. (394); 457 ff. (487).

[93] Bd. XII, S. 401 ff. (423 f.).

[94] Vgl. dazu auch schon EGH Bd. VI, S. 920 f.: „Der Gerichtshof kann bei der Prüfung der Rechtmäßigkeit einer Entscheidung der Hohen Behörde weder zur Auslegung noch zur Anwendung des Art. 14 des deutschen GG schreiten. Andererseits enthält das Recht der Gemeinschaft, wie es im EGKSV niedergelegt ist, weder einen geschriebenen noch einen ungeschriebenen allgemeinen Rechtsgrundsatz des Inhalts, daß ein erworbener Besitzstand nicht angetastet werden darf."

[95] 45 DJT, Bd. II, LS 15; a. A. auch etwa *H. v. d. Groeben*, a.a.O., S. 229: „Ein Konflikt zwischen einem Akt der Gemeinschaft und einem staatlichen Grundrecht ist keineswegs von vorneherein unmöglich."

Die Bedenken verstärken sich angesichts einer Entscheidung des Bundesverfassungsgerichts[96], das ein dringendes Bedürfnis für verfassungsgerichtlichen Rechtsschutz — abgeleitet aus dem, nach deutschen Maßstäben, unzulänglichen europäischen Rechtsschutzsystem — „aus grundsätzlichen Erwägungen" nicht als Begründung für die Zulässigkeit einer Verfassungsbeschwerde gegen Akte der Gemeinschaftsorgane akzeptierte. Selbst ein „noch so dringendes rechtspolitisches Bedürfnis" könne die Zuständigkeit des BVerfG nicht ausweiten. Im europäischen Raum würden sonst zudem die „Grenzen zwischen nationaler und supranationaler Gerichtsbarkeit" verwischt, was zu „ungleichmäßigem Rechtsschutz in den Mitgliedstaaten führen" könnte[97].

Damit ist vorerst die Gelegenheit aus der Hand gegeben, vom nationalen Bereich her Grenzen zum Schutze des einzelnen gegenüber den Eingriffen einer technokratischen Supermacht zu ziehen.

Im supranationalen Bereich selbst sind solche Begrenzungen noch nicht ausgebildet, sondern bestenfalls in allerersten Ansätzen sichtbar. Hier läge ein weites Feld für Rechtsprechung und Wissenschaft, einer „legalisierten" Integration zuzuarbeiten.

Der EGH selbst gibt bei der Prüfung der Rechtmäßigkeit der Vorschrift in einer Entscheidung der Kommission, die beim Empfang gewisser sozialer Ausgleichsleistungen eine Offenbarung des Namens des Empfängers gegenüber dem Verkäufer vorsieht, lediglich den lapidaren Hinweis, die Bestimmung enthalte bei richtiger Auslegung nichts, „was die in den allgemeinen Grundsätzen der Gemeinschaftsrechtsordnung, deren Wahrung der GH zu sichern hat, enthaltenen Grundrechte der Person in Frage stellen könnte".

Mit diesem orakelhaften Verweis auf die Grundrechte der Person innerhalb des Gemeinschaftsrechts bleibt der Rechtsunterworfene sich selbst überlassen. Feststeht jedenfalls, daß die Verträge selbst einen Grundrechtskatalog im herkömmlichen Sinn nicht enthalten. Die wenigen einzelnen Vorschriften, die Zieger zusammengestellt hat[98] — v. a. das Diskriminierungsverbot des Art. 7 EWG, Freizügigkeit (Art. 48 ff. EWGV) und Niederlassungsfreiheit (Art. 52 ff. EWGV) — ersetzen einen derartigen Katalog keineswegs[99]. Von der Groeben tröstet sich

---

[96] Bd. 22, S. 293 ff., insbes. 298 = EuR 1968, S. 134 ff. (mit Anm. *Ipsen*) = JZ 1968, S. 99 ff. (mit Anm. *Wengler*).

[97] Ausdrücklich offen ließ das BVerfG, a.a.O., S. 299, die Frage, ob und in welchem Maße die BRD die Gemeinschaftsorgane bei der Übertragung von Hoheitsrechten nach Art. 24 Abs. 1 GG von der Grundrechtsbindung freistellen konnte.

[98] a.a.O., S. 26—30.

[99] Der unsystematische, rein zufällige Gehalt der Verträge an Grundrechtsbestimmungen wird auch klar aus der Formulierung Ziegers (S. 29 f.), in Art. 48 I EGKS sei die Vereinigungsfreiheit „angesprochen". Ein gelegentliches „Ansprechen" von Grundrechten bietet keinen Ersatz für ihren Schutz.

mit dem Hinweis[100], zwar sei ein Konflikt der Gemeinschaftsorgane mit nationalen Grundrechten nicht ausgeschlossen, der Konfliktsraum aber — im Vergleich zu nationalen Eingriffsmöglichkeiten — wesentlich geringer. Daher drohe den Grundrechten von der europäischen Föderation her jedenfalls künftig kaum Gefahr[101].

Die in der zitierten Entscheidung des EGH angezogene Grundrechtsbestimmung ist jedenfalls unter all diesen wohlmeinenden Aufzählungen nicht zu finden. Welches Grundrecht prüft also der EGH, und wie kommt es in den Gemeinschaftsraum? Auch die europäische Konvention zum Schutze der Menschenrechte und Grundfreiheiten kann nicht den „Grundrechtsteil" der Gemeinschaftsordnung abgeben[102], selbst wenn man davon absieht, daß Frankreich die Konvention bis heute nicht ratifiziert hat. Soweit Art. 234 EWGV als Begründung hierfür angeführt wird, ist darauf hinzuweisen, daß diese Vorschrift zwar Verpflichtungen aus anderen Verträgen unberührt läßt, ihre Erfüllung also ermöglicht, keineswegs aber eine *Verpflichtung* zu ihrer Wahrung beinhaltet[103].

Schließlich bliebe der Versuch, eine völkerrechtliche Bindung der Gemeinschaftsorgane an die durch Völkerrecht gesicherten Grundrechte zu prüfen[104], an das die Gemeinschaften — als eigenständige Völkerrechtssubjekte — wie die Staaten gebunden sind. Wie dem auch sei, die Tatsache, daß kein nationaler Staat in Anbetracht völkerrechtlicher Grundrechtsgarantien eigene Grundrechtskataloge für überflüssig hält, sowie die Einsicht, daß die justizielle Garantie solcher Völkerrechtsgrundsätze in keiner Weise nationalen Anforderungen entspricht, zeigen, daß auch von hierher auf absehbare Zeit eine befriedigende Lösung nicht erwartet werden kann[105].

IV. Der Grundsatz des Vorranges des Gemeinschaftsrechts

Die Bejahung unmittelbarer Geltung von Vorschriften einer eigenständigen Rechtsordnung im nationalen Raum zwingt zu der Frage, wie ein Konflikt zwischen nationalem Recht und Gemeinschaftsrecht

---

[100] a.a.O., S. 229.

[101] a.a.O., S. 244.

[102] Nachweis über dahingehende Versuche bei *J. Kropholler*, EuR 1969, S. 132 f.

[103] So auch *J. Kropholler*, a.a. O., S. 133.

[104] Vgl. etwa *W. Wengler* in der Aussprache in VVdStRL H. 23 (1966), S. 112; *G. Zieger*, a.a.O., S. 17 ff.

[105] Optimistischer offenbar — aber nur für das Fremdenrecht — *E. Grabitz*, Europäisches Bürgerrecht, 1970, S. 23.

zu entscheiden ist[106]. Nur dieser schmale — aber entscheidende — Raum im Zusammenwirken beider Rechtsordnungen ist hier angesprochen, die Frage also nach der Kollisionsregelung. Ohne Belang sind die vielfachen Möglichkeiten eines irgendwie gearteten Nebeneinander von Gemeinschaftsrecht und nationalem Recht, für das mehrere Theorien entwickelt wurden[107].

Die Kollision wird vielmehr vorausgesetzt.

1. Der EGH geht eindeutig vom Grundsatz des Vorranges des Gemeinschaftsrechts aus. Zum ersten Male wird das deutlich in der berühmten Rechtssache 6/64 (Costa gegen ENEL)[108], der das Prinzip des Vorranges — auch expressis verbis — zugrunde liegt: „Der Vorrang des Gemeinschaftsrechts" — bisher nicht ausdrücklich als solcher bezeichnet — „wird auch aus Art. 189 EWGV bestätigt"[109].

Angesichts der Tragweite der Entscheidung eventuell verbleibende letzte Zweifel werden jedenfalls durch eine neuere Entscheidung[110] ausgeräumt, die in größtmöglicher Klarheit darauf beharrt: „Normenkonflikte sind nach dem Grundsatz des Vorranges des Gemeinschaftsrechts zu lösen."

---

[106] Das Schrifttum zu dieser Frage ist unübersehbar geworden. Zum Stand bis Ende 1967 kann auf die grundlegende Arbeit von *M. Zuleeg*, Das Recht der Europ. Gemeinschaften im innerstaatlichen Bereich, 1969, verwiesen werden. Aus der späteren Literatur vgl. u. a. *R. Arnold*, Das Rangverhältnis zwischen dem Recht der Europ. Gemeinschaften und dem innerdeutschen Recht, Diss. Würzburg, 1968; *E. J. Mestmäcker*, Die Vermittlung von europ. und nationalem Recht im System unverfälschten Wettbewerbs, 1969; *P. v. Dieck* u. a., Diritto delle Communità Europee e Diritto degli Stati Membri, Mailand 1969; *M. Gaudet*, Conflits du Droit Communautaire avec les Droits Nationaux, Nancy, 1967; *C. Alder*, Koordination und Integration als Rechtsprinzipien, 1969; *G. Meier*, Gemeinschaftsrecht und mitgliedstaatliches Gemeinrecht, EuR 1970, S. 324 ff.; *P. Pescatore*, Das Zusammenwirken der Gemeinschaftsrechtsordnung mit den nationalen Rechtsordnungen, EuR 1970, S. 307 ff.; *V. Emmerich*, Das Verhältnis zwischen nationalem und europäischem Wettbewerbsrecht, JuS 1969, S. 413 ff.; *R. Garron*, Reflexions sur la primauté du droit communautaire, Rev. Trim. Dr. E. 1969, S. 28 ff.; *M. Zuleeg*, Tagungsbericht zu diesem Thema, Integration 1970, S. 225 ff. (insbes. 227 ff.); *H.-W. Daig*, EuR 1970, S. 1 ff. (11 ff.).

[107] V. a. die sog. „Zweischrankentheorie", nach der beispielsweise Wettbewerbsabsprachen nationalen *und* gemeinschaftsrechtlichen Erfordernissen genügen müssen, um gültig zu sein; näher dazu *E. J. Mestmäcker*, a.a.O., S. 20 ff.

[108] Bd. X, S. 1251 ff.

[109] Bd. X, S. 1270. Trotzdem glaubte der Verfasser (in: Die allgemeinen Rechtsgrundsätze in der Rechtsprechung des EGH, Diss. Erlangen, 1967, S. 143) das Urteil eher in dem Sinne interpretieren zu müssen, es wolle lediglich die derogierende Anwendung der lex posterior-Regel des nationalen Rechts auf das Gemeinschaftsrecht zurückweisen. Diese Auslegung ist beim derzeitigen Stand der Rechtsprechung nicht mehr möglich.

[110] Bd. XV, S. 1 ff. (14).

Als Begründung dient dem EGH der Hinweis, eine andere Lösung würde dem Wesen der Gemeinschaften als einer eigenständigen Rechtsordnung widersprechen. „Wortlaut und Geist des Vertrages haben zur Folge, daß es den Staaten unmöglich ist, gegen eine von ihnen auf der Grundlage der Gegenseitigkeit angenommenen Rechtsordnung nachträglich einseitige Maßnahmen ins Feld zu führen. Solche Maßnahmen stehen der Anwendbarkeit der Gemeinschaftsrechtsordnung daher nicht entgegen[111].“ Die Möglichkeit solcher einseitiger Maßnahmen durch die Mitgliedstaaten würde die praktische Wirksamkeit des Vertrages und der auf ihm beruhenden Maßnahmen beeinträchtigen und die Verwirklichung der Vertragsziele gefährden, da das Gemeinschaftsrecht aufgrund der verschiedenen nationalen Rechtsakte von Staat zu Staat verschieden ausgeformt wäre. Dies widerspreche aber dem Grundsatz eines *Gemeinschaftsrechts*[112], das nur über den Vorrang dieses Rechts gewährleistet sei.

Unabhängig von der Verpflichtung der Mitgliedstaaten, ihr dem Gemeinschaftsrecht zuwiderlaufendes nationales Recht zu ändern, ist demnach unmittelbar geltendes Gemeinschaftsrecht[113] geeignet, entgegenstehendes nationales Recht wirkungslos zu machen.

2. Der Gerichtshof nimmt dabei keine Rücksicht auf die unterschiedliche Verfassungslage der Mitgliedstaaten[114].

Die niederländische Verfassung räumt völkerrechtlichen Verträgen, die „self-executing“ sind, generell den Vorrang vor nachfolgenden nationalen Gesetzen ein (Art. 65—67)[115].

Das gleiche Ergebnis erzielt die Rechtsprechung in Luxemburg, ohne daß dort die Verfassung eine entsprechende Regel enthielte[116].

In Frankreich knüpft die Diskussion an Art. 55 der Verfassung vom 4. 10. 1958[117] an. Das Hauptproblem liegt dort aber in dem ganz

---

[111] Bd. X, S. 1269 f.

[112] Bd. V, S. 14; X, S. 1270.

[113] Zu den Voraussetzungen der unmittelbaren Geltung vgl. oben, S. 160 f.

[114] Vgl. entspr. Hinweise bei GA *Roemer*, EGH Bd. X, S. 47 f.

[115] *F. Münch*, DÖV 1962, S. 650, unter Verweis auf Art. 63, 67 Abs. 2 der niederl. Verfassung; *U. Scheuner*, VVdStL Bd. 23, S. 108 (Diskuss.); *J. Frowein*, AWD 1964, S. 236; *L. J. Constantinesco*, Droit Communautaire et droit constitutionel néerlandais, Rev. Gen. D. J. P. Bd. 73 (1969), S. 378 ff. Leichte Zweifel deutet *L. J. Brinkhorst*, Die niederländische Rechtsprechung zum Gemeinschaftsrecht 1967—1969, EuR 1970, S. 172 ff. (173) an.

[116] Nachweise bei *U. Scheuner*, VVdStRL H. 23, S. 108, FN 1 a; *H. J. Schlochauer*, Archiv VR Bd. 11, FN 95 (S. 21, 27 f.); *J. Frowein*, AWD 1964, S. 236, FN 56.

[117] „Les traités ou accords régulièrement ratifiés ou approuvés ont dès leur publication une autorité supérieure à celle des lois, sous réserve, pour chaque accord ou traité, de son application par l'autre partie.“

allgemeinen Verbot des Richters, Legislativakte zu überprüfen. So kann es bei uneingeschränkter Anwendung dieses Verfassungsprinzips dem Richter verwehrt sein, später erlassene staatliche Gesetze an den Verträgen zu messen[118]. Trotz dieser Gefahr ist der Vorrang überwiegend anerkannt[119]. Eine gewichtige Ausnahme macht allerdings der Conseil d'Etat. Seine Rechtsprechung ist sehr zurückhaltend und weicht nach Möglichkeit dem Problem aus, wobei ihm die Lehre vom acte clair wichtige Hilfestellung leistet[120].

In Italien ist der Streit, der sich an den Art. 10 Abs. 1, Art. 11 it. Verfassung entzündet hatte, noch immer offen[121]. Der italienische Verfassungsgerichtshof hat jedenfalls bisher den Vorrang des Gemeinschaftsrechts nicht anerkannt[122].

Die belgische Verfassung enthält keine entsprechende Bestimmung. Die Gerichtspraxis ist unterschiedlich[123]. Es mehren sich aber die Stimmen, die eine Revision der Verfassung fordern, um so den Erfordernissen des Gemeinschaftsrechts besser gerecht werden zu können[124].

Auch in der Bundesrepublik Deutschland ist die traditionelle Meinung[125], das Gemeinschaftsrecht gelte als transformiertes Recht mit einfachem Gesetzesrang fort, demgegenüber dann die lex-posterior-Regel anwendbar ist, noch nicht überwunden. Soweit die Literatur davon abrückt, besteht noch weitgehende Unsicherheit darüber, wie

---

[118] Vgl. dazu v. a. *M. Gaudet*, a.a.O., S. 31 f.; *M. Zuleeg*, a.a.O., S. 99.

[119] Vgl. *Gaudet*, a.a.O.; *H. J. Schlochauer*, Archiv VR Bd. 11, S. 27 f.; *J. Frowein*, AWD 1964, S. 236, FN 55; *B. Jeanneau*, a.a.O., S. 208, stellt ein allgemeines Völkerrechtsprinzip der „primauté du traité international sur la loi interne" dar.

[120] Vgl. insbesondere *M. Fromont*, Die französische Rspr. zum Gemeinschaftsrecht, EuR 1970, S. 48 ff. (53 f.).

[121] Vgl. zum Stand *M. Zuleeg*, a.a.O., S. 110 f.; *G. Panico*, L'art. 11 della Constituzione Italiana come fondamenta della rilevanza interna della sfera di competenza delle Communità Europée, Riv. Dir. Eur., 1969, S. 217 ff.

[122] *A. Pappalardo*, Die ital. Rspr. zum Gemeinschaftsrecht, EuR 1970, S. 339 ff. (341) weist auf eine neuere Entscheidung des VerfGH hin, in der die Frage des Vorranges wiederum offenbleibt. In seinem Urteil vom 24. 2. 1964, Il Foro Italiano 1964 I, S. 465 ff., hatte der VerfGH späterem nationalen Recht den Vorrang vor dem Ratifikationsgesetz eingeräumt (ablehnend: *C. Piola-Caselli*, AWD, 1964, S. 219 ff. — er fordert (S. 221) die Gleichstellung mit nationalem Verfassungsrecht — und *N. Catalano*, Manuel de Droit des Communautés Européennes, S. 160).

[123] Vgl. *R. Joliet*, Die belgische Rechtsprechung zum Gemeinschaftsrecht, EuR 1970, S. 267 ff. (v. a. 268—270), unter Hinweis auf das Friedensgericht Antwerpen v. 24. 12. 1968, das den Argumentationen des EGH weit entgegenkommt, sowie das gegenläufige Urteil des Appelationsgerichts Brüssel v. 4. 3. 1970. Letzteres ist in EuR 70, S. 345 mit einer Anm. von *G. Bebr* abgedruckt.

[124] Vgl. Hinweise bei *G. v. d. Meersch*, in *v. Dijk* u. a., a.a.O.

[125] Nachweise v. a. bei *H. J. Schlochauer*, Archiv VR Bd. 11, S. 27 (FN 116); *H. P. Ipsen - G. Nicolaysen*, NJW 1964, S. 342 FN 4.

und in welchem Umfang der Vorrang des Gemeinschaftsrechts zu begründen sei[126]. F. Münch versucht, den Vorrang aus Art. 25 GG abzuleiten[127]. Überwiegend beruft sich die Literatur auf Art. 24 GG[128].

Daneben finden sich zahlreiche weitere Erklärungsansätze[129]. Das Problem ist so auch im deutschen Recht keineswegs gelöst[130].

Auf all diese Fragen geht der EGH nicht ein. Er vertraut offenbar auf die Verpflichtung der Mitgliedstaaten, ihr Verfassungsrecht gemeinschaftskonform auszugestalten.

Dem wird aber gerade entgegengehalten[131], die Gemeinschaften seien zu einem „mitgliedstaatsfreundlichen Verhalten" verpflichtet, was den Respekt der Grundprinzipien der Verfassungen der Mitgliedstaaten mitumfaßt[132].

Eine solche Pflicht reicht nicht so weit, daß die Existenz der Gemeinschaften aufs Spiel gesetzt werden müßte. Es ist aber gerade die Frage, ob die Ablehnung des Vorranges diese Folge hätte, wie der EGH annimmt. Es ist nicht von der Hand zu weisen, daß der Grundsatz des

---

[126] Eine erschöpfende Zusammenstellung aller Versuche findet sich bei *M. Zuleeg*, a.a.O., S. 61 ff.

[127] *F. Münch*, Die Abgrenzung des Rechtsbereiches der supranationalen Gemeinschaft gegenüber dem innerstaatl. Recht, Berichte der Deutschen Gesellschaft für Völkerrecht, Heft 2, Karlsruhe 1958, S. 73 ff. (81).

[128] *J. Frowein*, AWD 1964, S. 233 ff. (237); *H. P. Ipsen - G. Nicolaysen*, NJW 1964, S. 342; *E. Steindorff*, 1964, S. 58, wobei er eine Art bundesstaatlicher Struktur ins Auge faßt.
Auch *M. Zuleeg* wählt a.a.O., S. 110, Art. 24 GG als Ausgangspunkt, der aber in dieser Frage erst richterlicher Fortbildung durch das BVerfG bedürfe (vgl. auch sein präzise formuliertes Ergebnis S. 168 f.).

[129] Die Regel, Bundesrecht bricht Landesrecht, wenden analog u. a. die bei *H. J. Schlochauer*, ArchivVR, Bd. 11, S. 27 FN 117 zitierten Autoren an; vgl. dazu noch: *C. Alder*, a.a.O., S. 3 ff.; Nachweis für Stimmen, die einen automatischen Vorrang des Gemeinschaftsrechts annehmen, bei *H. J. Schlochauer*, a.a.O., FN 118 und *W. Much*, a.a.O., S. 22. — *E. W. Fuß* deutet in DÖV 1964, S. 587, die Möglichkeit an, aufgrund der Rechtsprechung des EGH u. a. Faktoren von einem gewohnheitsrechtlichen Vorrang des Gemeinschaftsrechts zu sprechen.

[130] Vgl. die jüngste, sehr kritische Äußerung hierzu — allerdings in ausdrücklicher Beschränkung auf den Konflikt nationalen Rechts mit sekundärem Gemeinschaftsrecht — von *H. H. Rupp*, NJW 1970, S. 353 ff. (356 ff.). Angesichts der neueren Rechtsprechung des EGH wird *Rupp* aber nicht mehr von einem „obiter dictum" sprechen können (S. 356); der Vorwurf des Wunschdenkens bleibt.

[131] *K. Zweigert*, in *v. Dijk*, a.a.O., S. 135 ff. (194), der diesen Einwand allerdings nicht gegen den grundsätzlichen Vorrang des Gemeinschaftsrechts erhebt, sondern hierin nur seine Begrenzungen sieht.

[132] Eine solche Verpflichtung klingt auch bei GA *Roemer* an, Bd. VI, S. 730, wo er zum Ausgleich für zahlreiche Sonderpflichten der Mitgliedstaaten aus dem Charakter der Verträge von einem „Grundsatz der besonderen Achtung vor den Rechten der Mitgliedstaaten" spricht.

Vorranges den Gemeinschaften zwar *förderlich*, keinesfalls aber lebensnotwendig für sie ist[133]. Die schlichte mehrfache Wiederholung des Argumentes durch den EGH erscheint jedenfalls nicht dazu geeignet, den schwierigen Beweis zu erbringen. Solange die Mitgliedstaaten ihre nationalen Verfassungen nicht entsprechend geändert haben, gibt der Grundsatz des Vorranges dem EGH eine treffliche Waffe in die Hand: der einzelne ist vor *nationalen* Gerichten so zu behandeln, „als ob das staatliche Recht bereits geändert wäre“[134]. Das Urteil des Friedensgerichts Mailand vom 4. 5. 1966[135], das den Rechtsstreit Costa / ENEL um das italienische Gesetz Nr. 1643 abschloß und nach den Entscheidungen des italienischen Verfassungsgerichtshofs vom 24. 2. 1964 und der Entscheidung Nr. 6/64 des EGH erging, wich von der Auffassung des italienischen Verfassungsgerichtshofs ab, der eine Nichtübereinstimmung von nationalem Recht und Gemeinschaftsrecht vom innerstaatlichen Gesichtspunkt aus für unschädlich hielt. Das Friedensgericht Mailand führt demgegenüber aus: „Aufgrund dieses Urteils (Nr. 6/64 des EGH, Verf.) ist es ausgeschlossen, im vorliegenden Fall die Auffassung zu vertreten, das Gesetz Nr. 1643 vom 6. 12. 1962 gehe, weil es später erlassen sei, dem Zustimmungsgesetz zum EWG-Vertrag vor ... Das Gericht geht daher davon aus, daß das Gesetz Nr. 1643 vom 6. 12. 1962 und seine Ausführungsdekrete aufgrund von Art. 37 EWGV im vorliegenden Fall keine Rechtswirkungen äußern können[136].“

Den Zweifeln des Tribunale Turin über die Vorrangigkeit des auf den Verträgen beruhenden Gemeinschaftsrechts vor nationalem Recht, die es zu einer Vorlage an den ital. VerfGH bewogen, setzte der EGH[137] entschieden den Hinweis auf die Ratifikationsurkunden entgegen, durch die „sich die Mitgliedstaaten in gleicher Weise verpflichtet haben“ und so „zu den gleichen Bedingungen endgültig und ohne andere Vorbehalte als die in den Zusatzprotokollen zum Ausdruck gebrachten beigetreten sind“ und wies so den Antrag der Klägerin (ital. Aktiengesellschaft) auf Aussetzung des Rechtsstreits wegen der „absoluten Verbindlichkeit des zu erwartenden Urteils des Verfassungsgerichtshofs“ ab.

[133] Zutreffend *M. Zuleeg*, a.a.O., S. 117.

[134] GA *J. Gand*, EGH Bd. XIV, S. 237 ff. (240 f.: „logische Folge des Vorranges der Gemeinschaftsrechtsordnung“).

Vgl. auch EGH Bd. XII, S. 257 ff. (266): Kommt ein Staat den Verpflichtungen des Art. 95 Abs. 3 nicht in der dort vorgesehenen Zeit nach, so „braucht der nationale Richter gegebenenfalls nur festzustellen, daß die Vollzugsmaßnahmen zu den angegriffenen innerstaatl. Vorschriften“ nach dieser Frist getroffen worden sind, „um sodann Abs. 1 (des Art. 95) in jedem Falle unmittelbar anwenden zu können“.

[135] EuR 1966, S. 360 ff.

[136] EuR 1966, S. 361.

[137] Beschluß in Bd. XIII, S. 37 ff. (38).

Die Begründung gipfelt auch hier in dem Satz, eine andere Entscheidung würde die Gemeinschaft „jeder Substanz berauben"[138].

So klar und eindeutig der Anspruch des EGH erscheint, so wenig ist er es in Wirklichkeit: Eine ganze Reihe von Zweifelsfragen bleiben, die hier nicht zu klären sind, aber doch bei der Darstellung der Rechtsprechung aufgezeigt werden müssen:

— Ein Normkonflikt kann auf verschiedenen Ebenen auftreten[139].

  Es wäre zu präzisieren, was der EGH unter „Gemeinschaftsrecht" versteht, ob er die Formulierung „Vertrag und der zu seiner Anwendung getroffenen Maßnahmen"[140] so umfassend versteht wie der Wortlaut andeutet, so daß jeglicher Gemeinschaftsrechtsakt — soweit ihm überhaupt Verbindlichkeit zukommt — dem nationalen Recht vorgeht.

— Ebenso bleibt unklar, welchem nationalen Recht im einzelnen das Gemeinschaftsrecht vorgehen soll, ob also vom nationalen Verfassungsrecht bis hin zur Rechtsanwendung im Einzelfall die gesamte materielle Rechtsordnung zur Disposition der supranationalen Rechtsetzungsorgane stehen soll.

— Ferner findet sich kein Anhaltspunkt für die Beantwortung der Frage, ob nicht wenigstens Abstufungen in der Kollisionsregelung anzubringen sind, die es nur besonders qualifizierten Normen ermöglichten, einzelstaatliche Gesetze oder gar Verfassungen zu beeinflussen.

— Unklar ist auch die Wirkung des beanspruchten Vorrangs: Soll er lediglich eine Einzelfallverdrängung zur Folge haben[141], oder wird er als echte Kollisionsnorm mit der Folge der Nichtigkeit des entgegengesetzten Rechts verbunden[142]?

— Daß dem EGH im übrigen die prozessuale Zuständigkeit zur Entscheidung einer Kollision abgesprochen wird, sei lediglich angemerkt[143].

Auf alle diese Fragen steht eine definitive Antwort noch aus. Sollte der EGH sie im Sinne eines „Gemeinschaftsrigorismus" beantworten, so wäre zu wünschen, daß er in der Lage ist, eine andere Begründung

---

[138] Die Wiederholung vermag die Begründung nicht zu liefern. Vgl. die angeführten — zutreffenden — Einwendungen *Zuleegs*.

[139] Vgl. zu diesem Problemkreis eingehend *H. W. Daig*, EuR 1970, S. 1 ff. (S. 11 ff.).

[140] Bd. XV, S. 1 ff. (14).

[141] So *M. Zuleeg*, a.a.O., S. 135, 140 ff.; *E. J. Mestmäcker*, a.a.O., S. 80; so offenbar auch das oben zitierte Friedensgericht Mailand.

[142] Vgl. etwa *G. Meier*, AWD 1968, S. 205 ff. (210).

[143] Vgl. *H. H. Rupp*, NJW 1970, S. 358.

zu finden als die Notwendigkeit für die Gemeinschaftsrechtsordnung. Diese Argumentation, die im übrigen kaum einsichtig gemacht werden kann, könnte nämlich leicht für die Gemeinschaften verhängnisvoll werden und den rechtlichen Vorwand für ihr endgültiges politisches Ende abgeben — wenn sich nämlich herausstellen würde, daß ein Ratifikationsgesetz, das es supranationalen Instanzen in so weitem Maße an die Hand gibt, nationale Gesetze und Verfassungen zu ändern, verfassungswidrig ist[144]. Die „Notwendigkeit für das Funktionieren der Gemeinschaft" würde so ihr Totengräber.

V. Der Grundsatz der begrenzten Zuständigkeit

„Der Vertrag beruht auf einer Souveränitätsbeschränkung der Mitgliedstaaten zugunsten supranationaler Organe und zu einem festumrissenen Zweck, nämlich zur Errichtung eines gemeinsamen Marktes für Kohle und Stahl. Der den Vertrag beherrschende Rechtsgrundsatz ist der der *begrenzten* Zuständigkeit. Es handelt sich dabei um eine Ausgestaltung des im öffentlichen Recht geläufigen Grundsatzes der Spezialität[145]."

Für den Montanvertrag liegt der Charakter der Teilintegration auf der Hand. Angestrebt ist ein gemeinsamer Markt für Kohle und Stahl, nicht mehr. Nur zu diesem Zweck wurde auf Souveränitätsrechte zugunsten der supranationalen Organe verzichtet[146]. Eingriffe in den den Mitgliedstaaten verbleibenden Raum läßt der EGH nicht zu: „Nach dem Vertrag gehören bestimmte Sachgebiete der Wirtschaft der Mitgliedstaaten nicht zum Bereich der Gemeinschaft und sind daher auch nicht der Hoheitsgewalt der Hohen Behörde unterstellt. Dies gilt ganz allgemein für jede wirtschaftliche Betätigung, die der Vertrag nicht der Zuständigkeit der Gemeinschaft unterworfen hat"[147].

---

[144] Dies wäre zumindest für Deutschland und Italien zu befürchten; vgl. *H. H. Rupp*, NJW 1970, S. 118.

[145] GA *Lagrange*, Bd. III, S. 167; EGH Bd. VI, S. 411; Art. 5 EGKSV, 3 EWGV, 2 EAGV grundsätzlich; für die Hohe Behörde in Art. 8, die Kommission in Art. 189 EWGV und 161 EAGV, für die gemeinsame Versammlung in Art. 20 EGKSV, 137 EWGV, 107 EAGV, für den Ministerrat in Art. 26 EGKSV, 189 EWGV, Art. 161 EAGV und für den EGH in Art. 31 EGKSV, 164 EWGV und 136 EAGV (Art. 189 ist ungenau übersetzt! Im frz. Text vgl.: ...„*et* dans les conditions prévues"...).

[146] Die Kompetenz der Staaten bleibt „in den übrigen Bereichen wie Steuerwesen, Sozialversicherung usw.... sowie im Bereich der allgemeinen Wirtschafts- und Sozialpolitik erhalten" (GA *Lagrange*, Bd. VII, S. 84).

[147] EGH Bd. VII, S. 48; der Gerichtshof nennt insbesondere die Steuer- und Sozialpolitik (S. 49).

Mit dieser Begründung wehrt der EGH vor allem Eingriffe in die Verkehrspolitik[148] und die allgemeine Wirtschaftspolitik[149] der Mitglieder ab. Weil die Mitgliedstaaten „gewisse Hoheitsrechte" zurückbehalten haben, „bleiben die in den Gebieten dieser Staaten gelegenen Montanunternehmen verschiedenartigen Gesetzgebungen und Regelungen unterworfen, deren unterschiedliche Inhalte dazu führen können, daß die Montanindustrie einzelner Mitgliedstaaten im Vergleich zu derjenigen anderer Mitgliedstaaten oder zu den anderen Industrien desselben Staates bevorzugt oder benachteiligt wird"[150]. Dieser Zustand ist die „notwendige und legitime Folge des Teilcharakters der vom Vertrag vollzogenen Integration"[150].

Eine so klare Position bezieht der Gerichtshof allerdings nur für den Zusammenschluß im Montanbereich. Hier liegt die Begrenzung — sachlich faßbar und umschreibbar — auf der Hand. Die Integrationswirkung der römischen Verträge aber reicht weiter — zumindest in ihren Zielen. Auch sie beruht freilich auf einem *freiwilligen* Souveränitätsverzicht der Mitgliedstaaten; auch sie überträgt keineswegs *alle* Kompetenzen nach Brüssel: Sie bleibt Teilintegration wie der Montanvertrag. Nur sind hier die Grenzen schwerer abzustecken als bei jenem[151], da sie vom beschränkten Ziel auf die begrenzten Mittel zur Erreichung des weitgespannten, umfassenden Zieles verlagert sind. Es ist ein Streit um Worte, ob auch diese gewandelte Situation die Charakterisierung als „Teilintegration" verdient. Aus der Rechtsprechung des Gerichtshofs jedenfalls lassen sich hierfür keine auch nur annähernd deutlichen Hinweise gewinnen, obgleich in der Sache kaum Zweifel darüber bestehen kann, daß das Prinzip der begrenzten Zuständigkeit auch für den EWGV gültig sein muß.

---

[148] Bd. VI, S. 411: Der Vertrag sieht nur „eine sehr beschränkte Integration des Verkehrswesens" vor. Aus diesem Grunde weist er bei Auslegung des Art. 70 EGKSV die Heranziehung der amerikanischen Praxis der „Interstate Commerce Act" ab, weil diese Praxis eine umfassende und viel weitergehende Kontrollmöglichkeit der Beförderungstarife sowie eine echte Verkehrspolitik auf Bundesebene voraussetzt, die der Hohen Behörde aber in keiner Weise zustehen.

[149] EGH Bd. VII, S. 48: Daß der Vertrag den Mitgliedstaaten die Verantwortung für ihre allgemeine Wirtschaftspolitik nicht entzogen hat, ergibt sich aus Art. 26 des Vertrages, wonach es dem Rat obliegt, die Tätigkeit der Hohen Behörde und der für die allgemeine Wirtschaftspolitik ihrer Länder verantwortlichen Regierungen aufeinander abzustimmen. EGH Bd. VI, S. 540: Aufgrund des Charakters als Teilintegration ist die Hohe Behörde „nicht in der Lage, alle tatsächlichen Umstände zu würdigen, von denen eine regionale Wirtschaftspolitik abhängt". Sie ist auch nicht dazu befugt, „ihr Handeln an einer solchen Politik auszurichten".

[150] EGH, Bd. VII, S. 50.

[151] Auch der EWGV erfaßt überdies nicht alle Bereiche nationalen Wirtschaftens. So bleibt z. B. die Währungspolitik Sache der Mitgliedstaaten. Zu den Erörterungen, inwieweit in diesem Zusammenhang den Gemeinschaftsorganen Befugnisse zukommen, vgl. die Entscheidung in Bd. XVI, S. 539 f.

So klar im übrigen die grundsätzliche Position zum Montanvertrag zu sein scheint, bei näherer Betrachtung verwischen auch hier die Grenzen: Der Gebrauch der zurückbehaltenen Hoheitsrechte kann fühlbare Auswirkungen auch auf die Wettbewerbsbedingungen in der Kohle- und Stahlindustrie haben. Da die Hohe Behörde aber die Ursachen dieser Beeinträchtigungen hinnehmen muß, gesteht ihr der EGH die Befugnis zu, „wenigstens ihre Auswirkungen zu neutralisieren oder abzuschwächen, wenn man den gemeinsamen Markt in seinem Bestand sichern wollte“[152]. Diese „Bestandssicherung“ greift dann selbst hinüber in den zurückbehaltenen Hoheitsraum der Mitgliedstaaten und verwehrt es den Staaten — obgleich ihnen die Befugnis zur allgemeinen Verkehrspolitik unstreitig verbleibt —, die Kohle- und Stahlindustrie in eine „etwaige industrielle Standortpolitik“ einzubeziehen oder ihre bisherige Subventionspraxis im Montanbereich fortzusetzen. Wäre nämlich den sechs Mitgliedstaaten eine solche Zuständigkeit belassen worden, „so könnte sie dazu führen, die Verwirklichung des gemeinsamen Marktes zu vereiteln, insbesondere wegen der unterschiedlichen Grundsätze, nach denen die einzelnen Staaten ihre allgemeine Verkehrspolitik betreiben“[153]. Es ist vielmehr den Gemeinschaftsorganen möglich, ihrerseits in den Hoheitsraum der Staaten aktiv einzuwirken, wobei derartige Eingriffe lediglich auf „diejenigen Maßnahmen beschränkt werden müssen, die erforderlich sind, um zu verhindern, daß infolge der Eigenständigkeit dieses Wirtschaftszweiges (gemeint ist das Verkehrswesen, Verf.) die Erreichung der Vertragsziele vereitelt werde“[154].

Effiziente Verwirklichung der Vertragszwecke[155] gibt auch hier das Leitmotiv der Rechtsprechung. Die im Ausgang klare Kompetenzabgrenzung bleibt demgegenüber zurück. Inwieweit dabei der EGH seine Befugnis zur Auslegung der vertraglichen Kompetenznormen überschreitet, soll hier nicht näher untersucht werden[156].

---

[152] EGH Bd. VII, S. 49.

[153] EGH Bd. VI, S. 413, 504.

[154] EGH Bd. VI, S. 502, 538.

[155] Zur Problematik solcher „Zielerreichungseffizienz“ vgl. W. *Leisner*, Effizienz als Rechtsprinzip, Tübingen 1971 (Recht und Staat, H. 402/3).

[156] Auslegungsgrundsätze wurden oben, S. 51 ausdrücklich von der Darstellung ausgenommen.

Zu diesen Problemkreisen vgl. v. a. *G. Nicolaysen*, EuR 1968, S. 129 ff.; *R.-M. Chevallier*, Common Market L. Rev. 1964/5, S. 21 ff., sowie die bei *C. Alder*, a.a.O., S. 146, FN 3 aufgeführten Autoren.

VI. Der Grundsatz der Gemeinschaftspräferenz

Eine bewußte Einschränkung des Grundsatzes des Diskriminierungsverbots, die den Gemeinschaften auch den Vorwurf eingetragen hat, den alten Protektionismus lediglich auf einer höheren Ebene fortzuführen, liegt in dem Rechtsgrundsatz der sowohl kommerziellen wie finanziellen Präferenz der Gemeinschaften, der dem innergemeinschaftlichen Handel den Vorrang vor Drittländereinfuhren sichern soll. Auch dieses Prinzip liefert einen im Einzelfall bei der Prüfung von Durchführungsvorschriften anwendbaren Rechtsgrundsatz.

Der EGH verlangte bei der Überprüfung von Vorschriften zur gemeinsamen Organisation der Agrarmärkte[157], der Rat müsse bei der gebotenen Abwägung der Interessen der Verbraucher und mit denen der Landwirte dem Prinzip der Gemeinschaftspräferenz, das er als einen wichtigen Vertragsgrundsatz ansieht und der im Bereich der Landwirtschaft in Art. 44 Abs. 2 EWGV Ausdruck gefunden hat, Rechnung tragen.

Das Prinzip stand in einem späteren Rechtsstreit[158] erneut im Mittelpunkt. Gegen eine Vorschrift der Getreidemarktorganisation wurde die Verletzung der Gemeinschaftspräferenz damit begründet, die Regelung für Einfuhren aus Drittländern sähen — bezüglich des für die Abschöpfung anzuwendenden Zeitpunktes — Klauseln für Verzögerungen infolge höherer Gewalt (Eisgang etc.) vor, für den Binnenverkehr jedoch nicht[159].

Im Verlauf dieses Rechtsstreites wurden verschiedene Vorstellungen vom Inhalt dieses Grundsatzes sichtbar: Die Klägerin stellte sich auf den Standpunkt, die Regelung des innergemeinschaftlichen Warenaustausches müsse in „allen Einzelheiten spiegelbildlich der des Handels mit dritten Ländern entsprechen, dabei aber jeweils vorteilhafter als diese sein". Die beklagte Kommission vertrat demgegenüber die Auffassung, es genüge, wenn sich bei einem Vergleich beider Regelungen ergibt, daß „im Ganzen dem Handel zwischen Mitgliedstaaten der Vorrang vor dem Warenverkehr mit dritten Ländern eingeräumt worden sei"[160].

---

[157] EGH Bd. XIV, S. 147.

[158] EGH Bd. XVI, S. 467 f.

[159] Insofern machte die Klägerin geltend, im Innergemeinschaftsverkehr wegen Eisbehinderungen später als vorgesehen geliefert zu haben und so — infolge von zwischenzeitlichen Preisschwankungen — zur Zahlung höherer Abschöpfungen gezwungen gewesen zu sein.

[160] Bd. XVI, S. 472.
GA *Roemer* geht auf den Streit der von ihm als „Saldotheorie" und „Spiegelbildtheorie" bezeichneten Auffassungen nicht näher ein, hält aber doch im Ganzen eine Beeinträchtigung nicht für gegeben (S. 483).

Ohne auf diesen Streit ausdrücklich einzugehen, wies der EGH eine Verletzung des Präferenzprinzips in der Hauptsache mit der Begründung zurück, „die Abschöpfungsbeträge hätten im innergemeinschaftlichen Verkehr auch nicht annähernd die gleiche Bedeutung wie bei Drittländereinfuhren. Er folgt damit erkennbar der sog. „Saldotheorie“, die auch allein sachgerecht ist.

Der Grundsatz der Gemeinschaftspräferenz dient nach Auffassung der Literatur nicht nur einer gleichmäßigen Protektion des Gemeinschaftshandels nach außen, sondern er verbietet darüber hinaus jede Bevorzugung ausländischer Produktion zum Nachteil der innergemeinschaftlichen Produktion[161]. Der EGH hat sich mit diesem Aspekt bisher nicht unmittelbar befaßt. Aus seiner Rechtsprechung zur Freiheit des Handels wird jedoch klar, daß er der gleichen Auffassung ist. In der Streitfrage, ob auch Drittländerprodukte, die ordnungsgemäß in den Bereich eines Mitgliedstaates eingeführt worden sind, die Handelsfreiheit inländischer Produkte genießen, hat sich die Rechtsprechung für die umfassende Handelsfreiheit entschieden[162]. Generalanwalt Roemer begründet das für den Montanbereich mit dem richtigen Hinweis darauf, angestrebt sei keine Freihandelszone (in der auf den *Ursprung* einer Ware abzustellen ist), sondern eine Zollunion[163]. Der Unterschied wird in der Verletzung dieses Rechts deutlich: Während der gemeinschaftsinterne Produzent sich auf die Verletzung seiner Rechte berufen kann, ist diese Möglichkeit dem Produzenten in Drittländern nicht gegeben: Der Vorteil für seine in den Bereich der Gemeinschaften importierten Waren ist „nur eine Reflexwirkung der Garantie, die der Vertrag den in den Gemeinschaften hergestellten Erzeugnissen gewähren wollte“[164] und die er mit Rücksicht auf die Einheit jeder der europäischen Gemeinschaften auf alle dort zirkulierenden Waren anwenden mußte[165].

---

[161] *N. Catalano*, a.a.O., S. 335.

[162] EGH Bd. VII, S. 466 f.; vgl. die Begründung von GA *Roemer*, S. 497 ff. (502).

[163] Bd. VII, S. 497 ff. (500).

[164] EGH Bd. VII, S. 467: „Der Grundsatz des freien Handelsverkehrs wurde vor allem im Interesse der Produktion der Gemeinschaft aufgestellt. Wenn er überdies auf ordnungsgemäß eingeführte Waren aus dritten Ländern erstreckt worden ist, so geschah dies nicht zum Schutze *dieser* Waren oder ihrer Erzeuger, sondern um zu vermeiden, daß durch eine Behinderung des freien Verkehrs dieser Waren zugleich der freie Verkehr von Erzeugnissen der Gemeinschaft selbst in tatsächlicher Hinsicht verringert oder beeinträchtigt werde“.

[165] EGH a.a.O., S. 466.

Zusammenfassung

Mit der Ausformung der dargestellten ungeschriebenen Gemeinschaftsrechtsprinzipien hat der EGH erste Ansätze dazu gemacht, die Verfassungsstrukturen des Gemeinschaftsrechts zu erfassen und dieses neue Recht in die bestehende Ordnung von nationalem Recht und Völkerrecht zu integrieren. Dieser Prozeß ist aber noch nicht abgeschlossen. Die nationalen Widerstände gegen eine gemeinschaftsfreundliche Lösung sind nicht so leicht zu brechen. Darüber hinaus bleibt auch der Anspruch des Gerichtshofs vielfach noch unklar: Die rechtliche Bedeutung der Eigenständigkeit der Gemeinschaftsrechtsordnung ist noch nicht zweifelsfrei zu ermessen; das Prinzip der unmittelbaren Wirkung des Gemeinschaftsrechts ermöglicht Eingriffe gegen einzelne, ohne diesen auch ihren nationalen Rechtsschutz-Standard zu gewährleisten; *diese* Reibungsfläche zwischen nationalem und Gemeinschaftsrecht kann auch über das Dogma vom Vorrang der Gemeinschaftsrechtsordnung nicht entschärft werden, dessen Notwendigkeit, Zulässigkeit und Umfang zudem keineswegs außer Frage steht.

Bewegt sich die Rechtsprechung bei der Anwendung der aus dem Recht der Mitgliedstaaten entlehnten allgemeinen Rechtsgrundsätze in ausgefahrenen und bewährten Bahnen, so kann dies bei den dargestellten Gemeinschaftsprinzipien nicht gesagt werden: Hier stehen Rechtsprechung und Literatur erst am Beginn einer Aufgabe, deren Lösung für die Existenz und Fortentwicklung des Gemeinschaftsrechts von höchster Bedeutung sind.

Gerade deshalb erscheint es als besonders gefährlich, daß der EGH — trotz mehrfacher Kritik — daran festhält, selbst zentrale Rechtsfragen lediglich mit der formelhaften Wiederholung von Rechtsbehauptungen oder bestenfalls mit einem lapidaren und unspezifizierten Hinweis auf die gemeinschaftsrechtliche Notwendigkeit zu begründen. Von den Schwierigkeiten, die der Integration auch bei gemeinschaftsfreundlicher, aber doch rechtsstaatlich verpflichteter Gesinnung im nationalen Raum entgegenstehen, nimmt das Gericht nicht erkennbar Notiz. Mag es dem EGH auch unmöglich sein, der unterschiedlichen Rechtslage in den Mitgliedstaaten jeweils gerecht zu werden, mag das vielleicht im Interesse der europäischen Einigung nicht einmal erstrebenswert sein — trotz alledem wäre es zu begrüßen, wenn das Gericht in seinen Urteilen mehr zum Ausdruck brächte, daß es sich der enormen Schwierigkeiten in den Mitgliedstaaten vollauf bewußt ist, daß ihm aber trotzdem nur der eingeschlagene Weg bleibt.

Seine Einflußnahme auf die — primäre — europäische Einigungs*politik* würde der EGH zwar auch so nicht steigern können, wohl aber die Überzeugungswirkung für nationale *Rechtsanwendungs*organe.

Fährt der EGH wie bisher fort, seine formelhafte Begründung — selbst im Wortlaut unverändert — wiederzugeben, so bleibt der Eindruck, der Gerichtshof schwebe in eitler Selbstgenügsamkeit über den Wolken und verkenne, daß er auf die rechtliche Solidarität mit den Organen der Mitgliedstaaten zumindest faktisch angewiesen ist. Die Erfordernisse der Realität aber sollte ein Gericht nie außer acht lassen.

DRITTER TEIL

Die Stellung der allgemeinen Rechtsgrundsätze unter den Quellen des Gemeinschaftsrechts

Nachdem im vorhergehenden Teil ein Überblick über die Verwendung materiellrechtlicher allgemeiner Rechtsgrundsätze gegeben wurde, steht nun die Frage im Vordergrund, ob und in welchem Umfange der Gerichtshof zu ihrer Verwendung überhaupt berechtigt ist. Die Schwierigkeit liegt darin, daß die Verträge selbst das anwendbare Recht — dessen Wahrung der Gerichtshof zu garantieren hat — nicht näher umschreiben[1], sowie in der Lückenhaftigkeit der Gemeinschaftsrechtsordnung.

Auch der Hinweis auf die Dynamik der Gemeinschaften kann nicht helfen: Es wäre zu optimistisch, zu glauben, allein aus der Tatsache der Ratifikation der Verträge sowie der Einigung der Sechs in einer Gemeinschaft würden „notwendig" neue Rechtsregeln entstehen[2]. Die Herkunft solcher Rechtsregeln ist jeweils genauestens zu prüfen. Die Feststellung ihrer Notwendigkeit allein (aus dem lückenhaften Charakter der Gemeinschaftsrechtsordnung) genügt nicht.

Ohne Zweifel hat der EGH zunächst die Beachtung der Verträge zu überwachen. Damit ist er auch zur Anwendung derjenigen allgemeinen Rechtsgrundsätze befugt, die in den Verträgen selbst umschrieben sind[3] (z. B.: Diskriminierungsverbot) oder auf die sie ausdrücklich weiterverweisen[4], wobei allerdings der Umfang einer solchen Verweisung und ihr konkreter Inhalt im Dunkel bleiben. Problematisch ist bereits die Berechtigung zur Ableitung allgemeiner Rechtsgrundsätze des

---

[1] Vgl. Art. 31 EGKSV, 164 EWGV und 136 EAGV.

[2] So aber *F. Dumon*, La formation de la règle de droit dans les Communatés Européennes, Rev. Intern. D. Comp. Bd. XII (1960), S. 75 ff. (76).

[3] So EGH Bd. IV, S. 66, 191, 257, 259, 304, 307, 408, 410, 445, 448, 483, 486, 523, 526 u. v. a.

[4] Art. 215 Abs. 2 EWGV und 188 Abs. 2 EAGV verweisen für die außervertragliche Haftung der Gemeinschaften auf die „allgemeinen Rechtsgrundsätze, die den Rechtsordnungen der Mitgliedstaaten gemeinsam sind".

Gemeinschaftsrecht aus der Natur der Gemeinschaften und ihrer Rechtsordnung[5].

Aus den Vorschriften über die Anfechtungsklage[6] wird klar, daß der Gerichtshof keineswegs auf die Anwendung der Verträge allein beschränkt ist. Er ist vielmehr auch für Klagen wegen Verletzung der bei der Durchführung der Verträge anzuwendenden Rechtsnormen zuständig. Dazu gehört zunächst das in Anwendung der Verträge von den Gemeinschaftsorganen gesetzte „sekundäre Gemeinschaftsrecht" sowie ein sich etwa bildendes Gemeinschaftsgewohnheitsrecht[5].

Der EGH zählt ferner auch die von ihm angewandten allgemeinen Rechtsgrundsätze der Mitgliedstaaten hinzu[7], ohne allerdings die Frage zu berühren, ob solche Rechtsgrundsätze zum Gemeinschaftsgewohnheitsrecht zu rechnen sind oder ob sie eine eigenständige Normengruppe ausmachen. Zweifel daran, mit welcher Berechtigung der EGH bei der Durchführung der eigenständigen Gemeinschaftsrechtsordnung überhaupt auf — wenn auch gemeinsame — nationale Rechtsgrundsätze zurückgreifen kann, finden sich in den Urteilsgründen nicht. Ohne weitergehende Überlegungen beruft sich das Gemeinschaftsgericht schlicht

— auf einen „allgemein anerkannten Rechtsgrundsatz"[8] oder

— auf einen „in den Rechtsordungen der Mitgliedsstaaten anerkannten allgemeinen Rechtsgrundsatz"[9],

wobei diese Hinweise gleichermaßen zur Stützung eines bereits abgeleiteten Ergebnisses wie zur alleinigen Begründung einer Entscheidung dienen.

Auch sonst wird eine Systematik der Begründung nicht sichtbar: Der Gerichtshof verwendet diese Formeln auch bei der Heranziehung allgemeiner Rechtsgrundsätze, die in den Verträgen selbst schon enthalten sind.

---

[5] Art. 33 Abs. 1 EGKSV, 173 Abs. 1 EWGV und 146 Abs. 1 EAGV.

[6] Innerhalb der vertraglichen Zuständigkeitsgrenzen die Ausbildung und Anwendung eines speziell gemeinschaftsbezogenen Gewohnheitsrechts zu untersagen, erschiene in keiner Weise dogmatisch gerechtfertigt. So auch *P. Mathijsen*, a.a.O., S. 103 ff. (zur Begründung beruft er sich auf Seite 104 auch auf Art. 95 Nr. 1 MV); *P. Reuter*, a.a.O., S. 39; *N. Catalano*, a.a.O., S. 114, lehnt ein Europäisches Gewohnheitsrecht nicht prinzipiell, sondern lediglich als noch verfrüht („prématuré") ab. Auch Mathijsen hält es a.a.O. für noch zu früh, um schon von einem ausgeprägten Gewohnheitsrecht der Gemeinschaften sprechen zu können.

[7] EGH Bd. VII, S. 113; Bd. VIII, S. 133. So auch *H. W. Daig*, AöR, Bd. 83, S. 174; *P. Mathijsen*, a.a.O., S. 110; *N. Catalano*, a.a.O., S. 127; S. 125, FN 7: Hinweis auf *Lagrange; A. A.:* vgl. Hinweis bei *N. Catalano*, a.a.O., S. 125, FN 7.

[8] EGH Bd. II, S. 311; X, S. 156; XV, S. 116.

[9] EGH Bd. IV, S. 257, 304, 408, 445, 483, 523; VI, S. 1188; IX, S. 123; XIV, S. 480; XV, S. 51.

Am deutlichsten wird die Vermengung an sich unterschiedlicher Begründungen beim Grundsatz der Gleichheit vor der Wirtschaftsgesetzgebung, den der EGH gleichermaßen als „im Vertrag verankert", „in Art. 3 lit. b EGKSV umschrieben" sowie als „in den Rechtsordnungen der Mitgliedstaaten anerkannt" ansieht[10]. Hier war die Bezugnahme auf das nationale Recht überflüssig und systemwidrig. Sie deutet darauf hin, daß der EGH selbst in den Fällen, in denen ein auch dem Recht der Mitgliedstaaten bekannter allgemeiner Rechtsgrundsatz im Vertrag selbst umschrieben ist, eine Verweisung auf die den nationalen Rechtsordnungen gemeinsame Begrifflichkeit annimmt. Das Gericht ist hierauf zur Auffüllung des Sinngehaltes der Rechtsbegriffe der Verträge in gewissem Umfang auch angewiesen[11]. Demnach wendet der EGH allgemeine Rechtsgrundsätze der Mitgliedstaaten teils als geschriebenes, teils als ungeschriebenes Recht im Gemeinschaftsraum an. Soweit dem Gericht eine Verweisungsnorm nicht zur Seite steht, ist seine Berechtigung dazu nicht zweifelsfrei.

A. Die den Mitgliedstaaten gemeinsamen allgemeinen Rechtsgrundsätze im Gemeinschaftsrecht

Die Rechtsprechung des EGH vermittelt den Eindruck, neben den formalen Rechtsquellen des Gemeinschaftsrechts lägen seine eigentlichen Quellen im nationalen Recht der Mitgliedstaaten[12]. Zumindest deren allgemeine Rechtsgrundsätze werden auch von der Literatur als subsidiäre Rechtsquelle des Gemeinschaftsrechts angesehen[13]. Doch damit ergeben sich schwere Zweifelsfragen darüber, ob dies gerechtfertigt ist (I) und welcher Grad an gemeinsamer Konkretisierung er-

---

[10] Vgl. die Nachweise aus Bd. IV auf S. 268, FN 1.

[11] Vgl. etwa neuerdings die Darlegungen zum Begriff der „höheren Gewalt": GA *Gand*, Bd. XIV, S. 583 ff.; EGH Bd. XIV, S. 574, der aber dann doch — angesichts des verschiedenen Inhalts — auf den Sinn der entsprechenden Gemeinschaftsverordnung abstellt, in der der Begriff der höheren Gewalt verwendet wird; vgl. weiter *P. Reuter*, Le recours de la Cour de Justice des Communautés Européennes à des Principes Généraux de Droit, in: Mélanges offerts à *Henri Rolin*, S. 263 ff. (273 f.: Begriff des Eigenschrotts, des Unternehmens etc.).

[12] So auch: *A. M. Donner*, National Law and the Case Law of the Court of Justice of the European Communities, CMLR 1963, S. 8 ff. (9); *W. Lorenz*, General Principles of Law: Their elaboration in the Court of Justice of the European Communities, AJIL 1964, S. 1 ff. (6).

[13] Vgl. dazu *K. Zweigert*, in *G. v. d. Meersch - M. Waelbroek*, Droit des Communautés Européennes, S. 437 ff. (443, Nr. 1201) mit zahlreichen Nachweisen.

forderlich ist, damit man von gemeinschaftlichen allgemeinen Rechtsgrundsätzen sprechen kann (II).

Die Konstruktion der Gemeinschaftsrechtsordnung als einer eigenständigen Rechtsordnung[14] zwischen nationalem Recht und Völkerrecht steht zunächst einer Verwendung nationalen Rechts im Gemeinschaftsraum entgegen, soweit keine Verweisungsnorm vorliegt.

I. Mit welchem Recht werden diese Grundsätze im Gemeinschaftsrecht angewendet?

1. Die gleiche Frage stellte sich seit langem für das Verhältnis des nationalen Rechts zum Völkerrecht. Dualistische Auffassung, Primat der staatlichen Rechtsordnung sowie die Theorie vom Primat der Völkerrechtsordnung suchten dem Zueinander beider Rechtskreise gerecht zu werden[15]. Eine eindeutig herrschende Meinung war nicht feststellbar. Am ausgeprägtesten hat den dualistischen Standpunkt Heinrich Triepel vertreten: Er begriff Landesrecht und Völkerrecht als zwei verschiedene Rechtsordnungen: „Sie sind zwei Komplexe von Rechtssätzen, jeder einer *anderen* Quelle entstammend als der andere“[16]. Völkerrecht und Landesrecht waren für ihn zwei Kreise, „die sich höchstens berühren, niemals aber schneiden“[17]. Vor allem Kelsen[18] forderte demgegenüber nachdrücklich eine monistische Theorie, da es ohnehin nicht gelingen könne, „die Quelle des Völkerrechts von jener des staatlichen Rechts gänzlich zu isolieren“[19].

Die moderne Völkerrechtslehre hält zwar an der grundsätzlichen Trennung beider Rechtsordnungen fest; sie kommt aber im Ergebnis ganz überwiegend zu vermittelnden Lösungen, indem sie die wechselseitige Durchdringung beider Bereiche als Faktum festhält[20]. Damit ist auch dem Völkerrecht die Möglichkeit des Rückgriffs auf den nationalen Rechtsbereich gegeben. Rechtstechnisch bewältigt die Theorie diese Aufgabe vor allem über

— die Ableitung allgemeiner Rechtsgrundsätze aus der Rechtsidee selbst[21].

---

[14] Vgl. oben, S. 156.

[15] Vgl. *H. Kelsen*, Das Problem der Souveränität und die Theorie des Völkerrechts, S. 120 ff., 151 ff. und 204 ff., jeweils mit zahlreichen Nachweisen.

[16] *H. Triepel*, Völkerrecht und Landesrecht, Leipzig, 1899, S. 156.

[17] a.a.O., S. 111.

[18] a.a.O., S. 123.

[19] a.a.O., S. 134.

[20] Vgl. *K. Vogel*, a.a.O., S. 22 mit zahlreichen Nachweisen, insbesondere auch auf die Formel Cavarés „dualisme, mais interpénétration“.

[21] *Verdross*, RC 1935 II, S. 195 ff. (204); *K. Wolff*, RC 1931 II, S. 479 ff. (498).

Darauf lassen sich auch die Vorstellungen zurückführen, für die allgemeine Rechtsgrundsätze das Medium sind, durch das allgemeine Rechtsgedanken die Grenze zwischen staatlicher und internationaler Rechtsordnung überschreiten können[22]. In diesem „modernen ius gentium" im weitesten Sinn, das sich so aus einer Mischung von Rechtsvergleichung, Generalisierung und Synthese von gemeinsamen Regeln der verschiedensten Rechtsbranchen der einzelnen nationalen Rechtsordnungen ergibt, sieht Lauterpacht zurecht „no more than a modern formulation of the law of nature"[23].

— das Verbot des „non liquet"[24]

— eine Rechtsanalogie[25].

Die Rechtsanalogie stellt dabei keine eigentliche Anleihe im nationalrechtlichen Bereich dar. Die nationalen allgemeinen Rechtsgrundsätze bilden bei diesem Prozeß eher bloßes Material zur Ausbildung eigener Rechtsnormen[26]. Sie sind für den internationalen Richter kein von vorneherein verbindliches Recht, sondern es ist vielmehr erst dieser Rich-

[22] *B. Jeanneau*, a.a.O., S. 213: „Ce n'est que sous la forme de principes genéraux que les normes communes au différentes législations internes et les dispositions du Code civil pourront trouver application respectivement en droit international public et en droit public. Les principes généraux apparaissent ainsi comme l'instrument susceptible de permettre l'adaptation que nécessite la transposition d'une règle de droit d'un système juridique dans un autre". Vgl. auch die bei *M. Sørensen* — a.a.O., S. 149 FN 64 — zitierten Autoren, die die allgemeinen Rechtsgrundsätze wegen ihres universellen Charakters für das Gemeingut aller Rechtsordnungen halten.

[23] International Law, Collected Papers, edited by *E. Lauterpacht*, 1970, S. 74.

[24] Vgl. *S. Rosenne*, The Law ..., Bd. II, S. 608; *W. Lorenz*, AJIL 1964, S. 3; *H. Lauterpacht*, Collected Papers, 1970, S. 243; *C. Parry*, a.a.O., S. 86. — Das Argument, der Richter könne ja in jedem Falle die Klage abweisen, also eine Entscheidung treffen, hat lediglich formalen Wert. Es könnte eine Rechtsverweigerung nur bemänteln, nicht aber den dahingehenden Vorwurf ausräumen.

[25] *M. Sørensen*, a.a.O., S. 127, 149, 150 unter Hinweis auf die überwiegende Praxis des StIG; *L. Siorat*, Le problème des lacunes en Droit International, S. 288, 343 ff. („l'application des principes généraux de droit reconnus par les nations civilisées se fait en vertu d'une règle du droit international général autorisant le juge à raisonner par analogie avec des règles du droit interne" S. 288).

[26] *G. Tunkin*, in: Modernes Völkerrecht, S. 305 ff. (310: Die Prinzipien nationaler Rechtssysteme üben großen Einfluß auf die Völkerrechtsentwicklung aus, können aber keine Völkerrechtsprinzipien sein. Sie können das Material für die Schaffung entsprechender Völkerrechtsprinzipien bilden". Die so entstandenen Völkerrechts-Prinzipien gleichen den nationalen oft sehr, sind aber solche des internationalen Rechts. Darauf deuten auch die bei *S. Rosenne*, The law ..., Bd. II, S. 609/610 zitierten Beispiele aus der Rechtsprechung des IG hin: danach sind die im Völkerrecht angewandten Grundsätze „quite distinct from municipal law", obgleich dieses nationale Recht als Reservoir für internationales Recht fungiert (so a.a.O., S. 609).

ter selbst, der die Norm für den konkreten Fall, und *nur* für diesen, schafft[27].

Während er dabei zunächst vorwiegend auf Grundsätze des Privatrechts zurückgriff[28] — wohl aus der Erwägung, daß das Zivilrecht mit seiner prinzipiellen Gleichordnung der Rechtssubjekte der Koordination der Staaten in der Völkergemeinschaft am ehesten zu vergleichen ist[29] —, traten angesichts eines vorsichtigen Näherrückens der Völkergemeinschaft mehr und mehr auch öffentlich-rechtliche Grundsätze in den Vordergrund[30].

Neben der — sehr streitigen — Frage, ob dem Richter eine so weitgehende Freiheit eingeräumt werden soll[31], bleibt das Unbefriedigende dieser Lösung darin, daß das punktuelle Zurückgreifen auf das Recht einer fremden Rechtsordnung jeweils nur im Einzelfall es verhindert, die dort entlehnten Einsichten in die eigene Rechtsordnung zu integrieren und ihren speziellen Bedürfnissen anzupassen. Im übrigen ist auch die Berechtigung zu einer solchen Rechtsanalogie keineswegs eindeutig, so daß diese Lösung in der Literatur das Problem meist gar nicht wirklich zu lösen vermag. Jaenicke etwa verlangt hierfür erst eine Verweisungsnorm aus Vertrag oder Gewohnheitsrecht[32].

2. Soweit die Literatur zum Gemeinschaftsrecht diese Fragen überhaupt behandelt[33], greift sie bei ihrer Beantwortung überwiegend nicht auf die für das Völkerrecht entwickelten Ansätze zurück[34]. Entspre-

---

[27] *Spiropoulos*, a.a.O., S. 57; *M. Sørensen*, a.a.O., S. 127, 149 f.; *B. Jeannneau*, a.a.O., S. 214: Ob ein Prinzip des nationalen Rechts im internationalen Recht analog angewandt werden darf, kann nicht generell gesagt werden. Diese Frage muß vielmehr in jedem Einzelfall nach der Natur des angesprochenen Prinzips entschieden werden.

[28] Etwa auf die Grundsätze zu Abschluß, Auslegung und Beendigung von Verträgen; vgl. *M. Sørensen*, a.a.O., S. 127 mit weiteren Nachweisen.

[29] *E. Härle*, a.a.O., S. 88; *M. Sørensen*, a.a.O., S. 136.

[30] *B. Jeanneau*, a.a.O., S. 206; *M. Sørensen*, a.a.O., S. 128, 136: L'état de décentralisation qui caracterise l'organisation de la communauté internationale a eu tendance à assimiler forcément les sujets du droit international à ceux du droit civil: les Etats sont égaux entre eux et leurs rapports réciproques ne sont soumis à l'intervention d'aucune autorité supérieure. *Notre epoque* a vue, cependant, le début d'une centralisation internationale en ce que les Etats ont consenti à se soumettre, dans certaines limites, à l'autorité de divers organes internationaux".

[31] Es wird auch die gegenteilige Auffassung vertreten, die Bindung des Richters im rechtsfreien Raum wenigstens an die allgemeinen Rechtsgrundsätze bedeute eine *Einschränkung*, keine Ausweitung der richterlichen Freiheit.

[32] In *Strupp - Schlochauer*, a.a.O., „Völkerrechtsquellen", S. 775, r. Sp.

[33] *P. Reuter*, in: Mélanges für H. Rolin, S. 263 ff. (272—275), begnügt sich mit der Darstellung, wie selbstverständlich für den EGH die Anwendung nationalrechtlicher Prinzipien ist.

[34] Davon gibt es vereinzelte Ausnahmen; vgl. etwa *W. Lorenz*, AJIL 1964, S. 1 ff. (3), der sich auf das Verbot der Rechtsverweigerung beruft. Ebenso: *F. Dumon*, Rev. Intern. de D. Comp. Bd. XII (1960), S. 75 ff. (83).

chend der besonderen Stellung der Gemeinschaften entwickelt sie vielmehr eigene Lösungsvorschläge:

a) Cassoni geht mit der herrschenden Meinung zunächst von der Eigenständigkeit von Gemeinschaften gegenüber den nationalen Rechtsordnungen aus[35]. Eine Anwendung der Rechtsnormen einer Rechtsordnung innerhalb der anderen verbietet sich für ihn aus dem besonderen Verhältnis zwischen sozialem Sein und Recht: Das Recht ist einem konkreten sozialen Sein zugeordnet. Da sich das soziale Substrat der Gemeinschaften vom — wiederum unterschiedlichen — partikularen Sein der Mitgliedstaaten unterscheidet, kommt eine Integration der nationalen Rechte — auch nicht der allgemeinen Grundsätze — im Gemeinschaftsrecht nicht in Frage[36]. Cassoni sieht den Ausweg in der Aufspaltung des Rechtsbegriffs in eine Form des Rechts, das auf Willensäußerungen (Vertrag!) beruht, und in ein spontanes Recht, das mit Originarität und Autonomie zugleich gegeben ist[36] und das im Bewußtsein der Mitgliedstaaten lebt. Von hierher kommt Cassoni über den gemeinsamen Ursprung und die gemeinsame Natur dieses spontanen Rechts zu einer substantiellen Einheit, die wiederum der Gemeinschaftsrichter bei Auffindung des Gemeinschaftsrechts nicht außer Acht lassen kann.

b) Die wohl herrschende Meinung verweist demgegenüber darauf, daß sich eine theoretische Begründung der Anwendbarkeit nationalstaatlicher allgemeiner Rechtsgrundsätze in Anbetracht der ständigen Praxis der Gemeinschaftsorgane (und hier v. a. des Gerichtshofs) erübrige. Es könne vielmehr von ihrer gewohnheitsrechtlichen Zulässigkeit ausgegangen werden[37]. Diese muß nicht für jeden einzelnen Rechtsgrundsatz, sondern lediglich hinsichtlich der grundsätzlichen Möglichkeit ihrer Anwendung festgestellt werden.

c) Eine formalistischere — und damit anfechtbarere — Auffassung vertreten diejenigen Autoren, die in Art. 215 Abs. 2 EWGV keine bloße Einzelverweisung auf dem Gebiet der außervertraglichen Haftung sehen, sondern die diese Vorschrift als „Bezugnahme auf ein allgemeines Prinzip" interpretieren, das vom EGH bereits in mehreren Fällen anerkannt und angewandt worden ist[38]. Der Ansatzpunkt dieser

[35] *G. Cassoni*, I Principi Generali comuni agli ordinamenti degli stati membri quale fonte sussidiaria del diritto applicato dalla Corte di Giustizia delle Communità Europee, Diritto Internationale 1959, S. 428 ff. (448 f.).

[36] a.a.O., S. 449. Zu der Lehre vom „spontanen Recht" vgl. *H. Günther*, Zur Entstehung von Völkergewohnheitsrecht, 1970, S. 93 ff.

[37] *K. Zweigert*, in: *G. v. d. Meersch - M. Waelbroek*, a.a.O., Nr. 1201; ders. Der Einfluß des europäischen Gemeinschaftsrechts auf die Rechts-ordnungen der Mitgliedstaaten, Rabels Z. Bd. 28 (1964), S. 601 ff. (609) unter Berufung auf die gefestigte Rechtsprechung sowie die einhellige Meinung der Literatur. — *A. A.* v. a. *G. Cassoni*, Diritto Internationale 1959, S. 428 ff. (450).

[38] *D. Ehle*, Klage- und Prozeßrecht des EWG-Vertrages, RN 17 zu Art. 164 mit weiteren Literaturhinweisen.

Auffassung erscheint unglücklich gewählt. Die Bezugnahme auf die umstrittene Formulierung des Art. 215 Abs. 2 EWGV ist überflüssig; sie ersetzt das allgemeine Prinzip nicht und sie ist zu seiner Darlegung auch nicht nötig.

d) Klarer scheint demgegenüber die Auffassung, nach der die Anwendbarkeit natioial-rechtlicher allgemeiner Grundsätze im Gemeinschaftsrecht nur über eine Rezeption zufriedenstellend gelöst werden kann[39]: Im Abschluß der Gemeinschaftsverträge liegt eine stillschweigende Übernahme der zur Anwendung im Gemeinschaftsrecht geeigneten[40] allgemeinen Rechtsgrundsätze der Mitgliedstaaten. Wie dargestellt erschöpfen sich die Verträge nicht in der Begründung wechselseitiger Rechte und Pflichten. Sie schufen vielmehr darüber hinaus eine Rechtsordnung, die ein eigenes Leben entfaltet. Die Mitgliedstaaten mußten sich beim Abschluß der Verträge ihrer Lückenhaftigkeit und Widersprüchlichkeit bewußt sein. Sie mußten so dem EGH Mittel an die Hand geben, damit er aus den einzelnen Verträgen die erstrebte einheitliche Rechtsordnung konsolidieren konnte. Gewohnheitsrechtliche Umbildungen und Ergänzungen allein wären dieser Aufgabe nicht gewachsen. Sie würden sie, wenn nicht unmöglich machen, so doch wesentlich erschweren und verlangsamen.

Demgegenüber kann dem Bedenken kein entscheidender Wert zukommen, dem EGH dürfe nicht auf dem Wege einer konkludenten Vereinbarung die Freiheit eingeräumt werden, die Staaten weitergehend in ihrer Souveränität zu beschränken, als dies die Verträge selbst tun. Gegenüber dem Ziel, eine funktionsfähige Rechtsordnung schaffen zu wollen, kann es keine Beeinträchtigung ihrer Souveränität bedeuten, wenn sich die Mitgliedstaaten auch im zwischenstaatlichen Verkehr an Grundsätzen festhalten lassen müssen, die in ihrem eigenen Rechtssystem ohnedies gelten.

Damit ist ihre Eingliederung ins Gemeinschaftsrecht vollendet[41].

e) Sowohl über die Ausbildung entsprechenden Gewohnheitsrechts als auch auf dem Wege einer stillschweigenden Rezeption kann also

---

[39] *H. W. Daig*, AöR Bd. 83, S. 154 f.; *H. Lecheler*, a.a.O., S. 165 ff.

[40] Die Feststellung ihrer *Eignung* zur Übertragung *allein* genügt jedoch noch keineswegs zur Rechtfertigung ihrer tatsächlichen Anwendung, wie das in der Literatur immer wieder fälschlich oder doch mißverständlich verkürzt anklingt; vgl. etwa *M. Sørensen*, RC 1960 III, S. 18, 22 f.

[41] A. A. *E. Härle*, a.a.O., S. 59 f.: Auch bei einer Rezeption muß jeder einzelne Grundsatz „ausdrücklich oder stillschweigend durch konkludente Staatshandlungen normative und damit rechtspositive Existenz erhalten“. Dieser erforderliche Akt liegt aber schon mit der Rezeption selbst vor. Die Ansicht Härles ist von der gewohnheitsrechtlichen Begründung der einzelnen nationalen Rechtsgrundsätze im transnationalen Raum kaum mehr abzugrenzen.

heute die Verwendung nationalstaatlicher allgemeiner Rechtsgrundsätze im Gemeinschaftsraum gerechtfertigt werden. Den Standpunkt des Gerichtshofs selbst, so wie er in seinen Urteilen sichtbar wird, treffen diese Erklärungen noch nicht. Immer wieder überrascht bei der Durchsicht der Urteilsbegründungen und der Schlußanträge der Generalanwälte die Selbstverständlichkeit, mit denen der EGH ohne ein weiteres Wort der Rechtfertigung auf die allgemeinen Grundsätze der Mitgliedstaaten zurückgreift. Es ist schwer vorstellbar, daß hinter einem solchen Entscheidungsstil die theoretische Konstruktion einer stillschweigenden Rezeption stehen sollte.

Die Berufung auf das Gewohnheitsrecht aber bietet zwar *heute* Rechtfertigung, sie erklärt jedoch nicht die ersten Entscheidungen, in denen der Gerichtshof der EGKS allgemeine Rechtsgrundsätze offensichtlich in dem Bewußtsein angewendet hat, damit bereits fertig ausgebildetes, im Gemeinschaftsraum in vollem Umfang verbindliches Recht seinen Urteilen zugrundezulegen.

Schließlich ist auch die Auffassung Cassonis ersichtlich nur ein mühsam konstruierter Rechtfertigungsversuch einer im Grunde unerklärlichen Praxis, der zudem mit seinen rechtstheoretischen Ansatzpunkten fällt[42].

Der Zugang zur Praxis des Gerichtshofs liegt in seinem Verständnis der Eigenständigkeit der Gemeinschaftsrechtsordnung[43]. Nachdem der EGH zunächst die Eigenständigkeit in dem Bestreben, eigenen Raum zu gewinnen, in deutlicher Absetzung vom nationalen Bereich betont hatte, zeigen einige, bereits aufgeführte, neuere Entscheidungen[44] ein abgerundeteres Bild: Die Gemeinschaftsrechtsordnung erweist sich als eine zwar eigenständige Ordnung, die aber nicht sich selbstgenügend neben oder über dem nationalen Raum steht, sondern die in die Rechtsordnungen der Mitgliedstaaten aufgenommen wurde, deren Rechtssubjekte neben den Staaten auch die einzelnen sind, und die von den nationalen Gerichten anzuwenden ist. Die Gemeinschaftsrechtsordnung hat ihre Basis in den nationalen Rechtsordnungen, was geradezu zwangsläufig heißt: in ihren gemeinsamen Struktur- und Rechtsprinzipien. Insofern ist in der Tat das nationale Recht die eigentliche umfassende Rechtsquelle einer Gemeinschaftsordnung, auf die — entgegen dem ersten Anschein — die berühmte Formel Cavarés des „dualisme, mais interpénétration"[45] zur Kennzeichnung des Verhältnisses Völkerrecht — nationales Recht eben *nicht* paßt. Interpénétration wäre zu

[42] Zu den Einwendungen gegen die Lehre vom „spontanen Recht" vgl. etwa *H. Günther*, Zur Entstehung von Völkergewohnheitsrecht, 1970, S. 93 ff.

[43] Dazu oben, S. 148 ff.

[44] EGH Bd. XIV, S. 215 ff. (230, 232); XV, S. 1 ff. (14).

[45] Le droit international public positif, Bd. 1, Paris 1961, S. 155.

wenig. Der gemeinsame Kern der nationalen Rechtsordnungen bildet die eigentliche Basis der Gemeinschaften. Nur auf ihr aufruhend können die Verträge zur Verfassung einer eigenständigen Ordnung werden. Die Vorstellung von der Eigenständigkeit hat so nur den — allerdings entscheidend wichtigen — Sinn, die Gemeinschaften der nationalrechtlichen Verfügungsgewalt zu entziehen.

Allein diese Auffassung kommt der Rechtsprechung nahe. Sie vermag die Wirklichkeit zwanglos zu erklären ohne dabei europäischer Praxis zuwiderzulaufen. Von dieser Grundauffassung her wird einleuchtend, warum sich der EGH bei der Anwendung allgemeiner Rechtsgrundsätze der Mitgliedstaaten mit äußerst lapidaren Hinweisen begnügen kann. Von hierher ist es auch methodisch zu billigen, wenn Generalanwalt Roemer aus der Feststellung der Gemeinsamkeit direkt die Folge der Anwendbarkeit im Gemeinschaftsrecht ableitet[46].

Damit stellt sich aber sogleich die Frage, welcher Freiheitsraum dem EGH bei der Anwendung der nationalrechtlichen allgemeinen Rechtsgrundsätze zur Verfügung steht.

II. Erforderlicher Grad an Gemeinsamkeit in der Ausgestaltung im nationalen Recht?

Die Feststellung allgemeiner Rechtsgrundsätze in den Mitgliedstaaten ist unproblematisch, begnügt man sich mit dem wirklich allgemeinen Gehalt, also etwa der Tatsache der Rechtskraft von Urteilen, der Bestandskraft von Verwaltungsentscheidungen, der Rücknehmbarkeit von auch begünstigenden Verwaltungsakten usw. All diese allgemeinen Grundsätze erfahren aber im nationalen Raum eine Konkretisierung hinsichtlich ihrer Voraussetzungen, Wirkung und Begrenzung. Soll Übereinstimmung auch in diesen technischen Konkretisierungen vorliegen, so ist die Feststellung allgemeiner Rechtsgrundsätze praktisch nicht mehr möglich. Es ist also die Frage, welcher Weg hier einzuschlagen ist.

Lorenz verweist darauf[47], es helfe wenig, im Anschluß an eine bloße Aufzählung der bisher von den internationalen Gerichten als allge-

---

[46] Vgl. etwa zuletzt GA *Roemer*, EGH Bd. XV, S. 24: „Der in allen Mitgliedstaaten geltende *und folglich einen Bestandteil des Gemeinschaftsrechts bildende* Grundsatz ne bis in idem". (Hervorhebung vom Verfasser).

Vgl. zur abweichenden Auffassung im Völkerrecht z. B.: *A. Ch. Kiss*, Répertoire Français de Droit International Public, Bd. I, Paris 1962, Nr. 1162, S. 605: Auch wenn eine Regel in allen Staaten existiert, so genügt das noch nicht zur Übertragung ins Völkerrecht, da essence und sphère des Völkerrechts von der des nationalen Rechts verschieden sind.

[47] W. *Lorenz*, Rechtsvergleichung als Methode zur Konkretisierung der allgemeinen Grundsätze des Rechts, JZ 1962, S. 269 ff. (270).

meine Rechtsgrundsätze herangezogenen Normen eine Aussage machen zu wollen, da solche Judikate häufig nur dadurch zustande kommen, daß sich eine ausgezeichnete Kenntnis des eigenen Rechtssystems mit Wunschträumen und Phantasie vermischen. Es sei vielmehr Aufgabe der Rechtsvergleichung hier Hilfestellung zu leisten. Ausführlichere rechtsvergleichende Betrachtungen des EGH sind nun allerdings die Ausnahme. Über die dabei zugrunde liegende Methodik läßt sich gar nichts sagen. Diese Aufgabe kann das Gericht aber auch nicht bewältigen.

Es ist deswegen zu „unwissenschaftlichem" Tasten und Vermuten gezwungen, weil die Rechtsvergleicher vor der gestellten Aufgabe versagt haben[48]. Das ist um so unverzeihlicher als nicht nur internationale sondern auch nationale Gerichte auf die allgemeinen Rechtsgrundsätze verwiesen werden[49], so daß das Problem auch im innerstaatlichen Raum aktuell ist. Allerdings gewährleistet schon die personelle Zusammensetzung eines internationalen Gerichts einen gewissen Grad an Rechtsvergleichung, die aber — meist auch von erheblichen sprachlichen Problemen behindert — nicht den Anspruch wissenschaftlicher Methodik und Vollständigkeit erheben kann.

Die Hilfestellung der Literatur beschränkt sich auf den allgemeinen Hinweis, man dürfe nicht einfach verschiedene Gesetzestechniken untereinander vergleichen, sondern es sei notwendig, bis zu den hinter diesen Techniken stehenden Prinzipien vorzudringen[50]. Damit wird als Methode des Vergleichs nicht eine mechanische, sondern vielmehr eine wertende Betrachtung nahegelegt: Allgemeiner Rechtsgrundsatz ist nicht, „was die Mehrheit der Rechtsordnungen übereinstimmend anordnet", sondern vielmehr das, „was sich bei einer kritischen Analyse der Lösungen, die sich nach einer rechtsvergleichenden Umschau ergeben, als die beste Lösung darstellt"[51].

Ein so geartetes rechtsvergleichendes Vorgehen („funktionale" Rechtsvergleichung), das die hinter unterschiedlichen technischen Konstruktionen verborgenen einheitlichen Lösungen aufzeigt, bilde „die wahre Basis realistischer Rechtsvergleichung"[52]. Die Betrachtung geht

---

[48] So ausdrücklich *R. Schlesinger*, Research on the general principles of Law recognized by civilized Nations, AJIL 1957, S. 734 ff. (735).

[49] Vgl. oben, S. 44.

[50] *A. Verdross*, RC 1935 II, S. 195 ff. (205).

[51] *K. Zweigert*, Der Einfluß des europäischen Gemeinschaftsrechts auf die Rechtsordnungen der Mitgliedstaaten, Rabels Z. Bd. 28 (1964), S. 601 ff. (611); finden sich verschiedene, aber gleichwertige Lösungen, so könne die dem Ziel der Gemeinschaften am besten entsprechende zugrundegelegt werden.

[52] *J. Esser*, Grundsatz und Norm in der richterlichen Fortbildung des Privatrechts, 1964, S. 6.

von einem konkreten Lebenssachverhalt oder Rechtsproblem aus und vergleicht deren Regelung in anderen Rechtsordnungen. Dabei stellt sich häufig heraus, daß ein konkretes Problem „durch Rechtsinstitute jeweils ganz verschiedener Art geregelt ist und daß trotz dieser Verschiedenheit in der technisch-juristischen Konstruktion eine einheitlich-materiale Lösung erreicht wird. Dann differieren zwar die technischen Konstruktionen, der materiale Gehalt der Lösung ist aber überall der gleiche“[53].

Mehr findet sich nicht. Es bleibt schon zweifelhaft, ob die Charakterisierung als „allgemeiner Rechtsgrundsatz der Mitgliedstaaten“ verlangt, daß dieser Grundsatz *allen* Vertragspartnern gemeinsam ist. Im Völkerrecht ist die entsprechende Frage der Gemeinsamkeit bei den „nations civilisées“ sehr streitig: Mit dem Hinweis, diese in Art. 38 Statut-IG verlangte Anerkennung der Staaten habe lediglich Beweisfunktion für das Vorhandensein solcher Grundsätze[54] sucht Verdross zu belegen, daß es unerheblich sei, wenn nicht *jeder* zivilisierte Staat den entsprechenden Grundsatz kenne. So erkennbar das Anliegen ist, so gefährlich bleibt der Weg: Küntzel, für den die allgemeinen Rechtsgrundsätze gleichermaßen dem Völkerrecht von Anfang an immanent sind[55], stellt auf die Zahl der den betreffenden Rechtsgrundsatz anerkennenden Staaten nicht mehr ab: „Wäre es nur ein einziger Staat, der diese Prinzipien anerkannt und entwickelt hat, so würde dies zu ihrer Anerkennung genügen[56].“ Damit wird ganz deutlich, welche Schwierigkeiten und Unzuträglichkeiten der naturrechtliche Ausgangspunkt zur Folge hat.

Für das Gemeinschaftsrecht ist jedenfalls daran festzuhalten, daß ein als „gemeinsamer allgemeiner Rechtsgrundsatz“ qualifiziertes Rechtsprinzip in seiner allgemeinsten Form allen Mitgliedstaaten geläufig sein muß[57], wobei es hier gleichgültig ist, ob er gesetzlich positiviert oder gewohnheitsrechtlich anerkannt ist. Bei den weitgehend homogen entwickelten Rechtsordnungen der gegenwärtigen Mitgliedstaaten treten hier auch kaum schwerere Probleme auf[58].

---

[53] *O. Sandrock*, Über Sinn und Methode zivilistischer Rechtsvergleichung, 1966, S. 67; vgl. auch *H. W. Daig*, AöR Bd. 83, S. 183: Der EGH hat eine „organische, nicht mechanische Gleichheit zu ermitteln“.

[54] *A. Verdross*, RC 1935 II, S. 195 ff. (205).

[55] *W. Küntzel*, Ungeschriebenes Völkerrecht, 1935, S. 31, (die allgemeinen Rechtsgrundsätze sind „direkt aus der völkerrechtlichen Grundnorm entstanden“; S. 34).

[56] a.a.O., S. 49.

[57] A. A.: *W. Lorenz*, AJIL 1964, S. 1 ff. (9), aber ohne nähere Begründung.

[58] Derartige Probleme können aber sehr wohl mit der Aufnahme weiterer Mitgliedstaaten entstehen, die einem anderen Rechtskreis angehören (etwa England oder verschiedene außereuropäische Staaten).

Ungleich bedeutsamer ist die Frage nach dem verlangten Grad an Übereinstimmung. Hier wird aus dem geschilderten methodischen Ansatzpunkt moderner Rechtsvergleichung immerhin klar, daß es nicht angeht, für die Anwendung nationalrechtlicher allgemeiner Rechtsgrundsätze Übereinstimmung auch in den Details der rechtstechnischen Ausgestaltung dieser Grundsätze zu fordern, wie es Heldrich in seiner Arbeit über das Schadensersatzrecht der Gemeinschaften getan hat[59]. Er liefert im übrigen selbst den überzeugendsten Beweis dafür, daß diese Methode nicht brauchbar ist. Nach einer Analyse des Schadensersatzrechts in den einzelnen Mitgliedstaaten muß er am Ende seiner Untersuchung einräumen, daß das gemeinsame „Norm-Minimum" nicht die „ideale Rechtsgrundlage" ist[60]. Fast alle Rechtsordnungen weisen „Schattenseiten auf ..., die aber hier trotzdem als gemeinsames Normminimum übernommen werden müssen"[60]. Damit bekomme die Gesamthaftungsregelung einen „rückschrittlichen Charakter", indem sie „überkommene Mißstände in den Rechtsordnungen der Mitgliedstaaten konserviert, moderne und lebensnahe Normen dagegen weitgehend ausschaltet"[60]. Diese Methode der Rechtsfindung mache das Gemeinschaftsrecht zu einer „Art juristischem Altersheim"[61]; damit ist sie aber auch ad absurdum geführt. Heldrich selbst hat sie inzwischen längst aufgegeben[62].

Damit ist aber noch nicht allzu viel gewonnen. Die Einsicht, „Ziel und Methode der angewandten Rechtsvergleichung sind in ihren Grundzügen leicht bestimmbar"[63], hilft noch nicht weiter. Solange die Rechtsvergleichung — nach der inzwischen erfolgten begrifflichen Klärung — nicht daran geht, der Rechtsprechung diesen Ergebnisvergleich an die Hand zu geben, bleiben die Gerichte gezwungen, weiterhin unwissenschaftlich eklektizistisch zu judizieren.

Heldrich weist auf die Gefahr für die Rechtssicherheit hin[64], die sich daraus ergibt, wenn nicht mehr kalkulierbar ist, welche Regelung über einen allgemeinen Rechtsgrundsatz in die Rechtsprechung des EGH

---

[59] *A. Heldrich,* Die allgemeinen Rechtsgrundsätze der außervertraglichen Schadenshaftung im Bereich der Europäischen Wirtschaftsgemeinschaft, 1961, S. 19 f.

[60] a.a.O., S. 161.

[61] a.a.O., S. 162.

[62] Vgl. ausdrücklich in seiner Anmerkung zum Kampffmeyer-Urteil (Bd. XIII, S. 332 ff.) des EGH in EuR 1967, S. 344 ff. (348, 349 [FN 30]).

Vgl. auch GA *Gand,* Bd. XV, S. 338 ff. (340): Der Vertrag verweist in Art. 188 Abs. 2 EAGV (= 215 Abs. 2 EWGV, Verf.) nicht auf positivrechtliche Lösungen, sondern auf deren Grundgedanken. Die Tragweite dieser Verweisung ist damit unklar: sie ist nicht gleich mit dem größten Nenner oder gar der Synthese der in den Mitgliedstaaten anerkannten Prinzipien.

[63] *O. Sandrock,* a.a.O., S. 29.

[64] In seiner oben zitierten Anmerkung, EuR 1967, S. 349.

eingeht. Unglücklicherweise kreist die gesamte Diskussion um die Art. 215 Abs. 2 EWGV / 188 Abs. 2 EAGV, der einzigen ausdrücklichen Verweisungsnorm der Verträge. Gerade im Bereich der Amtshaftung ist aber der Umfang übereinstimmender Ergebnisse besonders umstritten. Wenn man Generalanwalt Lagrange zustimmt, wirklich gemeinsam sei heute nur *der* Grundsatz, daß die These von der Nicht-Haftung des Staates abgelehnt werde[65], dann bleibt nichts anderes, als dem Gerichtshof die Aufgabe aufzubürden, selbst die Grenzen außervertraglicher Haftung abzustecken, indem er den von den Rechtsordnungen der Mitgliedstaaten gelieferten Beispielen die Wesensmerkmale und Bedürfnisse der Gemeinschaften gegenüberstellt[66]: „Mit dieser weitgefaßten Formulierung (des Art. 215 Abs. 2 EWGV) haben es die Verfasser des Vertrages letztlich Ihnen (den Richtern!) überlassen, den Bereich der außervertraglichen Haftung zu bestimmen[67].“ Die Gefahren für die Rechtssicherheit liegen hier auf der Hand.

Ein umfangreicher Katalog von Ergebnisvergleichen würde deutlicher machen, daß unter dem Stichwort „allgemeine Rechtsgrundsätze“ nicht richterlicher Willkür Tür und Tor geöffnet werden soll. Den Richter träfe bei der Abfassung der Entscheidung eine größere Argumentationslast. Seine Aufgabe wäre weniger rechtsschöpfend als rechtsanwendend, freilich immer mit Blick auf die Besonderheiten der Gemeinschaftsrechtsordnung.

Die Vorarbeiten der Rechtsvergleichung — so notwendig sie auch sind — können aber nicht alle Schwierigkeiten lösen. Die letzte, entscheidende Aufgabe bleibt dem Gerichtshof: Den sinnerfüllten gemeinsamen Grundsatz auf die Gemeinschaftsrechtsordnung sachgerecht anzuwenden. Die Rechtsvergleichung sollte dem Gerichtshof die Mühe abnehmen, zu klären, welche allgemeinen Rechtsgrundsätze den Mitgliedstaaten der Gemeinschaften gemeinsam und inwieweit ihre konkreten Ausformungen für den Inhalt des Grundsatzes wesensnotwendig sind. Dieses so aufbereitende Normenmaterial im Gemeinschaftsrecht zu verwenden, bleibt dann allein Aufgabe des Gerichtshofes.

Wiederum für die Grundsätze der Gemeinschaftshaftung umschreibt der Gerichtshof zutreffend seine Funktion dahin, dafür zu sorgen, daß die aus den gemeinsamen Grundsätzen der Mitgliedstaaten zu entwikkelnde gemeinschaftsrechtliche Regelung eigenständig bleibe und einheitlich angewandt werde[68].

---

[65] CMLR 1965/6, S. 32.

[66] GA *Gand*, Bd. XV, S. 338 ff. (340).

[67] GA *Gand*, Bd. XIV, S. 367.

[68] EGH Bd. XV, S. 336.

Die Literatur würde dem folgen. Sie billigt ohnehin einhellig dem Richter bei der Ausgestaltung und Anpassung der allgemeinen Rechtsgrundsätze einen Ermessensraum hinsichtlich Auswahl, Übernahme oder Modifizierung einzelner konkreter Ausformungen zu[69]. Diese bereits dem StIG sowie dem IG zugebilligte Befugnis muß auch dem EGH eingeräumt werden, da anders eine Wahrung des Gemeinschaftsrechts, zu dem — sei es als gemeinsame Basis, sei es über eine Rezeption — der gemeinschaftliche Bestand an allgemeinen Rechtsgrundsätzen gehört, nicht möglich ist. Durch die Rechtsprechung des EGH, die sich an den Bedürfnissen der Gemeinschaften ausrichtet, erfahren diese Grundsätze eine speziell gemeinschaftsrechtliche Akzentuierung[70]. Nicht anders entwickelten sich auch die allgemeinen Rechtsgrundsätze im nationalen Recht weiter: altüberkommene Grundsätze werden in ständiger Dezision auf neue Rechtsgebiete angewandt und erfahren so im Laufe der Zeit dort feste Ausprägungen. Die Weiterentwicklung und Umgestaltung der nationalrechtlichen allgemeinen Rechtsgrundsätze im Gemeinschaftsrecht könnte auch dazu dienen, den einzelnen Mitgliedstaaten Gelegenheit zu geben, ihre eigene Position kritisch zu überprüfen und gegebenenfalls Variationen aus dem zwischenstaatlichen Bereich ins nationale Recht zu übernehmen. So würde das Gemeinschaftsrecht dazu beitragen, auf diesem Wege die einzelnen nationalen Rechtsordnungen füreinander fruchtbar zu machen und — mittelbar — die Annäherung der nationalen Rechtsordnungen zu unterstützen, an der im Rahmen der römischen Verträge auch die anderen Gemeinschaftsorgane ausdrücklich mitzuwirken haben[71].

---

[69] *B. Jeanneau*, a.a.O., S. 248 für den frz. Staatsrat (wobei er allerdings von einer pouvoir quasi-législatif des Richters ausgeht): Der Staatsrat „jouit dans l'application des principes d'un povoir largement discrétionnaire". Für den StIGH: *E. Härle*, a.a.O., S. 92: „Nationale Besonderheiten sind nur dann zu berücksichtigen, wenn diese normative Andersgeartetheit in einem grundsätzlich anderen Rechtsgedanken und Rechtsgefühl ihre Ursache hat". Hierbei sind dem Richter keine festen Grenzen aufzuerlegen, sondern er habe hier ein gewisses Ermessen (S. 92 f.); *M. Sørensen*, a.a.O., S. 151: „le juge international se trouve en face des règles qui ont assumé dans les divers systèmes de droit national des formes particulières, tout en conservant dans les grandes lignes les traits communs dus à leurs origines communes. S'il tient scrupuleusement comte de tous ces détails nuancés, il sera en peine de les réunir sous une formule commune. Si, par contre, il fait abstraction de ces détails comme révélant de la technique juridique, il réussira plus facilement à établir l'existence d'un principe général. La notion même du principe indique une telle abstraction de particularités dues à des conditions locales ou temporaires, et il ne peut guère y avoir de doute que le juge adopte un tel méthode".

[70] Für das Völkerrecht entsprechend: *E. Härle*, a.a.O., S. 84, 85 (unter Berufung auf *Richter*): durch die ständige Rechtsprechung werden die allgemeinen Rechtsgrundsätze in spezifisches Völkerrecht umgeprägt. Damit nehmen sie das Charakteristikum völkerrechtlicher Normen in sich auf.

[71] Vgl. Art. 3 lit. h, 100 EWGV.

B. Speziell gemeinschaftsrechtliche allgemeine Rechtsgrundsätze

Für die Verwendung allgemeiner Rechtsgrundsätze der Mitgliedstaaten in der Rechtsprechung des EGH stand außer Zweifel, daß der Gerichtshof seinen Entscheidungen jedenfalls eindeutig geltendes Recht[1] zugrunde legte. Es ergab sich dort vor allem das Problem, wie diese Rechtsnormen ihren Geltungsbereich auf die Gemeinschaftsebene erstrecken konnten.

Bei der Betrachtung speziell gemeinschaftsrechtlicher allgemeiner Rechtsgrundsätze[2] stellt sich demgegenüber die Frage, ob der Gerichtshof damit bereits geltendes Recht anwendet oder ob er dieses erst selbst schafft, was das Problem nach sich zieht, ob ihm dazu die Befugnis zukommt.

Der Gerichtshof selbst vermeidet es bei allen hier ausgewählten Beispielen (Grundsatz der Unmittelbarkeit, des Vorranges etc.), eine nähere Charakterisierung dieser „Grundsätze" zu geben; insbesondere spricht er selbst nie von allgemeinen Rechtsgrundsätzen des Gemeinschaftsrechts.

Verhältnismäßig unproblematisch ist die Anwendung derjenigen Grundsätze, die der Gerichtshof unmittelbar aus den Verträgen selbst ableiten kann. Hierunter ist vor allem der Grundsatz der möglichen unmittelbaren Wirkung des Gemeinschaftsrechts zu rechnen, der für die Gemeinschaftsverordnungen unmittelbar im Vertrag verankert ist[3].

Ebenso wird dem Gemeinschaftsrichter einhellig die Befugnis eingeräumt, allgemeine Prinzipien der Gemeinschaftsverträge in rechtsanaloger Weise anzuwenden[4].

Damit ist aber der Kreis der dargestellten Gemeinschaftsgrundsätze nicht völlig abgedeckt. Weder der Grundsatz des Vorranges des Gemeinschaftsrechts vor dem nationalen Recht (der Vertrag enthält keine ausdrückliche Kollisionsregelung) noch die Prinzipien der Einheit der Gemeinschaften sowie der Gemeinschaftspräferenz können unmittelbar aus den Vertragstexten abgelesen werden. Mögen die beiden letzten Grundsätze noch aus der Struktur der Gemeinschaftsrechtsordnung

[1] Das Problem, wie in den Mitgliedstaaten allgemeine Rechtsgrundsätze entstehen und von den übrigen Rechtsquellen abzugrenzen sind, blieb hier ausgeklammert. In deutschem Recht vgl. dazu etwa *K. Larenz*, Methodenlehre der Rechtswissenschaft, 1960, S. 292 f.

[2] Vgl. die Beispiele auf S. 145 ff.

[3] Art. 189 Abs. 2 EWGV, 161 Abs. 2 EAGV.

[4] *G. Cassoni*, Diritto Internationale Bd. 13 (1959), S. 428 ff. (441 ff.); *K. Zweigert*, Rabels Z. Bd. 28 (1964), S. 601 ff. (609); *ders.* in: *G. v. d. Meersch - M. Waelbroek*, a.a.O., Nr. 1200.

selbst[5] abzuleiten sein, für den Gemeinschaftsrechtsvorrang bleibt dieser Weg verschlossen. Der Gerichtshof selbst begründet ihn mit seiner Notwendigkeit für die Funktionsfähigkeit der europäischen Rechtsordnung. Damit ist die Berechtigung zur Anwendung eines solchen allgemeinen Rechtsgrundsatzes aber noch nicht dargetan.

I. Relevanz der Einordnung der allgemeinen Rechtsgrundsätze unter die Rechtsquellen

Der Streit darum, ob allgemeine Rechtsgrundsätze eine eigenständige Rechtsquelle[6] darstellen oder ob sie lediglich einen Teil des Gewohnheitsrechts[7] ausmachen, konnte nie definitiv beigelegt werden. Auch die Analyse der Entstehung und Entwicklung der Rechtsordnung lieferte bisher kein entscheidendes Argument: Für das Völkerrecht vertritt Verdross[8] zur Stützung seiner Ansicht die Theorie, in einer noch unvollständigen Rechtsordnung entstünden die allgemeinen Rechtsgrundsätze nicht in kontinuierlicher Anwendung aus den Normen des Gewohnheitsrechts, sondern — gerade umgekehrt! — die Gewohnheitsrechtsbildung nehme von der beständigen Anwendung schon bestehender, von einer Grundnorm unmittelbar abzuleitender, allgemeiner Rechtsgrundsätze ihren Ausgang. Härle verweist demgegenüber darauf[9], bei der Beurteilung alter Schiedssprüche müsse in Rechnung gestellt werden, daß die Terminologie keineswegs schon präzise ausgebildet gewesen war. Nach seiner Meinung belegt gerade die alte völkerrechtliche Rechtsprechung die Ansicht, daß allgemeine Rechtsgrundsätze damals nicht als fertiges Instrument zur Verfügung standen, sondern daß sie sich erst allmählich und organisch entwickelten.

So sieht Larenz[10] auch die Entstehung *nationaler* allgemeiner Rechtsgrundsätze: Durch den Prozeß der Analogiebildung aus den verschie-

---

[5] So für Rechtsgrundsätze der Völkerrechtsordnung *G. Jaenicke*, in Strupp-Schlochauer, Wörterbuch des Völkerrechts, Bd. 3, S. 771 („Völkerrechtsquellen").

[6] *B. Jeanneau*, a.a.O., S. 210; *C. Parry*, a.a.O., S. 86; *B. Cheng*, a.a.O., S. 19; *L. Siorat*, a.a.O., S. 262 ff. mit zahlreichen weiteren Nachweisen; *J. Spiropoulos*, a.a.O., S. 65 f.; *A. Verdross*, in: Festschrift für *Hans Kelsen*, 1931, S. 360; *W. Küntzel*, a.a.O., S. 34, 39.

[7] *H. Kelsen - R. W. Trucker*, a.a.O., S. 540. *T. Giehl*, a.a.O., S. 87 (unter Hinweis darauf, daß es kein Recht geben kann, das die Völker nicht kennen; diese Kenntnis wird aber erst in der Befolgung sichtbar, womit die Voraussetzungen des Gewohnheitsrechts vorliegen); *G. Jaenicke*, in: *Strupp - Schlochauer*, a.a.O. („Völkerrechtsquellen"), S. 775, 1. Sp.; *L. Siorat*, a.a.O., S. 269 ff. mit weiteren Nachweisen; *E. Härle*, a.a.O., S. 136.

[8] In Festschrift für *H. Kelsen*, S. 360.

[9] a.a.O., S. 12, 14 (Beispiele aus der Rechtsprechung, S. 14—17).

[10] a.a.O., S. 292 f., 294.

denen Einzelvorschriften zugrundeliegenden allgemeinen Rechtsgedanken bzw. durch die „Erweiterung des Sinngehaltes“ einer Einzelnorm entsteht ein allgemeiner Rechtsgrundsatz, der zunächst „bestenfalls potentielles Recht“[11] ist. Mit seiner gewohnheitsrechtlichen Installierung in der Rechtsordnung kommt ihm dann aber Bindungswirkung als aktuelles Recht zu[12].

Die historische Frage kann im Rahmen dieser Arbeit nicht entschieden werden. Eine neuere Untersuchung von Günther[13] geht auf die hier angesprochenen Probleme nicht ein.

Der entscheidende Unterschied zwischen beiden Auffassungen liegt darin, daß die allgemeinen Rechtsgrundsätze in ihrer Zuordnung zum Gewohnheitsrecht dessen Voraussetzungen — also insbesondere der fortwährenden Übung[14] — unterliegen, während eigenständige Grundsätze, davon unabhängig, dem Völkerrecht von Anfang an immanent sein können. Dieser theoretische Unterschied bekommt in der Stellung des Richters praktische Konsequenz: Bleibt der Richter ausschließlich auf die Anwendung von geltendem Recht beschränkt[15], dann kann er allgemeine Rechtsgrundsätze seiner Rechtsprechung nur dann ohne Einschränkung zugrundelegen, wenn ihre gewohnheitsrechtliche Konkretisierung außer Zweifel steht. Will er bereits vorher auf derartige Grundsätze als geltendes Recht zurückgreifen, so ist er genötigt, ihre Eigenständigkeit gegenüber dem Gewohnheitsrecht zu postulieren.

Da angesichts der geschilderten zahlreichen Bedenken und Widerstände gegen einen Vorrang des Gemeinschaftsrechts von einer gewohnheitsrechtlichen Durchsetzung dieses Prinzips nicht gesprochen werden kann, scheint nur diese Möglichkeit zu bleiben. Eine so weitreichende Folgerung läßt sich aber aus der Rechtsprechung des EGH auch nicht in Ansätzen belegen.

---

[11] *K. Larenz*, a.a.O., S. 301.

[12] *K. Larenz*, a.a.O., S. 302.

[13] *H. Günther*, Zur Entstehung von Völkergewohnheitsrecht, 1969.

[14] Für nationales Gewohnheitsrecht: *H. J. Sonnenberger*, Verkehrssitten im Schuldvertrag, 1969, S. 234; für das Völkergewohnheitsrecht: *M. Schweitzer*, Das Völkergewohnheitsrecht und seine Geltung für neuentstehende Staaten, 1969, S. 11; jeweils mit weiteren Nachweisen.
Anders allerdings die Theorie, die *allein* die opinio iuris für maßgebend hält, ohne auf die Übung — außer zu Beweiszwecken — abzustellen: Nachweise bei *M. Schweitzer* (a.a.O., S. 15), der auch auf die praktischen Unzuträglichkeiten dieser Auffassung hinweist.

[15] Für das Völkerrecht vgl. etwa *L. Gross*, Some Observations on the International Court of Justice, AJIL 1962, S. 33 ff. (58 f.) mit weiteren Nachweisen. — Die Grenzen richterlicher Rechtsfortbildung sind schon im nationalen Recht weitgehend ungeklärt: Vgl. zuletzt *P. Ulmer*, AWD 1970, S. 193 ff. (198) mit weiteren Nachweisen.

Der einzige Ausweg aus diesem Dilemma besteht darin, das Dogma aufzugeben, wonach der Richter ausschließlich auf die Anwendung bereits geltenden Rechts festgelegt ist und somit an der Fortbildung dieses Rechts nicht selbst teilnehmen kann[16]. Für das Gemeinschaftsrecht zieht die herrschende Meinung[17] diese Konsequenz. Sie hält es für irreal, im Rahmen dieser jungen, lückenhaften und in ständiger Entwicklung begriffenen Rechtsordnung den Richter allein auf die Anwendung bereits geltenden Rechts zu beschränken. Damit ergibt sich aber gleichzeitig die Frage der Begrenzung dieser Befugnis des Richters.

II. Grenzen der richterlichen Rechtsfortbildung

Das entscheidende Problem richterlicher Rechtsfortbildung liegt darin, ob dieser Rechtserzeugungsprozeß seinerseits wiederum den Formen der Gewohnheitsrechtsbildung unterliegt oder ob die Judikatur unabhängig davon eine eigene „Rechtsquelle"[18] verkörpert. Es stellt sich also die Frage, ob der Richter *allein* in der Lage ist, Recht zu schaffen oder ob er lediglich im Rahmen der Gewohnheitsrechtsbildung dazu beitragen kann.

Die Grenzen richterlicher Rechtsfortbildung sind schon im nationalen Recht nicht zweifelsfrei geklärt[19]. Darüber hinaus sind die Vorstellungen vom Begriff der Rechtsquelle sehr verschieden[20]. Richtiger Ansicht nach ist eine Rechtsquelle Entstehungsgrund von Rechtsnormen. Rechtsquelle und Erkenntnisquelle des Rechts sind also nicht identisch[21]. So verstanden, kann Rechtsprechung nicht eigenständige Rechtsquelle sein.

---

[16] So schon *A. Ross*, Theorie der Rechtsquellen, 1929, S. 295 (allerdings in einem anderen Zusammenhang).

[17] Vgl. etwa *P. Mathijsen*, a.a.O., S. 105; *E. Steindorff*, 1952, S. 115 (auf S. 116 bringt er auch die Bedenken gegen diese Lösung vor); GA *Roemer*, Bd. XV, S. 325; *F. Dumon*, La formation de la règle de droit dans les Communautés Européennes, Rev. Intern. D. Comp. Bd. XII (1960), S. 75 ff. (83).
Für den angelsächsischen Rechtsbereich vgl. entsprechend: *C. Parry*, a.a.O., S. 84 f.; *A. Ross*, a.a.O., S. 95 ff., 293, 331 ff.; *B. Cheng*, a.a.O., S. 19.

[18] *B. Jeanneau*, a.a.O., S. 238; ähnlich S. 245 ff.; vgl. in diesem Sinne auch *P. Mathijsen*, a.a.O., S. 105, 108, der seine Ansicht mit dem Fehlen einer dem Art. 59 Statut-IG entsprechenden Vorschrift im Gemeinschaftsrecht begründet; *E. Steindorff*, 1952, S. 115.

[19] Vgl. zuletzt *P. Ulmer*, AWD 1970, S. 193 ff. (198) mit weiteren Hinweisen.

[20] Vgl. *P. Mathijsen*, a.a.O., S. 7 f. mit zahlreichen Nachweisen.

[21] Unzutreffend auch *M. Sørensen*, a.a.O., S. 121, der die Rechtsquellen mit richterlichen Erkenntnisquellen identifiziert: „toute catégorie de circonstances générales qui tendent à motiver l'activité judiciaire mérite la qualification de source". Demgegenüber *richtig* bei *A. Ross*, a.a.O., S. 293 f.

Der Richter ist nicht befugt, abstrakte — wenn auch subsidiäre — Rechtsnormen zu schaffen. Einem anderen Ergebnis stünden unüberwindliche Bedenken aus dem Prinzip der Gewaltenteilung sowie aus dem Grundsatz der Rechtssicherheit entgegen. Soweit geltendes Recht geeignet und ausreichend ist, einen Streit zu entscheiden, hat sich der Richter auf seine Anwendung zu beschränken. Nur soweit eine Entscheidung auf dieser Grundlage nicht möglich ist, muß dem Richter die Befugnis eingeräumt werden, in seinen Einzelentscheidungen einen Beitrag zur Fortbildung des Rechts zu leisten.

Genau in diesen Zusammenhang ist auch der häufige Hinweis auf den berühmten Art. 1 des Schweizerischen Zivilgesetzbuches von 1907[22] zu stellen. Er gibt dem Gericht als Pendant zum Verbot der Rechtsverweigerung das Mittel an die Hand, im rechtsfreien Raum einen Einzelfall doch noch zu entscheiden, nicht aber quasilegislatorisch allgemeinverbindliche Normen aufzustellen.

Auch in der Anwendung allgemeiner Rechtsgrundsätze — soweit sie nicht als eigenständige Rechtsquelle direkt auf eine irgendwie geartete „Grundnorm" zurückgeführt werden, was oben (als der Rechtsprechung zuwider laufend) ausgeschieden wurde — bleibt der Richter auf den Prozeß der Gewohnheitsrechtsbildung verwiesen: Erst mit ihrer gewohnheitsrechtlichen Installierung wendet er geltendes Recht an; greift er vorher darauf zurück, so ist dies nur im rechtsfreien Raum als Beitrag zur Ausbildung eines entsprechenden Gewohnheitsrechts möglich. Soweit gegen dieses Ergebnis Einwendungen vorgetragen werden, vermögen diese nicht zu überzeugen:

„Gewohnheitsrecht entsteht, wenn ein Brauch in der Überzeugung oder dem Willen der Rechtsverbindlichkeit geübt wird[23]." Dieser Normenerzeugungsweise können auch die allgemeinen Rechtsgrundsätze in vollem Umfang unterstellt werden:

a) Auch und gerade die Anwendung allgemeiner Rechtsgrundsätze ist in sehr hohem Maße von einer opinio iuris getragen[24]. Ihrer Annahme stehen hier sogar weit weniger Bedenken entgegen als etwa bei der gewohnheitsrechtlichen Lückenfüllung oft komplizierter Gesetze im innerstaatlichen Bereich oder von sekundärem Gemeinschaftsrecht, wo die opinio faktisch schon deswegen auf Verwaltung und Gerichte

---

[22] „A défaut d'une disposition légale applicable, le juge prononce selon le droit coutumier et, à défaut d'une coutume, selon les règles qu'il établirait s'il avait à faire acte de législateur."

[23] *H. J. Sonnenberger*, a.a.O., S. 234. Für das Völkerrecht ebenso: *M. Schweitzer*, a.a.O., S. 11.

[24] A. A. *B. Jeanneau*, a.a.O., S. 211; *W. Küntzel*, a.a.O., S. 28, 31.

beschränkt bleibt, weil bereits die zu füllende Regel selbst nicht mehr im Bewußtsein der Rechtsgenossen liegt[25].

Opinio iuris bedeutet dabei auch keineswegs lediglich eine adaequatio an schon geltendes Recht[26], sondern vielmehr Konformität „à la conviction ou l'Orientation juridique générale“[27]. Die opinio iuris geht also eher dahin, daß das ausgeübte Verhalten Recht sein solle. „Sie bedeutet also Rechtsschöpfung“[28].

b) Soll die Heranziehung von allgemeinen Rechtsgrundsätzen Anwendung bereits existenten Rechts sein, so ist sie an die Voraussetzung der fortwährenden Übung gebunden[29]. Nun läßt sich zwar kein bestimmter Punkt fixieren, an dem eine bisher unverbindliche Übung zum bindenden Gewohnheitsrecht wird. Je weniger differenziert die opinio iuris ist, desto länger auch der erforderliche Zeitraum der Übung. Selbst bei Entscheidungen hoher Gerichte, die besonders rasch Eingang in die Überzeugung der Volksgenossen finden, ist in einem einzelnen Spruch noch nicht der Beginn von Gewohnheitsrecht zu sehen. Es ist auch hier vielmehr am Erfordernis einer „suite d'actes uniformes“[30] festzuhalten.

Sonnenberger nimmt die Anwendung allgemeiner Rechtsgrundsätze vor allem deswegen aus dem Gewohnheitsrecht aus und schreibt ihr Eigengesetzlichkeit zu, weil auf die Judikatur weder der Begriff der „Übung“ passe noch die erforderliche Identität von Übenden und den Rechtsgenossen vorliege, die diese Übung als Recht wollen[31]. Beides vermag nicht zu überzeugen: Auch ein Staatsorgan kann in seiner Entscheidung eine Übung begründen. Das ist für Verwaltungsbehörden unbestritten. Ein Unterschied zum Richter wird unter diesem Aspekt nicht erkennbar.

Es trifft auch nicht zu, daß im Richterrecht eine Aufspaltung vorliegt zwischen dem Richter, der die Entscheidung trifft und den Rechtsgenossen, die sie „durch ihren Rechtsgeltungswillen qualifizieren“. Der

[25] Vgl. dazu *R. Zippelius*, NJW 1964, S. 1981 ff. (1986 f.; 1987: „je perfekter und unübersichtlicher die Normenordnung wird, um so mehr verblaßt jedenfalls für Detailfragen des Rechts die Theorie vom consensus omnium zu einer romantischen Mär“).

[26] So aber die Lehren, die die Geltungsgrundlage des Völkerrechts in überpositiven Normen sehen (Nachweise bei *M. Schweitzer*, a.a.O., S. 21 f.).

[27] *M. Sørensen*, a.a.O., S. 106.

[28] *M. Schweitzer*, a.a.O., S. 21.

[29] A. A. *B. Jeanneau*, a.a.O., S. 237; für das Völkerrecht: *F. Berber*, Bd. I, S. 43; *E. Härle*, a.a.O., S. 4; *M. Sørensen*, a.a.O., S. 101, unter Berufung auf die st. Rspr. des StIG; *W. Wengler*, Bd. I, S. 174 f.

[30] *M. Sørensen*, a.a.O., S. 101, unter Berufung auf den StIG.

[31] a.a.O., S. 234 mit Nachweisen. So im Ergebnis auch RGRK, Einleitung, Anm. 3 ff. (10).

Richter handelt in der Überzeugung, Recht zu schaffen. Diese Überzeugung muß sich den Rechtsgenossen mitteilen. Damit liegt dieser Fall nicht anders als jede herkömmliche Gewohnheitsrechtsbildung.

c) Jedenfalls im Gemeinschaftsrecht kann schließlich auch nicht darauf verwiesen werden, daß taugliches Subjekt einer gewohnheitsrechtsbildenden Übung nur Völkerrechtssubjekte sein können[32], also nur Staaten selbst[33]. Das Gemeinschaftsrecht ist grundsätzlich anders strukturiert als das Völkerrecht: Der einzelne wird nicht durch die Staaten mediatisiert. Er ist selbst Subjekt dieser neuen und eigenständigen Rechtsordnung. Damit entfällt hier der Grund für die Sonderregelung des Völkerrechts.

Zusammenfassend ist so festzuhalten, daß der EGH speziell gemeinschaftsrechtliche allgemeine Rechtsgrundsätze — soweit sie nicht aus der Struktur der Verträge selbst abzulesen und somit dem Vertragsrecht zuzurechnen sind — erst mit ihrer gewohnheitsrechtlichen Anerkennung im Gemeinschaftsraum als geltendes Recht seinen Entscheidungen zugrunde legen darf. Vorher ist der Rekurs auf solche Grundsätze nicht Rechtsanwendung, sondern Anstoß und Beitrag zur Fortbildung des Rechts.

Hierzu bedarf der Gerichtshof aber der Zustimmung im Gemeinschaftsraum. Darin liegt ein Grund mehr, von selbstgenügsamen formelhaften Wiederholungen in den Urteilsbegründungen abzusehen und in einen rechtlichen Dialog mit nationalrechtlich begründeten Einwendungen einzutreten, auch wenn es auf der Hand liegt, daß dieser Dialog die notwendige, politisch aber bislang verweigerte, Rechtsangleichung letztlich nicht leisten kann.

---

[32] So aber die h. M. im Völkerrecht; vgl. *F. Berber*, Bd. I, S. 44; *M. Sørensen*, a.a.O., S. 87; *M. Schweitzer*, a.a.O., S. 19, der jedoch für das partikulare Gewohnheitsrecht innerhalb einer internationalen Organisation eine ausdrückliche Ausnahme macht.

A. A. auch für das allgemeine Völkerrecht: *W. Wengler*, Bd. I., S. 175, wo er den internationalen Gerichten einen erheblichen Einfluß auf die Bildung von Völkergewohnheitsrecht einräumt.

[33] Zwar erkennt die h. M. des modernen Völkerrecht auch eine Reihe juristischer Personen als Völkerrechtssubjekte an. (UN, Weltbank, die Gemeinschaften selbst etc.) Sie kommen aber hier nicht in Betracht.

Schlußbetrachtung

Am Anfang stand die Frage danach, inwieweit die Rechtsprechung des europäischen Gerichtshofs die drei Gemeinschaftsverträge mit Leben erfüllen konnte. Dabei sollte aufgezeigt werden, wie der Gerichtshof die Rechtsordnung ausgestaltete und umgrenzte, deren Wahrung ihm die Verträge auferlegt haben.

Wie sieht die Bilanz aus?

1. Immer wieder mußte der Gerichtshof auf allgemeine Rechtsgrundsätze der Mitgliedstaaten zurückgreifen, um auftretende Streitigkeiten sachgerecht lösen zu können. Diese Rechtsprinzipien werden so zur eigentlichen Quelle des Gemeinschaftsrechts. Zwar finden sich einige aus dem nationalen Recht bekannte allgemeine Rechtsgrundsätze auch in den Verträgen oder in sekundärem Gemeinschaftsrecht erwähnt — derartige Vorschriften bleiben aber vereinzelt, zufällig und in ihrer rechtstechnischen Ausgestaltung ungenügend. Zusammenhang und wahrer Inhalt lassen sich erst im Blick auf die Regelungen in den Mitgliedstaaten ermessen.

Der Gerichtshof übernahm aber nicht etwa schematisch die Regelung eines einzelnen Landes. Er bemühte sich vielmehr, nationale Konkretisierungen nur entsprechend den Gemeinschaftsbedürfnissen anzuwenden. Dies ist dem EGH allerdings nicht immer überzeugend gelungen:

— So blieb die Regelung der Rücknehmbarkeit von rechtswidrigen begünstigenden Verwaltungsakten zwischen dem deutsch/holländischen und dem französischen Rechtskreis stehen. So begrüßenswert der den feststellenden Verwaltungsakten gegenüber dem französischen Recht gewährte größere Bestandsschutz ist, so bedauerlich ist bei den rechtsbegründenden Verwaltungsakten das Abgehen von den klaren Fristerfordernissen des französischen Rechts zugunsten des farblosen Kriteriums einer „angemessenen" Frist.

— Bei der Erfassung der Verwirkung verlor der EGH den Ausgangspunkt des Vertrauensschutzes aus den Augen, als er auf den guten Glauben des Verwirkenden selbst abstellte.

In anderen Fragen ist die Rechtsprechung des EGH noch nicht verfestigt:

— Es ist unklar, welche Haltung das Gericht zum Ersatz des immateriellen Schadens einnimmt.

— Im Rahmen der außervertraglichen Haftung der Gemeinschaften bleibt offen, ob der Gerichtshof auch die eigenartige Flexibilität der französischen Regelung übernimmt, die je nach der ausgeübten Verwaltungstätigkeit verschiedene Anforderungen an den Schweregrad des Fehlers stellt.

2. In den Einzelheiten ist also schwer vorherzusagen, welche Ausgestaltung der Gerichtshof einem aus den Mitgliedstaaten übernommenen allgemeinen Rechtsgrundsatz geben wird.

Die Frage nach der grundsätzlichen Berechtigung der Verwendung nationalrechtlicher Grundsätze im Gemeinschaftsraum stellte sich der Gerichtshof überhaupt nicht. Die Selbstverständlichkeit, mit der er diese Prinzipien anwendete, wird nur über ein entsprechendes Verständnis der Eigenständigkeit der Gemeinschaftsrechtsordnung begreiflich: Sie bleibt zwar nationaler Verfügungsgewalt entzogen, hat aber ihre eigentliche Basis im übereinstimmenden Bestand gerade der allgemeinen Rechtsgrundsätze der Mitgliedstaaten.

3. Zur Abgrenzung des Gemeinschaftsrechts vom nationalen Recht sowie zur Erfassung der Strukturen des Gemeinschaftsrechts hat der EGH spezifisch gemeinschaftsrechtliche Grundsätze entfaltet[1], die er teilweise aus den Verträgen selbst (Grundsatz der unmittelbaren Wirkung des Gemeinschaftsrechts), überwiegend aber aus der Notwendigkeit für das Funktionieren der Gemeinschaften ableitet, ohne sie allerdings selbst ausdrücklich als allgemeine Rechtsgrundsätze zu bezeichnen.

Eine nähere Begründung für die Berechtigung dazu gibt das Gericht nicht: Nirgends ist ausdrücklich gesagt, ob damit bereits geltende Rechtsprinzipien angewendet oder Gewohnheitsrecht in Form von Richterrecht durch die Judikatur erst entfaltet werden soll. Während von der Sache her die letztere Lösung die überzeugendere ist, legt die Deutung des Urteilsstils ein Beharren auf Rechtsanwendung nahe.

4. Dieser Urteilsstil kann den — im übrigen unbestreitbaren — Beitrag des EGH zur Ausbildung des Gemeinschaftsrechts aber beeinträchtigen. Auch wenn letztlich die Frage nach der Rechtsnatur des Gerichtshofs selbst von der Analyse der Rechtsprechung her allein nicht endgültig beantwortet werden kann[2], so geben weder die bisher gebrachten Argumente der Literatur noch die hier angestellten Überlegungen einen berechtigten Anlaß dazu, im EGH etwas anderes als ein

[1] Vgl. oben S. 145 ff. und Zusammenfassung auf S. 176.

[2] Vgl. dazu oben S. 27 ff.

internationales Gericht — wenn auch mit besonders umfassenden Kompetenzen — zu sehen. Mag sich der EGH auch gebärden wie der französische Conseil d'Etat — er erlangt damit weder dessen Stellung noch dessen Hintergrund einer bewährten und ausgefeilten Doktrin. Der EGH bleibt mit den Verträgen auf den Willen der Mitgliedstaaten angewiesen. Mit der allgemeinen internationalen Gerichtsbarkeit hat er gemein, daß ein Anwachsen politischer Spannungen seiner Tätigkeit schadet und daß die Tendenz besteht, politisch brisante Streitigkeiten außerhalb der Gerichtsbarkeit zu regeln. In dieser Stellung ist der EGH auf den Dialog mit den Rechtsanwendungsorganen der Mitgliedstaaten angewiesen, um hier Verbündete im Kampf des Rechts gegen die Willkür der Politik zu finden. Diesem Dialog ist der EGH bisher ausgewichen — er sollte ihn aber geradezu suchen.

5. Mit der unzureichenden Begründung seiner Urteile schadet der EGH aber nicht nur der Ausbildung des Gemeinschaftsrechts, sondern er verlangsamt damit auch die europäische Rechtsangleichung und über sie den Fortschritt der nationalen Rechtsordnungen selbst. Verschiedenste Konzeptionen des Ermessensmißbrauchs, der Amtshaftung u. a. treffen vor diesem Gericht aufeinander. Eine offenere Begründung der gewählten Lösung könnte unbestreitbar wichtige Rückwirkungen auch auf die nationalen Rechtsordnungen ausüben, indem Abweichungen von nationalen Regeln und die Gründe hierzu besser sichtbar gemacht würden: Die deutsche Diskussion könnte neue Argumente für die Probleme etwa der vorbehaltlosen Erstreckung des Gesetzesvorbehalts auf die Leistungsverwaltung[3], der Rücknahme begünstigender Verwaltungsakte[4] oder der Amtshaftung[5] erhalten, um nur einige Beispiele zu nennen. Die Fortbildung nationalen Rechts ist nun freilich keine unmittelbare Aufgabe des EGH. Er kann eine systematisch-wissenschaftliche Rechtsvergleichung auch nicht ersetzen. Im Rahmen eines rechtlichen „Austauschverhältnisses" mit den nationalen Gerichten käme dem EGH aber ein solcher Einfluß selbst wieder zugute, sei es auch nur in der Stärkung des Gemeinschaftsgefühls.

6. Der künftige Beitritt anderer Staaten macht das Anliegen dringlicher, sich über die Struktur und vor allem die Quellen des Gemeinschaftsrechts klarzuwerden. Mit England fände erstmals ein Staat Aufnahme in die Gemeinschaft, dessen Rechtssystem sich grundlegend von dem der übrigen Partner unterscheidet. Gerade in der Anwendung allgemeiner Rechtsgrundsätze liegen die hieraus für die Gemeinschaften entstehenden Probleme auf der Hand.

---

[3] Vgl. oben S. 61.
[4] Vgl. oben S. 73 ff.
[5] Vgl. oben S. 144.

Die Frage nach dem Verfahren zur Feststellung der Gemeinsamkeiten wird eine weit höhere praktische Bedeutung erhalten. Solange die Gemeinschaftsrechtsordnung noch nicht konsolidiert ist, können diese Probleme sich als genauso verhängnisvoll für das weitere Wachstum, ja für den Bestand der Gemeinschaften selbst erweisen wie ein politisches Veto oder die „Politik des leeren Stuhls".

Diese kann der Gerichtshof nicht verhindern. Die Verantwortung für die Konsolidierung der Gemeinschaftsrechtsordnung aber — die auch im Hinblick auf künftige Mitglieder bedacht werden muß — trägt er in vollem Umfang. Ob er dieser Verantwortung aber dadurch gerecht wird, daß er der rechtlichen Diskussion mit den Mitgliedstaaten aus dem Wege geht und formelhaft auf seiner — nicht immer schlüssigen — Vorstellung von der „Erforderlichkeit für die effiziente Vertragserfüllung" beharrt, muß bezweifelt werden.

Schrifttumsverzeichnis

Alder, C.: Koordination und Integration als Rechtsprinzipien, Bruges, 1969

André, A.: Zur Rechtskraft und Gestaltungswirkung der Urteile des Europäischen Gerichtshofes im Anfechtungsprozeß, Europarecht 1967, S. 97 ff.

Arnold, R.: Das Rangverhältnis zwischen dem Recht der Europäischen Gemeinschaften und dem innerdeutschen Recht, Diss. Würzburg, 1968

Aubert, F.: La Cour de Justice des Communautés Européennes, Revue trimestrielle de Droit Européen, 1969, S. 729 ff.

Bachof, O.: Verfassungsrecht, Verwaltungsrecht, Verfahrensrecht in der Rechtsprechung des Bundesverwaltungsgerichts, 2. A., Tübingen, 1964

Badura, P.: Bewahrung und Veränderung demokratischer und rechtsstaatlicher Verfassungsstruktur in den internationalen Gemeinschaften, VVdStL, Bd. 23, S. 34 ff.

Barbey, G.: Rechtsübertragung und Delegation. — Eine Auseinandersetzung mit der Delegationslehre Triepels, Diss. Münster, 1962

Basse, H.: Das Verhältnis zwischen der Gerichtsbarkeit des Europäischen Gerichtshofs und der deutschen Zivilgerichtsbarkeit, Berlin, 1967

Bebr, G. The balance of power in the European Communities, Annuaire Européen, 1968, S. 53 ff.

— The development of a community law by the Court of the European Coal and Steel Community, Minnesota Law Review, 1968, S. 855 ff.

— Les dispositions de droit communautaire directement applicables, Cahiers de Droit Européen, 1970, S. 3 ff.

Becker, P.: Der Einfluß des französischen Verwaltungsrechts auf den Rechtsschutz in den Europäischen Gemeinschaften, Hamburg, 1963

Beierle, B.: Allgemeine Rechtsgrundsätze im Deliktsrecht — Ein Beitrag zur Jurisdiktion des Weltgerichtshofs, Jahrbuch — der Basler Juristenfakultät, Heft IX, 1930, S. 92 ff.

Berber, F.: Lehrbuch des Völkerrechts, Bd. I: Allgemeines Friedensrecht, München, Berlin, 1960 (zit.: Berber, Bd. II); Bd. III: Streiterledigung, Kriegsverhütung und Integration, München, Berlin, 1964 (zit.: Berber, Bd. III)

Bernhardt, R.: Die Auslegung völkerrechtlicher Verträge, Köln - Berlin, 1969

Betti, E.: Möglichkeiten und Grenzen des Europäischen Zwischenrechts, Archiv des Völkerrechts, Bd. 13 (1950/51), 615 ff.

Börner, B.: Die Entscheidungen der Hohen Behörde, Tübingen, 1965

— Diskrimination und Subventionen, in: 10 Jahre Rechtsprechung des Gerichtshofs der Europäischen Gemeinschaften, Köln - Berlin - Bonn - München, 1956, S. 216 ff.

Börner, B.: Dumping und Diskriminierung, in: Festschrift für W. Hallstein, Frankfurt am Main 1966, S. 36 ff.

Boulois, J.: Cour de Justice des Communautés Européennes, Annuaire Français de Droit International, Vol. 6/1960, S. 498 ff.

Bülck, H. (Hrsg.): Zur Stellung der Mitgliedstaaten im Europarecht, Berlin, 1967 (Bd. 32 der Schriftenreihe der Hochschule Speyer)

Bülow, E.: Verhältnis des EWG-Rechts zum nationalen Recht, in: Abhandlungen aus dem gesamten bürgerlichen Recht, Handelsrecht und Wirtschaftsrecht, Heft 29, Aktuelle Fragen des Europäischen Gemeinschaftsrechts, Stuttgart, 1965, S. 28 ff.

Burghardt, G.: Die Eigentumsordnungen in den Mitgliedstaaten und der EWG-Vertrag — Zur Auslegung von Art. 222 EWGV, Hamburg, 1969

Cartou, L.: Der gemeinsame Markt und das öffentliche Recht, Baden-Baden, Bonn, 1960

Cassoni, G.: I Principi generali comuni agli ordinamenti degli stati membri quale fonte sussidiaria del diritto applicato dalla Corte di giustizia delle communità europee, Diritto Internationale, 1959, S. 428 ff.

Catalano, N.: Manuel de Droit des Communautés Européennes, 2. A., Paris, 1964

— La corte di giustizia delle Communità Europee, Rom, 1962

Cavaglieri, A.: Règles Générales du Droit de la Paix, Rec. Ac. 1929 I, S. 315 ff.

Cheng, B.: General Principles of Law as applied by International Courts and Tribunals, London, 1953

Chevallier, R.-M.: Methods and Reasoning of the European Court in its interpretation of Community Law, Common Market Law Review, 1964/5, S. 21 ff.

Clever, F.: Ermessensmißbrauch und détournement de pouvoir nach dem Recht der Europäischen Gemeinschaften im Lichte der Rechtsprechung ihres Gerichtshofs, Berlin, 1967

Coing, H.: Gemeines Recht und Gemeinschaftsrecht in Europa, in: Festschrift für W. Hallstein, Frankfurt am Main, 1966, S. 127 ff.

Colin, J.-P.: Le gouvernement des juges dans les Communautés Européennes, Paris, 1966

Constantinesco, L. J.: Die Eigentümlichkeit des Europäischen Gemeinschaftsrechts, JuS 65, S. 340 ff.

— Die unmittelbare Anwendbarkeit von Gemeinschaftsnormen und der Rechtsschutz von Einzelpersonen im Recht der EWG, Baden-Baden, 1969

Czasche, H.: Die Untätigkeitsklage vor dem Europäischen Gerichtshof, Göttingen, 1959 (Studien zum Internationalen Wirtschaftsrecht der Universität Göttingen)

Dahm, G.: Völkerrecht, Bd. II, Stuttgart, 1961

Daig, H.-W.: Die Gerichtsbarkeit in der Europäischen Wirtschaftsgemeinschaft und der Europäischen Atomgemeinschaft mit vergleichenden Hinweisen auf die Europäische Gemeinschaft für Kohle und Stahl, AöR Bd. 83, S. 132 ff.

Daig, H.-W.: Die Rechtsprechung des Gerichtshofs der europäischen Gemeinschaften zur unmittelbaren Wirkung von EWG-Bestimmungen auf die Rechtsbeziehungen zwischen Mitgliedstaaten und Gemeinschaftsbürgern, Europarecht 1970, S. 1 ff.

Degenhardt, F.-J.: Die Auslegung und Berichtigung von Urteilen des Gerichtshofs der Europäischen Gemeinschaften, Stuttgart, 1969

Delbez, L.: Les principes généraux du Droit International public, Paris, 1964

Delvaux, L.: La Cour de Justice de la Communauté Européenne du Charbon et de l'Acier, Gembloux, 1956

Dieck, P. v.; *Rodière*, R.; *Mersch*, v. d.; *Treves*, G.; *Pescatore*, P.; *Zweigert*, K.: Diritto delle Communità Europee e Diritto degli Stati Membri, Milano, 1969

Dölle, H.; *Zweigert*, K. (Hrsg.): Rechtsprechungssammlung zum Europarecht, Tübingen, 1966

Doering, K.: Internationale Organisationen und staatliche Souveränität, in: Festgabe für E. Forsthoff, München, 1967

Duez, P.; *Debeyre*, G.: Traité de Droit Administratif, Paris, 1952 (zit.: Traité)

Duguit, L.: Traité de Droit Constitutionnel, Tôme III, Paris, 1923

Dumon, F.; *Rigaux*, F.: La Cour de Justice des Communautés Européennes et les juridictions des Etats — membres, in: Annales de droit et de sciences politiques, Bd. 18 (1958), S. 263 ff., Bd. 19 (1959), S. 7 ff.

— La formation de la règle de droit dans les Communautés Européennes, in: Revue Internationale de Droit Comparé, Bd. XII (1960), S. 75 ff.

Ehle, D.: Verfassungskontrolle und Gemeinschaftsrecht, NJW 1964, S. 321 ff.

— Klage- und Prozeßrecht des EWG-Vertrags mit Entscheidungssammlung, Bd. I. Herne / Berlin, 1966

Emmerich, V.: Das Verhältnis zwischen nationalem und europäischem Wettbewerbsrecht, JuS 1969, S. 413 ff.

Enneccerus - Lehmann: Lehrbuch des Schuldrechts, 15. A., Tübingen, 1958

Enneccerus - Nipperdey: Allgemeiner Teil des BGB, 1. Halbband, 15. A., Tübingen 1959

Esser, J.: Grundsatz und Norm in der richterlichen Fortbildung des Privatrechts, Tübingen 1964

EVerwVerfG: Musterentwurf eines Verwaltungsverfahrensgesetzes 1963

Feld, W.: The Court of the European Communities — New dimensions in international adjudication, The Hague, 1964

Fitzmaurice, G.: The general principles of International law considered from the standpoint of the rule of law, RC 1957 II (Bd. 92), S. 5 ff.

Forsthoff, E.: Lehrbuch des Verwaltungsrechts, Bd. I, 9. A., München - Berlin 1966

Friauf, K. H.: Zur Problematik rechtsstaatlicher und demokratischer Strukturelemente in zwischenstaatlichen Gemeinschaften, DVBl. 64, 781 ff.

Friede, W.: Das Estoppel-Prinzip im Völkerrecht, ZaöRVR Bd. V (1935), S. 517 ff.

Friedmann, W.: De l'efficacité des institutions internationales, Paris 1970

Friedmann, W.: The Uses of General Principles in the Development of international law, American Journal of International Law, 1963, S. 279 ff.

Fromm, F. K.: Schadensersatz für Persönlichkeitsverletzungen, NJW 1965, S. 1201 ff.

Frowein, J.: Zum Verhältnis zwischen dem EWG-Recht und nationalem Recht aus der Sicht des Gerichtshofs der Europäischen Gemeinschaften, AWD 1964, S. 233 ff.

Fuß, E. W.: Die europäischen Gemeinschaften und der Rechtsstaatsgedanke, Heule 1968

— Grundfragen der Gemeinschaftshaftung, EuR 1968, S. 353 ff.

— Zur Rechtsstaatlichkeit der Europäischen Gemeinschaften, DÖV 1964, S. 577 ff.

Garron, R.: Reflexions sur la primauté du droit communautaire, in: Revue Trimestrielle de Droit Européen 1969, S. 28 ff.

Gaudet, M.: Conflits du Droit Communautaire avec les Droits Nationaux, Centre Européen Universitaire, Nancy, 1967

Geiger, W.: Das Bund-Länder-Verhältnis in der Rechtsprechung des Bundesverfassungsgerichts, BayVBl. 1957, S. 301 ff. und S. 337 ff.

Gerichtshof der Europäischen Gemeinschaften — Sammlung der Rechtsprechung des Gerichtshofs, Bd. I—XVI (1970), Lieferung 6 (zit. EGH, Bd. , S. ; in Band XI begann der EGH eine Zählweise nach Lieferungen, jeweils wieder bei S. 1 beginnend. Zit.: Bd. XI — 1, S. ; XI — 4, S. ; ab der 5. Lieferung kehrte der EGH wieder zur fortlaufenden Zählweise zurück). Die französische Fassung („Recueil de la Jurisprudence de la Cour", Luxemburg) wird zitiert: frz. Fassung, Bd. , S. ; Bd. I—IV enthalten Urteile des Gerichtshofs der EGKS, die folgenden Bände solche des gemeinsamen Gerichtshofs der Europäischen Gemeinschaften. Die Zitation erfolgt unterschiedslos mit EGH

Giehl, T.: The legal character and sources of International Law, Scandinavian Studies in Law, Stockholm 1957

Glaesner, H.-J.: Übertragung rechtssetzender Gewalt auf internationale Organisationen in der völkerrechtlichen Praxis, DÖV 1959, S. 653 ff.

Gleiss, A.; *Kleinmann*, W.: Der Drittwiderspruch gegen Entscheidungen des Gerichtshofs der Europäischen Gemeinschaften, NJW 1966, S. 278 ff.

Göttelmann, W.: Die Delegation hoheitlicher Befugnisse internationaler Organisationen und ihrer Organe, Diss. Saarbrücken, 1968

Gorny, G.: Verbindlichkeit der Bundesgrundrechte bei der Anwendung von Gemeinschaftsrecht durch deutsche Staatsorgane, Berlin, 1969

Gossmann, U.: Widerruf begünstigender Verwaltungsakte im Recht der Europäischen Gemeinschaften, Köln, 1964

Grabitz, E.: Gemeinschaftsrecht bricht nationales Recht, Hamburg, 1966

— Europäisches Bürgerrecht, Köln, 1970

Green, A. W.: Political Integration by Jurisprudence — The work of the Court of Justice of the European Communities in European political Integration, Leyden, 1969

Groeben, H. v. d.: Die Politik der Europäischen Kommission auf dem Gebiet der Rechtsangleichung, NJW 1970, 359 ff.

Groeben, H. v. d.: Über das Problem der Grundrechte in den Europäischen Gemeinschaften, in: Festschrift für W. Hallstein, Frankfurt am Main, 1966, S. 226 ff.

— *Boeckh*, H. v.: Kommentar zum EWG-Vertrag, Bd. I, Bonn, 1958; Bd. II, Bonn, 1960

— Zur Politik der Rechtsangleichung, Zeitschrift für Rechtsvergleichung Bd. 8 (1967), S. 127 ff.

Gross, L.: Some observations on the International Court of Justice, American Journal of International Law 1962, S. 33 ff.

Grotius, H.: De iure Belli ac Pacis, Amsterdam, 1697

Günther, H.: Zur Entstehung von Völkergewohnheitsrecht, Berlin, 1970

Guggenheim, P.: Lehrbuch des Völkerrechts, Bd. I, Basel, 1948

— Contribution à l'Histoire des Sources du Droit des Gens, RecAc. 1958 II, S. 1 ff.

Gutsche, M.: Die Bindungswirkung der Urteile des Europäischen Gerichtshofs, Göttingen, 1967

Härle, E.: Die allgemeinen Entscheidungsgrundlagen des Ständigen Internationalen Gerichtshofs, Berlin, 1933

Haftung des Staates für rechtswidriges Verhalten seiner Organe — Länderberichte und Rechtsvergleichung, Internationales Kolloquium des Max-Planck-Instituts, 1964, in Heidelberg, Köln - Berlin, 1967 (zit.: Staatshaftung)

Hammes, C. L.: Gedanken zu Funktion und Verfahren des Gerichtshofs der Europäischen Gemeinschaften, Europarecht 1968, S. 1 ff.

Heinz, E.: Bemerkungen zur Theorie der supranationalen Gemeinschaften, Integration 1970, S. 109 ff.

Heise, D.: Internationale Rechtspflege und nationale Staatsgewalt, Göttingen, 1964

Heldrich, A.: Die allgemeinen Rechtsgrundsätze der außervertraglichen Schadenshaftung im Bereich der Europäischen Wirtschaftsgemeinschaft, Diss. Frankturt am Main, Berlin, 1961

Hellmann, R.: Nationale Souveränität und EWG-Vertragstreue, Europa-Archiv 1970, S. 678 ff.

Héraud, G.: Les principes du fédéralisme et la Fédération Européenne, Paris, 1968

Hippel, G. v.: La séparation des pouvoirs dans les Communautés Européennes, Thèse Nancy, 1963

Hochbaum, M.: Das Diskriminierungsverbot in EGKS und EWG, Baden-Baden, Bonn, 1962

Hoffmann, R.: Das Ermessen der Verwaltungsbehörden in Frankreich, Berlin, 1967

Huth, J.-D.: Die Sonderstellung der öffentlichen Hand in den Europäischen Gemeinschaften, Hamburg, 1965

Imboden, M.: Das Gesetz als Garantie rechtsstaatlicher Verwaltung, Basel, 1954

Ipsen, H. P.: Als Bundesstaat in der Gemeinschaft, in: Festschrift für W. Hallstein, Frankfurt am Main, 1966, S. 248 ff.

Ipsen, H. P.: Gleichheit, in: „Die Grundrechte", Bd. II, Berlin, 1954, S. 111 ff.

— Fusionsverfassung der Europäischen Gemeinschaften, Bad Homburg v. d. H., Berlin, Zürich, 1969

— Verfassungsperspektiven der Europäischen Gemeinschaften, Berlin, 1970

— Das Verhältnis des Rechts der Europäischen Gemeinschaften zum nationalen Recht, in: Aktuelle Fragen des Gemeinschaftsrechts, Abhandlungen aus dem gesamten bürgerlichen Recht, Handelsrecht und Wirtschaftsrecht, H. 29, Stuttgart, 1965

Jaenicke, G.: Der übernationale Charakter der EWG, in: ZaöRVR 19 (1958/59), S. 153 ff.

— Die Sicherung des übernationalen Charakters der Organe internationaler Organisationen, in: ZaöRVR Bd. 14 (1951/52), S. 46 ff.

— Völkerrechtsquellen, in: Stropp-Schlochauer, Wörterbuch des Völkerrechts, Bd. 3, Berlin, 1962

Jeanneau, B.: Les Principes Généraux du Droit dans la Jurisprudence Administrative, Paris, 1964

Jerusalem, A.: Das Diskriminierungsverbot in der Marktordnung des Montanvertrags, Düsseldorf, 1961

Jerusalem, F. W.: Das Recht der Montanunion, Berlin, Frankfurt am Main, 1954

Jesch, D.: Gesetz und Verwaltung, Tübingen 1961

Jurina, J.: Die Auslegung von Art. 215 Abs. 2 EWGV durch den Gerichtshof der Europäischen Gemeinschaften, ZaöRVR Bd. 28 (1968), S. 365 ff.

Kaiser, J. H.: Das Europarecht in der Krise der Gemeinschaften, Europarecht 1966, S. 4 ff.

Kaplan, M. A.; *de B. Katzenbach*, N.; *Tunkin*, G. I.: Modernes Völkerrecht, Berlin, 1965 (Vorwort von W. Wengler)

Kaufmann, E.: Das Wesen des Völkerrechts und die Clausula rebus sic stantibus, Tübingen, 1911

Kelsen, H.: Das Problem der Souveränität und die Theorie des Völkerrechts, Tübingen, 1920

— *Trucker*, R.: Principles of International Law. 2. A., New York u. a., 1967

Kimminich, O.: Die Verbindlichkeit mündlicher Zusagen im Verwaltungsrecht, JuS 1963, S. 268 ff.

— Völkerrecht im Atomzeitalter, Freiburg/Breisgau, 1969

Kiss, A. Ch.: Répertoire Français de Droit international public, Bd. I, Paris, 1962

König, H.-G.: Der Grundsatz des rechtlichen Gehörs im verwaltungsbehördlichen Verfahren, DVBl. 1959, S. 189 ff.

Kropholler, J.: Die Europäischen Gemeinschaften und der Grundrechtsschutz, Europarecht 1969, S. 128 ff.

Krüger, H.: Über die Herkunft der Gewalt an Staaten und den sogenannten supranationalen Organisationen, DÖV 1959, S. 721 ff.

Küchenhoff, D.: Grundrechte und europäisches Staatengemeinschaftsrecht, DÖV 1963, S. 161 ff.

Küntzel, W.: Ungeschriebenes Völkerrecht, Königsberg, 1935 (in: Sammelband für Völkerrecht, Bd. I Nr. 9)

Kunz, M.: Über die Rechtsnatur der Europäischen Wirtschaftsgemeinschaft, Diss. Würzburg, 1965

Lagrange, M.: La Cour de Justice de la Communauté Européenne du Charbon et de l'Acier, in: Revue du Droit Public 1954, S. 417 ff.

— Le rôle de la Cour de Justice des Communautés Européennes, in: Problèmes Juridiques et Economiques du Marché Commun, Paris, 1960, S. 41 ff.

Larenz, K.: Methodenlehre der Rechtswissenschaft, Berlin - Göttingen - Heidelberg, 1960

Laubadère, A. de: Traité Elémentaire de Droit Administratif, 2. A., Paris, 1957 (zit.: Traité)

Laun, R. v.: Bemerkungen zum freien Ermessen, in: Mensch und Staat in Recht und Geschichte, Festschrift für Herbert Kraus, Kitzingen/Main 1954, S. 128 ff.

Lauterpacht, E. (Hrsg.): International Law, Collected Papers of Hersch Lauterpacht, Bd. I, Cambridge, 1970

Lauterpacht, Sir H.: The development of International Law by the International Court, New York, 1958

Lecheler, H.: Die allgemeinen Rechtsgrundsätze in der Rechtsprechung des Europäischen Gerichtshofs, Diss. Erlangen, 1967

— Der Fortgang der europäischen Integration im Spiegel der Rechtsprechung des EGH und der nationalen Gerichte, EA 1968, S. 403 ff.

Leibholz, G.: Die Gleichheit vor dem Gesetz, 2. A., München - Berlin, 1959

Leisner, W.: Gefährdungshaftung im öffentlichen Recht, VVdStL Bd. 20

— Grundrechte und Privatrecht, München, 1960

— Französisches Staatshaftungsrecht I, VerwArch Bd. 54 (1963), S. 1 ff.

Loerke, E.: Hoheitliche Gewalt und Diskriminierungsverbot nach dem Montanvertrag, Hamburg, 1964

Lorenz, W.: General Principles of Law: Their Elaboration in the Court of Justice of the European Communities, American Journal of Comparative Law, Bd. 13 (1964), S. 1 ff.

— Rechtsvergleichung als Methode zur Konkretisierung der allgemeinen Grundsätze des Rechts, JZ 1962, S. 269 ff.

Mallmann, W.: Schranken nichthoheitlicher Verwaltung, VVdStL Bd. 19, S. 165 ff.

Martens, J.: Die rechtsstaatliche Struktur der Europäischen Wirtschaftsgemeinschaft, Europarecht 1970, S. 209 ff.

Mathijsen, P.: Le Droit de la Communauté Européenne du Charbon et de l'Acier — Une Etude des Sources, La Haye, 1958

Matthies, H.: Die Bindungswirkung von Urteilen des Gerichtshofs der Europäischen Gemeinschaften, in: Festschrift für W. Hallstein, Frankfurt am Main, 1966, S. 304 ff.

Maunz, Th.: Deutsches Staatsrecht, 10. A., München - Berlin, 1961

Maunz, Th.: Grundgesetz und Volksbefragungsgesetze, DÖV 1959, S. 1 ff.

— *Dürig*, G.: Grundgesetz, Kommentar, München - Berlin, 1966

Meersch, W. J. G. v. d.; *Waelbroek*, M. (Hrsg.): Droit des Communautés Européennes, Bruxelles, 1969

Meibohm, H.: Lückenfüllung in den Europäischen Verträgen, NJW 1968, S. 2165 ff.

Meier, G.: Gemeinschaftsrecht und mitgliedstaatliches Gemeinrecht, Europarecht 1970, S. 324 ff.

— Vorrang des Gemeinschaftsrechts und Justiziabilität von Gemeinschaftsnormen, AWD 1967, S. 414 ff.

Mélanges offerts à Henri Rolin, Problèmes de Droit des Gens, Paris, 1964

Menger, Chr.-F.: Aus der Praxis der Verwaltung und der Verwaltungsgerichtsbarkeit, VerwA Bd. 52, S. 196 ff.

Menzel, E.: Völkerrecht — Ein Studienbuch, München - Berlin, 1962

Mertens, H.-J.: Das Recht auf Gleichbehandlung im Verwaltungsprivatrecht, JuS 1963, S. 391 ff.

Mestmäcker, E.-J.: Die Vermittlung von europäischem und nationalem Recht im System unverfälschten Wettbewerbs, Bad Homburg v. d. H., Berlin, Zürich, 1969

Morgenthau, H.: Die internationale Rechtspflege, ihr Wesen und ihre Grenzen, Leipzig, 1929

Mosler, H.: Begriff und Gegenstand des Europarechts, ZaöRV Bd. 28 (1968), S. 481 ff.

Much, W.: Die Amtshaftung im Recht der EGKS, Frankfurt am Main 1952

Müller, H.-E.: Die Rechtsfragen zur Stellung der Unternehmen im Recht der EGKS, Münster, 1963

Münch, F.: Föderalismus, Völkerrecht und Gemeinschaften, DÖV 1962, S. 649 ff.

McNair: The general principles of law recognized by civilized nations, British Yearbook of International Law, Bd. 33 (1957), S. 1 ff.

Nicolaysen, G.: Zur Theorie von den implied powers in den Europäischen Gemeinschaften, EuR 1966, S. 129 ff.

Ophüls, C. F.: Juristische Grundgedanken des Schumanplans, NJW 1951, S. 289 ff.

— Quellen und Aufbau des Europäischen Gemeinschaftsrechts, NJW 1963, S. 1701 ff.

Oppenheim, L.; *Lauterpacht*, H.: International Law — A Treatise, Bd. I, 8. A., London - New York - Toronto, 1955

Parry, C.: The sources and evidences of international law, Manchester University Press, 1965

Pescatore, P.: Die Menschenrechte und die europäische Integration, Integration 1969, S. 103 ff.

— Droit International et Droit Communautaire, Centre Européen Universitaire, Nancy, 1969

Pescatore, P.: La Cour en tant que juridiction fédérale et constitutionnelle, in: Zehn Jahre Rechtsprechung des Gerichtshofs der Europäischen Gemeinschaften, Köln - Berlin - Bonn - München, 1965, S. 519 ff.

— L'application directe des traités européens par les jurisdictions nationales: la jurisprudence nationale, Revue Trimestrielle de Droit Européen 1969, S. 697 ff.

— L'apport du droit communautaire au droit international public, Cahiers du Droit Européen, 1970, 501 ff.

— Les aspects fonctionnels de la CEE, notamment les sources du droit, in: Les aspects juridiques du marché commun, Liège, 1958

Peters, H.: Verwaltung ohne gesetzliche Ermächtigung? — in: Festschrift für Hans Huber, Bern 1961, S. 206 ff.

Petzold, H.: Die Gewaltenteilung in den europäischen Gemeinschaften, Göttingen, 1966

Pinay, P.: La Cour de Justice des Communautés européennes, Revue du Marché Commun 1959, S. 138 ff.

Prasch, G.: Die unmittelbare Wirkung des EWGV auf die Wirtschaftsunternehmen, Baden-Baden, 1967

Reichsgerichtsräte-Kommentar zum BGB (RGRK), Bd. I, 1. Teil, 11. A., Berlin, 1959

Reinicke, G.: Der Gerichtshof und unbestimmte Rechtsbegriffe, in: Zehn Jahre Rechtsprechung des Gerichtshofs der Europäischen Gemeinschaften, Köln - Berlin - Bonn - München, 1965, S. 418 ff.

Reuter, P.: La Communauté Européenne du Charbon et de l'Acier, Paris, 1963 (mit einem Vorwort von Robert Schuman)

— Le recours de la Cour de Justice des Communautés européennes à des principes généraux de droit, in: Mélanges für H. Rolin, Paris, 1964, S. 263 ff.

Rideau, J.: Juridictions internationales et contrôle du respect des traités constitutifs des organisations internationales, Paris, 1969

Riese, O.: Über den Rechtsschutz innerhalb der europäischen Gemeinschaften, Europarecht 1966, S. 24 ff.

Rosenne, S.: The International Court of Justice, Leyden, 1957

— The law and practice of the International Court, Bd. I u. II, Leyden, 1965

Rosenstiel, F.: Supranational, Köln, Berlin, 1962

Ross, A.: Theorie der Rechtsquellen, Leipzig - Wien, 1929

Rüber, H.-J.: Der Gerichtshof der Europäischen Gemeinschaften und die Konkretisierung allgemeiner Rechtsgrundsätze, Diss. Köln, 1970

Runge, Chr.: Das Recht der Europäischen Gemeinschaften — Das „Justizrecht“ der Gemeinschaften, JuS 1964, S. 474 ff.

Rupp, H. H.: Die Grundrechte und das Europäische Gemeinschaftsrecht, NJW 1970, S. 353 ff.

— Verwaltungsakt und Vertragsakt, DVBl. 1959, S. 81 ff.

Ruppert, A.: Die Integrationsgewalt — Eine staatstheoretische und verfassungsrechtliche Studie zu Art. 24 I GG, Hamburg, 1969

Sandrock, O.: Über Sinn und Methode zivilistischer Rechtsvergleichung, Frankfurt am Main - Berlin, 1966

Sattler, A.: Das Prinzip der „funktionellen Integration" und die Einigung Europas. Die Übertragung von Hoheitsrechten und ihre Konsequenzen, untersucht am Beispiel der Europäischen Gemeinschaften, Göttingen, 1967

Seeler, H. J.: Politische Integration und Gewaltenteilung, Europa-Archiv 1960, S. 13 ff.

Seidl-Hohenveldern: General Principles of Law as applied by the conciliation commissions established under the peace treaty with Italy of 1947; American Journal of International Law, 1959 (Bd. 53), S. 853 ff.

Simson, W. v.: Der politische Wille als Gegenstand der Europäischen Gemeinschaftsverträge, in: Festschrift für O. Riese, Karlsruhe, 1964, S. 83 ff.

— Die Souveränität im rechtlichen Verständnis der Gegenwart, Berlin, 1965

Siorat, L.: Le problème des Lacunes en droit international, Paris, 1959

Sizaret, L.: La Cour de Justice des Communautés Européennes, Annuaire européen Bd. XI, S. 88 ff.

Sørensen, M.: Les Sources du Droit International, Copenhague, 1946

— Principes de Droit international public, RC 101 (1960 III), S. 5 ff.

Sonnenberger, H. J.: Verkehrssitten im Schuldvertrag, München, 1969

Spiropoulos, J.: Die allgemeinen Rechtsgrundsätze im Völkerrecht, Kiel, 1928 (in: Sammelband für Völkerrecht, Bd. 1, Nr. 8)

Suy, E.: Contribution de la jurisprudence européenne récente au développement du droit des gens, in: Revue belge de droit international, 1965, S. 315 ff.

Schäfer, H.: Bundesaufsicht und Bundeszwang, AöR Bd. 78, S. 1 ff.

Schätzel, W.: Internationale Gerichtsbarkeit, Bonn, 1960

Scheingold, A.: The rule of law in political integration, New Haven: Yale Univ. Press, 1965

Scherer, J.: Die Wirtschaftsverfassung der EWG, Diss. Würzburg, 1969

Schlesinger, R. B.; *Gündisch*, H. J.: Allgemeine Rechtsgrundsätze als Sachnormen in Schiedsgerichtsverfahren, RabelsZ Bd. 28 (1964), S. 4 ff.

Schlesinger, R. B.: Research on the general principles of law recognized by civilized nations, American Journal of International Law, 1957, S. 734 ff.

Schlochauer, H. J.: Der Gerichtshof der Europäischen Wirtschaftsgemeinschaft als Integrationsfaktor, in: Festschrift für W. Hallstein, Frankfurt am Main, 1966, S. 431 ff.

— Zur Rechtsnatur des Gemeinschaftsrechts, in: Festschrift für Wehberg, Frankfurt am Main, 1956

— Die Ausnahmetarife im Recht der EGKS, Rechtsgutachten, erstattet für die Bundesrepublik Deutschland, Frankfurt am Main, 1960

— Das Verhältnis des Rechts der Europäischen Wirtschaftsgemeinschaft zu den nationalen Rechtsordnungen der Mitgliedstaaten, ArchVR Bd. 11 (1963/64), S. 1 ff.

Schmitt, C.: Politische Theologie: Vier Kapitel zur Lehre von der Souveränität, 2. A., München - Leipzig, 1934

Schneider, H.: Über den Beruf unserer Zeit für Gesetzgebung, NJW 1962, S. 1273 ff.

Schober, E.: Die Lehre vom „acte clair“ im französischen Recht, NJW 1966, S. 2252 ff.

Schwaiger, H.: NJW 1970, 975 f.: Zum Grundrechtsschutz gegenüber den Europäischen Gemeinschaften

Schwarzenberger, G.: Contribution of the Court of Justice to European Integration, Knoxville, University of Tennessee Press, 1964

— International Law, Bd. 1, 3. A., London, 1957

Schweitzer, M.: Das Völkergewohnheitsrecht und seine Geltung für neu entstehende Staaten, Bad Homburg v. d. H., Berlin, Zürich, 1969

Staudinger, J. v.: Kommentar zum BGB, Bd. I, 11. A., Berlin, 1957

Steiger, H.: Staatlichkeit und Überstaatlichkeit, Berlin, 1966

Steindorff, E.: Der Gleichheitssatz im Wirtschaftsrecht des gemeinsamen Marktes, Berlin, 1965 (zit.: a.a.O.)

— Die Nichtigkeitsklage im Recht der EGKS, Frankfurt am Main, 1952 (zit.: Steindorff, 1952)

— Rechtsschutz und Verfahren im Recht der Europäischen Gemeinschaften, Baden-Baden, 1964 (zit.: Steindorff, 1964)

Stern, K.: Die Verwirkung im Verwaltungsrecht, DVBl. 1959, S. 234 ff.

Thieme, W.: Das Grundgesetz und die öffentliche Gewalt internationaler Staatengemeinschaften, VVdStL Bd. 18, S. 50 ff.

Tomuschat, E.: Die gerichtliche Vorabentscheidung nach den Verträgen über die europäischen Gemeinschaften, Köln - Berlin, 1964

Triepel, H.: Völkerrecht und Landesrecht, Leipzig, 1899

Ule, C. H.: Der Verwaltungsrechtsschutz in den europäischen Staaten und die deutsche Verwaltungsgerichtsbarkeit, DVBl. 1970, S. 225 ff.

Ulmer, P.: Der Unternehmensbegriff im Recht der EGKS, Heidelberg, 1960

— Europäisches Kartellrecht auf neuen Wegen? AWD 1970, S. 193 ff.

Verdross, A.: Die allgemeinen Rechtsgrundsätze als Völkerrechtsquelle, in: Festschrift für Hans Kelsen, Wien, 1931, S. 354 ff.

— Völkerrecht, 5. A., Wien, 1964

— Règles Générales du Droit International de la Paix, RecAc. 1929 V, S. 271 ff.

Viehweg, Th.: Topik und Jurisprudenz, 3. A., München, 1965

Visscher, C. de: De la chose jugée devant la CIJ, Revue belge de droit international 1965, S. 5 ff.

Vogel, K.: Die Verfassungsentscheidung des Grundgesetzes für eine internationale Zusammenarbeit, Recht und Staat, Heft 292/3, Tübingen, 1964

— Gesetzgeber und Verwaltung, VVDStL Bd. 25, S. 125 ff.

Wagenbaur, R.: Das Verbot steuerlicher Diskriminierung nach dem EWG-Vertrag im Lichte der Rechtsprechung des Gerichtshofs, Europarecht 1969, S. 20 ff.

Wagner, H.: Grundbegriffe des Beschlußrechts der Europäischen Gemeinschaften, Köln - Berlin - Bonn - München, 1965 (KSE Bd. 5)

Waline, M.: Droit Administratif, 9. A., Paris, 1963 (zit.: Droit Adm.)

Wall, E.: European Unification and Law, London, 1966

Wehberg, H.: Der Internationale Gerichtshof, Offenbach/Main, 1948

Weides, P.: Verwaltungsakt und Widerspruchsbescheid in der öffentlichrechtlichen Arbeit, JuS 1964, S. 62 ff.

Wengler, W.: Völkerrecht, Bd. I, Berlin - Göttingen - Heidelberg, 1964

Wiesner, W.: Der Widerruf individueller Entscheidungen der Hohen Behörde der EGKS, Hamburg, 1966

Wigny, P.: Droit Administratif — Principes Généraux, Bruxelles 1953 (zit.: Droit Adm.)

Wittmann, F.: Das Problem des Obligatoriums in der internationalen Gerichtsbarkeit unter besonderer Berücksichtigung von Art. 36 II des Statuts des IG, Diss. München, 1963

Wohlfahrt, E.; *Everling*, U.; *Glaesner*, H. J.; *Sprung*, R.: Die Europäische Wirtschaftsgemeinschaft — Kommentar zum Vertrag, Berlin und Frankfurt am Main, 1960 (zit.: Wohlfahrt - Everling)

Wolff, H. J.: Rechtsgrundsätze und verfassungsgestaltende Grundentscheidungen als Rechtsquellen, in: Festschrift für W. Jellinek, München, 1955

— Verwaltungsrecht, Bd. I, 6. A., München - Berlin, 1965; Bd. II, 3. A., München - Berlin 1970 (zit.: Wolff, Bd. I bzw. Bd. II)

Wolff, K.: Les principes Généraux du Droit applicables dans les rapports internationaux, RC Bd. 56 (1931 II), S. 479 ff.

Wybo, M.: Discrimination et Marché Commun, Paris, 1966

Zieger, G.: Das Grundrechtsproblem in den Europäischen Gemeinschaften, Tübingen, 1970 (Recht und Staat, Heft 384/5)

Zimmermann, E.: Die Preisdiskriminierung im Recht der EGKS, Frankfurt am Main, 1962

Zippelius, R.: Zum Problem der Rechtsfortbildung, NJW 1964, S. 1981 ff.

Zuleeg, M.: Auslegung des Europarechts, Europarecht 1969, S. 97 ff.

— Das Recht der Europäischen Gemeinschaften im innerstaatlichen Bereich, Köln - Berlin - Bonn - München, 1969 (KSE Bd. 9)

— Das Zusammenwirken der europäischen Rechtsordnung mit den nationalen Rechtsordnungen (Tagungsbericht), Integration 1970, S. 225 ff.

Zweigert, K.: Der Einfluß des europäischen Gemeinschaftsrechts auf die Rechtsordnungen der Mitgliedstaaten, RabelsZ Bd. 28 (1964), S. 601 ff.

— Grundsatzfragen der Europäischen Rechtsangleichung, Festschrift für Dölle, Bd. II, 1963, S. 401 ff.

FSC
www.fsc.org
MIX
Papier | Fördert gute Waldnutzung
FSC® C083411

Kolibri 360 GmbH
Ferdinand-Jühlke-Straße 7
99095 Erfurt, Deutschland
produktsicherheit@kolibri360.de

Druck:
CPI Druckdienstleistungen GmbH
im Auftrag der
Kolibri 360 GmbH
Ferdinand-Jühlke-Str. 7
99095 Erfurt